WOLFGANG KROHN

Francis Bacon

VERLAG C.H.BECK MÜNCHEN

Mit 4 Abbildungen

CIP-Kurztitelaufnahme der Deutschen Bibliothek

Krohn, Wolfgang:
Francis Bacon / Wolfgang Krohn. – Orig.-Ausg. –
München : Beck, 1987
 (Beck'sche Reihe ; 509 : Große Denker)
 ISBN 3 406 32278 6
NE: GT

Originalausgabe
ISBN 3 406 32278 6

Einbandentwurf von Uwe Göbel, München
Umschlagbild: Süddeutscher Verlag, München
© C. H. Beck'sche Verlagsbuchhandlung (Oscar Beck), München 1987
Gesamtherstellung: C. H. Beck'sche Buchdruckerei, Nördlingen
Printed in Germany

Inhalt

Zur Zitierweise 6

Einleitung 7

I. Bacons Leben: Zwischen Politik und Philosophie 15
  1. Jugend und Ausbildung 15
  2. Parlamentarier und politischer Experte 20
  3. Wissenschaftspolitische Initiativen 23
  4. Schwindende Hoffnungen und zweifelhafte
     Freunde 27
  5. Experimente in Form und Stil 32
  6. Die politische Karriere 40
  7. Der politische Sturz – und die Einsamkeit des
     Forschers 50

II. Bacons Werk: Die große Erneuerung 60
  1. Das „Novum Organum" als Philosophie der
     Forschung 68
    a. Die Zeitdimension der Erkenntnis
    b. Die Erweiterung des sozialen Horizontes
    c. Neue kognitive Strukturen der Erkenntnis
  2. Eine dynamische Theorie der Erkenntnis 75
    a. Wissen ist Macht
    b. Über den Mißerfolg der auf Werke gerichteten
       Wissenschaften
    c. Über die Nutzlosigkeit der bisherigen „Logik"
       für Werke
    d. Entgegensetzung von „Antizipation" und
       „Interpretation"
    e. Kritik der Erkenntnisinstrumente
    f. Ideologiekritische Analyse der Stagnation in den
       Wissenschaften

g. Möglichkeiten und Hoffnungen für einen Neubeginn
  h. Einführung in die neuen Grundsätze der Interpretation der Natur
 3. Die Philosophie der Natur 114
 4. Bacons Ideen zu einer Methode der Forschung . . . 134
 5. Von einer „neuen Wissenschaft" zu einer „neuen Gesellschaft" 156

III. Bacon und die Neuzeit 173

Anhang

1. Anmerkungen 183
2. Literaturverzeichnis 187
3. Zeittafel 200
4. Personenregister 201
5. Sachregister 203
6. Abbildungsverzeichnis 204

Zur Zitierweise

Es wird nach der Werkausgabe von Spedding, Ellis, Heath zitiert, wobei römische Ziffern die Bände, arabische die Seiten angeben: (II, 14). In einigen Fällen wird zugleich die lateinische und englische Fassung zitiert (I, 13 = IV, 313). Das „Novum Organum" (N.O.) wird nach der Zählung der Aphorismen zitiert, damit unterschiedliche Ausgaben und Übersetzungen herangezogen werden können. Römisch I bzw. II bezeichnen jeweils den ersten oder zweiten Teil des „Novum Organum": (N.O. I, Aph. 27). Die Übersetzungen stammen vom Verfasser. Soweit deutsche Übersetzungen vorhanden sind, wurden sie herangezogen und teilweise übernommen.

Einleitung

Bacons Philosophie ist eine revolutionäre Philosophie. Sie ist eine Loslösung von allen philosophischen Traditionen, auf die seine Zeit zurückblickte. Von den antiken Philosophien des Platon und Aristoteles behauptete Bacon, sie würden zwar die Fähigkeit schulen, gegenüber anderen Recht zu behalten, nicht aber die Erkenntnis der Welt erweitern. Der Scholastik warf er vor, Welterkenntnis und religiöses Heil zum Verderben beider zu vermischen. Die Philosophien der Renaissance waren für ihn phantastische Konstruktionen, die mehr der Dichtung als der Erfahrung entsprangen. Alchimisten, Ingenieure und andere Erkenntnispraktiker hielt er für planlos in ihrer Arbeitsweise, beherrscht vom Zufall statt von einer Methode. Gegen diese Traditionen wollte Bacon etwas Neues: eine Philosophie weder im Dienste der Argumentation noch der Religion nach der Ästhetik, sondern im Dienste der materiellen Wohlfahrt der Menschen. Er war nicht der erste Philosoph, der für die Verbesserung der Lebensbedingungen der Menschen eintrat, aber er war der erste, der für dieses Ziel die Philosophie in die Waagschale warf: Ihre Berechtigung und Zukunft lag in der Verfolgung dieses Ziels. Und er war wohl auch der erste, der die radikale Abkehr von der Tradition als „Revolution" bezeichnete (vgl. I, 514). Freilich darf man nur mit Vorsicht Bacons Begriff der „revolutio" die moderne politische Bedeutung unterlegen. Bacon ist lediglich der Meinung, daß ein neues Zeitalter begonnen hat und daß mit dieser Umwälzung eine der Philosophie einhergehen wird.

Bacon lebte von 1561–1626 in einem Land, das an der Schwelle zur politischen Weltmacht stand. 1584 wurde die erste amerikanische Kolonie, Virginia, gegründet; 1588 errang England den Seesieg über die „Armada" der bis dahin stärksten europäischen Macht, Spanien; 1600 wurde die ostindische Kompanie gegründet. Die heimischen Berwerks-, Eisen- und Textilindustrien entwickelten sich zu den führenden Europas.

Aber Vorsicht ist geboten. Denn diese – wie sie heute rückblickend genannt wird – „erste industrielle Revolution" Englands[1] spielte in der Renaissance, in einer Zeit also, die ihre Identität in der Vergangenheit suchte. Die künstlerischen, politischen und religiösen Ideale der Gesellschaft lagen in der Antike: in den Schriften der Griechen, den Taten der Römer, dem Glauben der ersten Christen. Die verbreitete Auffassung der Philosophen und Historiker des 16. Jahrhunderts war: Dem *finsteren* Mittelalter war man entronnen; aber – trotz vieler Fortschritte – der Rückweg zur Antike war noch weit. Dieses Geschichtsbewußtsein der Renaissance hat nicht nur die Benennung der eigenen Epoche hervorgebracht (Renaissance als Wiedergeburt der Antike), sondern auch die Einschätzung des Mittelalters als eines Zeitalters, das sich zwischen die Antike und die erhoffte Wiedergewinnung ihres damaligen Glanzes geschoben hatte.[2] Diese Vorstellung des „Fortschritts als Rückkehr" fand ihren sprachlichen Ausdruck in den Worten *Renaissance, Reformation, Revolution*. Eine *Zukunft* der Gesellschaft, ein Fortschritt in eine neue Zeit, die kein Vorbild in der Vergangenheit hat, war dem 16. Jahrhundert weitgehend fremd. Immerhin entdeckten einige Forscher, daß nicht für alle Bereiche die Antike ein Vorbild sein konnte. Die Humanisten Giovanni Tortelli und Lorenzo Valla suchten vergeblich die klassischen lateinischen Originale für moderne italienische Ausdrücke, besonders aus dem technischen Bereich („die Talgkerze, die Bombarde, den Steigbügel"). Sie schlossen mit Erstaunen, daß auf diesem Gebiet die Antike nicht alles besessen haben konnte, was heute existiert.[3] Ähnlich räumte Jean Bodin ein, daß im Bereich des Handels und Verkehrs Dinge geschahen, zu denen die Antike nicht fähig war: Sie kannte den Kompaß nicht und keine weltumspannenden Seewege. Diese Beispiele lassen sich um einige vermehren, aber sie bleiben Ausnahmen bis weit in das 17. Jahrhundert hinein. Noch 1688 veröffentlichte der französische Schriftsteller Charles Perrault einen vielbeachteten Vergleich zwischen Antike und Moderne, in dem er deren Leistungen auf den verschiedenen Gebieten der Kultur sorgfältig zu bewerten versuchte.[4]

Zur Einschätzung der Tragweite der Baconischen Philosophie gibt es also zwei Ausgangspunkte. Auf der einen Seite sieht man im historischen Rückblick die Anfänge der modernen Gesellschaft, die getragen von Erfindungen und Entdeckungen einer Zukunft entgegenstrebt, die keine Ähnlichkeit mit vergangenen Kulturformen hat. Auf der anderen Seite sieht man den Geist der Renaissance, der zwar die Kräfte der gesellschaftlichen Veränderung freisetzt, nicht aber deren Richtung festlegen kann, sondern die Ziele der Zukunft in den verschiedensten Idealen der Vergangenheit sucht. Bacon war der erste Philosoph, der das Ausmaß dieser Diskrepanz begriff und sein Werk unzweideutig unter die Aufgabe stellte, Einsicht und Verantwortung für den Fortschritt dieser neuen Gesellschaft zu wecken. In einer Philosophie der Entdeckungen und Erfindungen sah er die Option, die Natur so zu erkennen, daß Erkenntnisfortschritt und materielles Wohl der Menschheit zusammengehen können und einander binden: Die Suche nach Naturerkenntnis muß auf das menschliche Handeln bezogen werden; denn die Wahrheit der Erkenntnis bemißt sich an der Herrschaft, die sie über die Natur ermöglicht. Die Herrschaft über die Natur muß an der Wohlfahrt der Menschheit orientiert werden; denn die Rechtmäßigkeit der Forschung bemißt sich an der Verbesserung der Lebensbedingungen, die sie bewirken kann.

Bacon wollte mehr als dies. Er wollte die Voraussetzungen für eine Wissenschaftspolitik und Forschungsplanung legen, durch die Naturerkenntnis zu einem breiten gesellschaftlichen Unternehmen werden kann: mit Forschungslabors, Versuchsanstalten, Dokumentationszentren und Ausbildungsinstitutionen. Dafür war mehr nötig als nur die Toleranz des Staates und der Kirche gegenüber riskanten Hypothesen. Zu einer Zeit, in der die Philosophen und Wissenschaftler schon froh sein mußten, den Verfolgungen der Mächte dieser und jener Welt zu entkommen, plädierte Bacon bereits für das aktive Engagement für die neuen Wissenschaften. Und da sein Lebensweg nicht der eines Philosophen oder Wissenschaftlers, sondern eines Staatsmannes war, gaben ihm die Stationen seiner Karriere verschiedene Gelegenheiten, seine wissenschaftspolitischen Vorstellungen an höchster Stelle vorzutragen. Es blieb alles ein Mißerfolg. Dennoch wäre es falsch zu sagen, daß er Illusionen erlegen war. Sein Blick für das politisch Machbare war geschult und klar. Man könnte, wenn solche Spekulationen nicht unfruchtbar wären, vertreten, daß Bacon bei wenig veränderten Randbedingungen auch schon zu seiner Zeit hätte Erfolg haben können. Maßgeblicher ist, daß seine Vorstellungen zu Leitideen der sogenannten „wissenschaftlichen Bewegung" in England in der Mitte des 17. Jahrhunderts und bei der Gründung der wissenschaftlichen Akademien und Gesellschaften im 17. und 18. Jahrhundert wurden.

Und dennoch muß auch hier wieder betont werden: Bacon formulierte alle seine Absichten im Gedankengut der Renaissance. Er mußte in der Sprache der Philosophen sprechen, die er bekämpfte, und die Ideen benutzen, die er ablehnte. Er mußte das Neue im Alten denken. Dies machte ihn zu einem der interessantesten Köpfe im Übergang von der Renaissance, der er nicht mehr angehört, zur Neuzeit, der er noch nicht ganz zugehört. Diese Stellung zwischen zwei Epochen hat ihm ein wechselhaftes Schicksal in den Urteilen der Interpreten beschert. Später ist Gelegenheit, auf die Wirkungsgeschichte seiner Philosophie einzugehen. An dieser Stelle sollen in aller Kürze die wichtigsten Stationen der bisherigen Interpretationsgeschichte skizziert werden, um den Gesichtspunkt herauszuheben, dem die vorliegende Darstellung entspringt.

(1) Das 17. Jahrhundert hatte überwiegend ein noch ungebrochenes Verhältnis zu Bacon. Man interpretierte ihn nicht, sondern setzte sein Werk fort, wenn auch nicht immer genau in seiner oder nur in einer Richtung. Hieran beteiligten sich so unterschiedliche Geister wie Descartes, Leibniz, Boyle, Newton oder Vico. Selbst William Harveys kritische Bemerkung: „Er philosophiert wie ein Lordkanzler"[5] wurde ins Positive gewendet. Der höchste Staatsdiener Englands war für die neue Wissenschaft. Wer konnte da wagen, dagegen zu sein? Die tiefe Verwurzelung vieler seiner Vorstellungen in der Renaissance

wurde vergessen. Für das 18. Jahrhundert war er neben Galilei und Descartes zu einem der drei großen Begründer der neuzeitlichen Naturwissenschaften geworden. Immanuel Kants Reverenz – er stellte seine „Kritik der reinen Vernunft" unter ein Motto der „Instauratio Magna" („... Ende und rechtmäßiger Abschluß eines unendlichen Irrtums") – bildet den würdigen Schlußstein dieser Periode.

(2) Im 19. Jahrhundert, dem Jahrhundert des historischen Bewußtseins, wurde diese Einschätzung in Frage gestellt. Bacons Beiträge zu den Wissenschaften wurden geprüft und als zu leicht empfunden. Hatte er ein Gesetz gefunden, eine riskante Theorie formuliert, eine bedeutende Entdeckung oder Erfindung gemacht? Jedesmal: nein. Als unbestritten origineller Beitrag Bacons blieb seine induktive Methode der Forschung. Aber gerade von dieser hatten schon die Baconianer des 17. Jahrhunderts Abstand genommen, weil sie ihnen zu eng und unpraktisch erschien. Das Denkmal Bacon wackelte. Fast hätte es der Chemiker Justus Liebig mit überaus scharfen und überall gelesenen Angriffen zum Einsturz gebracht,[6] wenn nicht die Philosophiehistoriker sich schützend vor ihn gestellt hätten. Sie wollten ihn nicht als Wissenschaftler, sondern als Philosophen verteidigen.

(3) Die erste bedeutende Monographie zu Bacon schrieb Kuno Fischer 1856. Er sah in ihm den Ziehvater des modernen Empirismus, oder genauer, den philosophischen Begründer der Erfahrungswissenschaften. Robert Leslie Ellis, Mitherausgeber der bis heute maßgeblichen Werkausgabe, stellte Bacons Formenlehre in den Mittelpunkt, von der er allerdings nicht glaubte, daß sie mit den Grundbegriffen der modernen Wissenschaft vereinbar sei.[7] John Stewart Mill und Christian Sigwart belebten die Diskussion um Bacons Methode. Bacon war als Philosoph entdeckt worden. Und doch konnte nichts darüber hinwegtäuschen, daß seine Werke, als reine Philosophie genommen, zu unsystematisch, begrifflich zu offen, zu sehr Rhetorik und Appell waren. Die Differenz zwischen der systematischen Philosophie der Neuzeit und der Metaphorik der baconischen Aphorismen war zu groß. Immerhin bot diese Distanz die

Möglichkeit, die Einheit seiner Philosophie in den Kategorien seiner Zeit herauszuarbeiten, ohne vorschnell ihre Beziehungen zur späteren Wissenschaft zu aktualisieren. Das beste Ergebnis dieser Bemühungen ist das Werk von Anderson „The philosophy of Francis Bacon".

(4) Eine entscheidende Wiederbelebung der Baconforschung gelang um die Mitte dieses Jahrhunderts Benjamin Farrington. Der Buchtitel seines ersten größeren Werkes zu Bacon gab die neue Richtung an: „Francis Bacon. Philosopher of Industrial Science". Farrington ließ die philosophischen Unklarheiten mehr oder weniger auf sich beruhen. Er unterstellte, daß Bacon selbst deren Klärung weder für vordringlich noch zu seiner Zeit für möglich hielt. Er rückte Bacons Forderung einer neuen Forschungskooperation, seine Ideen zu einer inneren Beziehung von wissenschaftlichem und technischem Fortschritt und deren Verbindung mit dem ökonomisch-sozialen Fortschritt in den Mittelpunkt seiner Interpretation. Eigentlich zu Hause in der klassischen Philosophie und zugehörig dem renommierten angelsächsischen Marxismus der dreißiger Jahre, sah Farrington in Bacon den Protagonisten eines neuen Zeitalters, dessen Absicht weder die Formulierung einer neuen Philosophie noch der aktive Beitrag zur Naturwissenschaft, sondern eben eine neue Politik für die Wissenschaft gewesen sei. Schon James Spedding, neben Ellis der Herausgeber der Werkausgabe, hatte einen ähnlichen Standpunkt eingenommen, der aber im 19. Jahrhundert wenig beachtet blieb. Heute ist dieser Ansatz aus der Literatur nicht mehr wegzudenken. Er hat sich nicht nur gegenüber der philosophischen Suche nach Lehrstücken als fruchtbar erwiesen, sondern auch den Weg zurück zum lebendigen Traditionszusammenhang des 17. Jahrhunderts gewiesen.

Die Gefahr dieser wissenschaftspolitischen Interpretation ist allerdings, Bacon aus seiner eigenen Welt der Renaissance zu lösen und die Versuche einer naturwissenschaftlichen und einer philosophischen Modernisierung durch eine nicht weniger vergebliche politische zu ersetzen. Der Italiener Paolo Rossi hat, insgesamt auf dem Boden Farringtons bleibend, die Elemente der Renaissancekultur herauszuarbeiten verstanden, die Bacon geprägt haben. Sein Werk „Francesco Bacone: Della magia alla scienza" (Von der Magie zur Wissenschaft) verbindet beide Aspekte der philosophischen Herkunft und politischen Absicht.

(5) Diese Umrisse sollen genügen, um den Ansatz der hier vorgelegten Interpretationen vorzustellen. An Farringtons Umstrukturierung der zentralen Fragestellung hat sich nichts geändert. Bacons Leben war ein politisches Leben, und seine Philosophie gehört in dieses hinein. Eine Analyse seiner Werke, die diesen Zusammenhang auflöst, wird zwangsläufig schwerwiegenden Mißverständnissen anheimfallen. Aus diesem Grund ist auch in diesem Buch der Darstellung des politisch-philosophischen Lebens breiter Raum gegeben. Aber die Gelassenheit, mit der Farrington vermeintliche Ungenauigkeiten in der Philosophie, Verzerrungen in der Methode und Glücklosigkeit in den naturwissenschaftlichen Arbeiten Bacons erträgt, verschenkt zuviel. Auch Rossis Versuch, dies alles aus der Beleuchtung der Renaissance als charakteristisch für die Zeit zu erklären, trägt letztlich nicht dazu bei, die innere Konsistenz und die Bedingungen der Gültigkeit seiner Philosophie ernstzunehmen. Man kann nicht umhin, Bacon auf dem Boden der neuen politischen Interpretation auch wieder systematisch zu lesen, als einen Theoretiker, dem es um die begrifflichen Grundlagen einer neuen – wissenschaftlichen – Auseinandersetzung mit der Wirklichkeit ging.

Der zentrale Gesichtspunkt, den ich dazu entwickeln möchte, ist, Bacons Philosophie als eine *Philosophie der Forschung* zu erfassen. Von diesem Gesichtspunkt her werde ich erklären, warum Bacon in voller Absicht und auf seinen Grundlagen zu Recht einigen Grundproblemen der Philosophie ausgewichen ist, ohne deren Behandlung eine Erkenntnistheorie gar nicht möglich zu sein scheint. Es lag nicht in seiner Absicht, den überkommenen Philosophien ein neues philosophisches System entgegenzustellen. Überzeugt davon, daß die Zeit für Systeme für immer vorbei sei, wollte er vielmehr den Nachweis führen, daß man nur mit neuen Erkenntnismitteln und Arbeitsformen – eben denen der wissenschaftlichen Forschung – schrittweise zu einer neuen philosophischen Welterkenntnis vordringen könne. Seine Philosophie ist, so könnte man sagen, eine Theorie zweiter Ordnung: Sie reflektiert die Bedingungen, die geschaffen werden müssen, um zu einer neuen Wirklichkeitserkenntnis zu kommen, wohl wissend, daß eine Begründung dieser Bedingungen letztlich erst gelingen kann, wenn die neuen Absichten erfolgreich sind: Man muß sich auf den Weg machen, um dessen Verlauf zu erkennen. Bacon hat bis in die literarische Form hinein an einer Philosophie gefeilt, die sich ihrer zwar als System nicht mehr sicher sein konnte, aber sich doch als Wegweiser zu einer in Ziel und Inhalt neuen Erkenntnis verstand. Dies darzustellen wird Gegenstand dieses Buches sein. Das erzwingt allerdings Abstriche an anderer Stelle. Ich werde Bacon als Meister des moralisch-politischen Essays, als Interpreten antiker Fabeln und Mythen oder als Rechtstheoretiker nicht ausführlich zu Wort kommen lassen. In der Darstellung seines Lebens finden sich Verweise auch auf diese Aspekte seines Schaffens und auf weiterführende Literatur. Nicht verzichtet habe ich darauf, den engen Zusammenhang zwischen seiner theoretischen Philosophie und seiner Sozialutopie darzustellen. So fragmentarisch der utopische Entwurf „Neu-Atlantis" ist – ich werde zeigen, daß er nicht ohne Absicht fragmentarisch ist –, so wichtig ist er, um Bacons Vorstellungen eines inneren Zusammenhangs von neuer Wissenschaft und Wohlfahrt der Menschen nachzuzeichnen.

I. Bacons Leben: Zwischen Politik und Philosophie

1. Jugend und Ausbildung

Bacon wurde am 25. Januar 1561 geboren. Seine Mutter, Lady Ann, war tief religiös. Sie war Anhängerin der „Nonkonformisten" oder „Preacher", die sich der staatlichen Regulierung der anglikanischen Kirche entziehen wollten und allein die Schrift als bindende Instanz des religiösen Gewissens akzeptierten. Die „Nonkonformisten" waren die Vorläufer der „Puritaner", die im 17. Jahrhundert Englands Gesellschaftsordnung durch eine der großen politisch-religiösen Revolutionen erschütterten und umgestalteten. Zur Zeit Bacons kämpften die „Nonkonformisten" allerdings noch um ihre Existenz. Bacons Vater, Sir Nicholas Bacon, gehörte dem Stand des niederen Adels (Gentry) an; er war Großsiegelbewahrer (Lord Keeper of the Great Seal) und damit Inhaber des höchsten juristischen Staatsamtes, das von Königin Elisabeth vergeben wurde.

Francis war der zweite Sohn aus dieser Ehe. Seinem Bruder Anthony war er bis zu dessen Tod freundschaftlich und beruflich verbunden. Nur wenig ist über die häusliche Gemeinschaft und elterliche Erziehung bekannt. Aber so viel kann man sagen, daß die Religiosität der Mutter und der politische Horizont des Vaters Bacons Leben und sein Weltbild prägen: Der Glaube, wie ihn der radikale Protestantismus seiner Mutter lehrte, hat sich in Werken, nicht allein in Worten zu äußern; und die Werke, die ihm das Staatsamt seines Vaters vorführte, sind nicht dem eigenen Heil oder dem Vorteil einer Gruppe, sondern dem Volk verpflichtet. Der Beruf des Vaters gibt den religiösen Prinzipien der Mutter einen öffentlichen, politischen Horizont; die Religion der Mutter bindet den Pragmatismus des Staatsmanns an die Rechtfertigung vor dem Gewissen.

Beide Eltern standen in engeren Beziehungen zu Wissenschaft und Bildung. Seine Mutter konnte Griechisch und Latein, hatte Kirchenschriften aus dem Lateinischen übersetzt. Vermutlich war sie auch vertraut mit der humanistischen Literatur. Denn ihr Vater, Sir Anthony Cooke, war Tutor von Edward VI. (1537–1553), dem Sohn Heinrichs VIII., der nach dem Tode seines Vaters mit 9 Jahren König von England wurde.

Von Nicholas Bacon wissen wir, daß er schon zur Zeit Heinrichs VIII. an der Ausarbeitung einer Erziehungsreform beteiligt war. Heinrich VIII. mußte nach seiner Lossagung vom Katholizismus die klerikale Verwaltung durch eine zivile ersetzen und für deren Ausbildung eine praktisch und technisch ausgerichtete Institution schaffen. Der Plan dafür wurde schließlich von Sir Humphrey Gilbert, dem Halbbruder Sir Walter Raleighs, 1662 unter Königin Elisabeth als „Queen Elizabethes Academy" vorgelegt. Er betonte nicht nur Fächer wie Regierungslehre, Steuer- und Verwaltungsrecht, sondern auch Befestigungswesen, Strategie, Navigation. Außerdem, das war ungewöhnlich, sah er eine Verpflichtung der Dozenten zur Forschung und zur Berichterstattung über ihre Ergebnisse vor.[1]

Ob Bacon diesen Plan kannte, weiß man nicht. Er zeigt uns nicht nur einiges von der Vorstellungswelt seines Vaters, sondern ist auch typisch für eine Zeitströmung innerhalb und außerhalb Englands: Praktisches Wissen wurde höher bewertet als die Gelehrsamkeit an den Universitäten. Verstand man unter praktischem Wissen im Humanismus noch in erster Linie Rhetorik, Diplomatie und Politik, so wurde am Ende des 16. Jahrhunderts zunehmend die technische Seite der Praxis gesehen. Sicherlich ist hier eine wichtige Quelle der späteren Überzeugungen Bacons. Aber wir werden auch sehen, daß Bacon in seinen Schriften nicht praktisches Wissen anstelle des theoretischen fordern wird, sondern ein neues theoretisches Wissen anstelle des alten.

Schon als kleines Kind hatte Bacon Zugang zur Königin. William Rawley, sein Vertrauter und Sekretär in späteren Jahren, berichtet, daß die Königin ihn ihren „jungen Großsiegelbewahrer" zu nennen pflegte und er ihr auf die Frage nach seinem Alter einmal antwortete: „Ich bin zwei Jahre jünger als die glückliche Regentschaft ihrer Majestät andauert". (I, 4) Das fürsorgliche Verhalten der Königin hat unter Historikern den Verdacht erweckt, daß ihre Beziehung zu Francis von besonderer Art gewesen sei. Vielleicht sei er einer geheimen Verbindung zwischen ihr und Lord Robert, dem späteren Earl of Leicester, entsprungen und der Familie Bacon zur Adoption übergeben worden. Unter den Fachleuten haben diese Spekulationen wenig Anhänger, wenn sie auch bis heute fortgesetzt und durch weitere Indizien genährt werden.[2]

Im Alter von 12 Jahren begann Bacon im Trinity College in Cambridge das Studium der „artes liberales", also die Grundausbildung nach dem scholastischen Fächerkanon. Am Ende dieser Zeit, ungefähr im Alter von 16 Jahren, begann Bacon, die aristotelische Philosophie abzulehnen. So jedenfalls berichtet später Rawley (I, 4). Eine Passage aus dem „Novum Organum" klingt wie eine späte Erinnerung an diese Schulzeit:

„In den Gebräuchen und Einrichtungen der Schulen, Akademien, Kollegien und ähnlichen Institutionen, an denen Gelehrte ihre Lehrstühle haben und die Bildung kultiviert werden soll, zeigt sich alles dem Fortschritt der Wissenschaft entgegengesetzt. Die Vorlesungen und Übungen sind so angeordnet, daß Gedanken außerhalb des Gewohnten keinem leicht in den Sinn kommen. Wenn aber der eine oder andere sich die Freiheit des Urteils nimmt, dann ist er ganz auf sich gestellt und hat von seinen Kommilitonen keine Hilfe. Wenn er dies aushält, dann wird er in seinem Fleiß und seinem Großmut schwere Behinderungen seines weiteren Schicksals erfahren. Er wird als Aufrührer und als auf Neuigkeiten Versessener verachtet werden." (N.O. I, Aph. 90)

Die aristotelische Philosophie in ihrer mittelalterlichen, christianisierten Gestalt war bis in das 16. Jahrhundert hinein die Grundlage aller akademischen Studien, und das Studium bestand hauptsächlich in der Kenntnis der maßgeblichen Kommentare zu Aristoteles, Ptolemäus, Strabo und Plinius. In Reaktion auf die Reformationen haben die traditionsreichen Universitäten Cambridge und Oxford sich noch stärker von neuen Geistesströmungen isoliert als vorher. Selbst die Texte der scholastischen Reformer Duns Scotus, William Ockham, Roger

Bacon wurden um 1550 untersagt. Humanistische Reformer aus dem Kreis um Petrus Ramus wurden praktisch vertrieben. Die großen Naturforscher Englands, wie Robert Recorde, John Dee, Thomas Digges, existierten für die Professoren nicht. Offenbar gelang es den Universitäten dennoch nicht, die Studenten zu Gralshütern ihrer Tradition zu machen. Bacon wird sein Leben lang seine scharfe Kritik an den Universitäten nicht mildern.

Über Bacons Ausbildung am Trinity College wissen wir wenig. Es lag von vornherein im Interesse seines Elternhauses, aus ihm einen Juristen und Politiker zu machen. So war es bezeichnend für den praktischen Sinn seines Vaters, Francis am 25. September 1576 mit auf die Antrittsreise des neuen Botschafters in Frankreich, Sir Amyas Paulet, zu schicken. Er lernte Paris, Blois, Tours und Poitiers kennen. Der Tod seines Vaters im Frühjahr 1579 zwang ihn zur Rückkehr. Zwei Eindrücke aus diesem Frankreichaufenthalt waren wichtig: Aus den zerrissenen innenpolitischen Verhältnissen und den anhaltenden Glaubenskriegen wurde ihm die Bedeutung eines einheitlichen, funktionsfähigen Gemeinwesens, wie es England unter Elisabeths Politik geworden war, praktisch vor Augen geführt. In einem Bericht (der allerdings auch von seinem Bruder Anthony stammen kann) über den ,,Gegenwärtigen Zustand des christlichen Abendlandes" (VIII, 18–30) schrieb er über das Frankreich Heinrichs III.: ,,Sein Land in religiösen und in Staatsangelegenheiten zerteilt, die Ämter der Justiz verkauft, der Staatsschatz verschleudert, das Volk geschoren, das Land verwüstet, dies hat große Belastung hervorgebracht" (VIII, 27).

Das zweite, wissenschaftliche Erlebnis war der Besuch öffentlicher Vorlesungen Bernhard Palissys in Paris. Palissy, ursprünglich ein Töpfer, bekämpfte offen alle bisherige Philosophie. Emphatisch stellte er ihre Nutzlosigkeit auf den Gebieten der Agrikultur, Alchimie, Mineralogie und Geologie heraus und versuchte durch Demonstrationsexperimente seinem Publikum vorzuführen, daß das Lesen im Buch der Natur dem Lesen der lateinischen Klassiker bei weitem überlegen sei. Sein 1580 erschienenes Buch ,,Discours admirables" gibt einen Eindruck von seinen Demonstrationen: „Denn ich beweise durch Experimente, daß die Theorien vieler Philosophen, selbst der bedeutendsten und ältesten, auf viele Weise fehlerhaft sind; und dies kann jeder in weniger als zwei Stunden einsehen und begreifen, der die Mühe nicht scheut, in mein Laboratorium zu kommen..."[3] Es gibt keinen direkten Beweis, daß Bacon Palissy wirklich besucht hat. Aber eine Stelle aus dem „Novum Organum" legt dies nahe: „... nur zufällig bemüht sich irgendein Künstler (artifex) von schärferem Geist und begierig nach Ruhm um eine neue Erfindung, meist auf Kosten seines Vermögens" (I, 188 N.O. I, Aph. 81). In der Tat hatte Palissy sein gesamtes Geld in die Experimente gesteckt und schließlich sogar seine Möbel im Brennofen verheizt, um die nötige Hitze zu erzeugen.

Zwei Marksteine der Baconischen Denkweise können durch Palissys Einfluß gesetzt sein: Die Herstellung einer neuen Beziehung (commercium) von Geist und Natur und die Idee einer Sammlung und Ordnung der Naturdinge zur Disposition des Experimentators. Aber es wäre verfehlt, Bacons Philosophie mit dem radikalen Experimentalismus Palissys gleichzusetzen. Er wird die Experimentalisten nicht weniger scharf kritisieren als die Naturphilosophen. Ihre Tätigkeit, so sieht es Bacon, erschöpft sich im Finden kurioser, bestenfalls nützlicher Effekte; sie dringen nicht zur theoretischen Erkenntnis der Natur vor – weder zur spekulativen der alten Philosophie noch zur operativen, neuen, von Bacon geforderten. Aber Bacon hatte doch verstanden, daß das Geheimnis des Erfolgs in der Vorgehensweise dieser höheren Handwerker liegt. Um diese Zeit ungefähr gewann die Grundidee seines Lebenswerks Gestalt: Die Erkenntnisinteressen und Methoden dieser höheren Handwerker und Amateure mußten mit der Prinzipienorientierung der Philosophie und den begrifflichen Fähigkeiten der Gelehrten zusammengebracht werden, damit eine neue systematische Naturerkenntnis entsteht, die beides umfaßt: die praktischen Erfolge der ersteren und die theoretischen Absichten der letzteren. Bacons Werk ist zu einem guten Teil der Versuch, für diese Zusammenführung Begriff und Methode zu finden.

2. Parlamentarier und politischer Experte

Der Tod seines Vaters zwang Bacon, möglichst schnell eine eigene Karriere aufzubauen. Er kehrte im März 1579 aus Frankreich zurück, versehen mit einem Schreiben des Botschafters Paulet an die Königin, in dem es hieß, er sei „eine große Hoffnung, begabt mit vielen guten und einzigartigen Fähigkeiten"; und „wenn Gott ihn dazu leben läßt, wird er sich als ein sehr fähiger und angemessener Untergebener zeigen, um Ihrer Hoheit gute und anerkennungswürdige Dienste zu leisten" (VIII, 8). Natürlich konnte Bacon nicht hoffen, im Alter von 18 Jahren und ohne weitere Ausbildung in den Staatsdienst aufgenommen zu werden. Er begann sofort nach der Rückkehr das Rechtsstudium am Gray's Inn in London, einer der großen Rechtsschulen, der auch sein Vater angehörte.

Über die nächsten Jahre seines Lebens ist wenig bekannt. Sicher ist, daß er 1584 mit Hilfe seines Onkels, dem Schatzkanzler Lord Burghley, einen Parlamentssitz erhielt. Aus anderen Akten geht hervor, daß er wohl schon 1581 ins Parlament eintrat.[4] Ungefähr seit dieser Zeit begann Bacon, der Königin seine Dienste als Berater anzubieten, um in die Position eines Hofrats zu gelangen. Er versuchte dies durch Anfertigung sachkundiger politischer Expertisen.

Die beiden ersten Expertisen befaßten sich mit politischen Problemen der Religionen. Die eine, von 1584 oder früher, hatte die innen- und außenpolitische Bekämpfung des Katholizismus zum Gegenstand, die andere, von 1589, die politisch brisante Zerreißprobe des Protestantismus zwischen der Staatskirche und den puritanischen Nonkonformisten. Beide Konfliktfelder hingen nicht nur miteinander zusammen; auf ihnen trafen sich die Linien der Weltpolitik des 16. Jahrhunderts. Für das Verständnis der besonderen Problemlage Englands ist ein kurzer Rückblick auf die Einführung der Reformation unter Heinrich VIII. notwendig.

Heinrich VIII., der England von 1509 bis 1547 regierte, trat zunächst mit einer anti-reformatorischen Schrift als „Verteidiger des Glaubens" (Defensor fidei) hervor. Als sein erster Ehescheidungsversuch fehlschlug, brach er mit dem Papst, schaffte die päpstliche Rechtsprechung und die Zahlung von Abgaben ab und säkularisierte den kirchlichen Besitz. Der Weiterverkauf des Besitzes an niederen Adel und Bürgertum führte zu einer gewaltigen Eigentumsverschiebung in England und zur Loyalität dieser Schichten gegenüber der Krone. Der Bruch mit dem Papst stärkte also insgesamt die nationale Souveränität und festigte die Grundlagen des Absolutismus. Aber die politischen Rückwirkungen von Reformation und Gegenreformation holten auch England ein. Aus der ersten Ehe Heinrichs mit Katharina von Aragon ging Maria (katholisch) hervor, aus seiner zweiten mit Anna Boleyn, Elisabeth (protestantisch). Maria regierte von 1553 bis 1558 und suchte England in den Katholizismus zurückzuführen. Sie heiratete Philipp I. von Spanien, führte die alten Gesetze zur Verfolgung aller Häretiker wieder ein und verfolgte die Protestanten auf grausame Weise. „Bloody Mary", wie diese sie nannten, starb 1558. Elisabeth konnte ihre Thronansprüche mit Unterstützung Philipps II. durchsetzen, der sogar bereit war, auch zu ihr eheliche Bande zu knüpfen. Elisabeths Kalküle waren anderer Art. Sie stellte 1559 mit Hilfe des Parlaments die nationale Unabhängigkeit der anglikanischen Staatskirche wieder her und machte die protestantischen Dogmen verbindlich. Das bedeutete höchste Gefahr für alle Katholiken. Eine Welle von Erhebungen, Verschwörungen und Mordanschlägen erfaßte das Land in den siebziger Jahren.

Diese Situation analysierte Bacon in seiner ersten Expertise. Zwei Prinzipien seiner späteren Einstellung sind schon deutlich: absoluter Vorrang für die Sicherung der politischen Zentralgewalt, aber tolerante Humanität gegenüber allen, die im Glauben und Denken abweichen, ohne gegen die Krone zu handeln. Er schlug vor, den Loyalitätseid zu mildern, der die Katholiken zwang, die Treue zur Krone unter allen Umständen über die zum Papst zu stellen.

„Da ich bedenke, daß der Zwang zu diesem Eid unweigerlich Verzweiflung hervorrufen muß, weil man entweder darin etwas denken muß, ... was man nicht denken kann, oder als Verräter gilt (was vor einer ausgeführten

Tat zu hart zu sein scheint), so übergebe ich untertänigst der Betrachtung ihrer Excellenz die Frage, ob – mit mehr Sicherheit für Ihrer Majestät Person und Staat und mehr Zufriedenheit für jene – es nicht besser wäre, den Eid in diesem Sinne umzuformulieren: ‚Wer die Waffen nicht gegen ausländische Herrscher erhebt und namentlich den Papst, die auf irgendeine Weise in das Land Ihrer Majestät eindringen, der soll ein Verräter sein'" (VIII, 48).

Diese Formel wäre für einen Katholiken nur dann unakzeptabel, wenn er dem Papst das Recht zur Invasion Englands einräumte. So würde die Eidesformel militante Papisten von gläubigen Katholiken trennen. Bacons weiteres Plädoyer gilt der „Inneren Bekehrung", der Schwächung des Katholizismus durch Prediger und Lehrer.

Gerade dies aber, die innere Überzeugung, geäußert in freier Predigt und Lehre, war der zentrale Streitpunkt innerhalb des Protestantismus. Die wohlbegründete Furcht Elisabeths vor einer Gegenreformation durch ein Zusammenspiel des Papstes mit Maria Stuart, Teilen des Adels und Spanien hatte sie veranlaßt, die Hochkirche stark zu regulieren. Sie versuchte, das Prinzip des Protestantismus, die Gewissensüberzeugung durch freie Predigt, zu unterlaufen und das protestantische Glaubensgut durch theologische Experten festschreiben zu lassen. Der Protest großer protestantischer Gruppen, der schon erwähnten Nonkonformisten oder Prediger (Preacher), die das Recht des freien Gottesdienstes und der freien Bibelauslegung beanspruchten, drohte sich zu einem Glaubenskrieg neuer Art auszuweiten: einem Glaubenskrieg zwischen den Protestanten, der die Sache des Papstes um vieles einfacher gemacht hätte. Im Jahre 1584 spitzten die Konflikte sich zu. Elisabeth strebte eine Entscheidung an und stellte sich gegen die Mehrheit des Parlaments. Machtpolitisch behielt sie die Oberhand. Aber zugleich legte sie den Schwelbrand zwischen Puritanern und Staatskirche, der im 17. Jahrhundert zum Feuersturm wurde.

Die Puritaner reagierten mit anonymen Publikationen, die auf beweglichen Druckerpressen hergestellt wurden, und hielten geheime Gottesdienste und Synoden an wechselnden Orten ab. Diese Entwicklung war politisch beunruhigend und widersprach Bacons Auffassung von nationaler Integrität, die auch von der Religion getragen werden müsse. Anläßlich einer besonders heftigen Kontroverse in den Jahren 1588/1589, die von anonymen puritanischen Pamphleten angeheizt worden war und nach dem Pseudonym des Verfassers als „Marprelate-Kontroverse" bekannt ist, verfaßte Bacon eine Schrift über die Kontroversen der Kirche von England. Bacon beginnt mit der Feststellung, daß die Kontroversen nicht die sakralen Grundlagen des Glaubens betreffen, und warnte, daß die Auseinandersetzungen über keineswegs unüberbrückbare Streitpunkte politische Formen annehmen könnten, an deren Ende schließlich die verfeindeten Parteien von ihren eigenen Ausgangspunkten „fast genauso weit entfernt sind, wie ursprünglich voneinander" (VIII, 87).

3. Wissenschaftspolitische Initiativen

Die beiden Schriften zeigen, wie Bacon im Alter von 30 Jahren für politische Analysen und diplomatische Formulierungen am Hofe tätig war. Inzwischen war er auch zu einem wichtigen Redner im Parlament avanciert. Aber diese Tätigkeiten decken nur einen Teil seiner Interessen. In den rund zehn Jahren seit seiner Rückkehr aus Frankreich hatten seine Vorstellungen über eine Reform der Wissenschaften konkrete Gestalt angenommen. Er hat sie in einer nicht erhaltenen Schrift niedergelegt, die den Titel „Temporis partus maximus" („Die größte Geburt der Zeit") trägt.[5] Der pompöse und schwer zu deutende Titel deutet auf einen entsprechenden Inhalt. Das Urteil eines zeitgenössischen Oxforder Gelehrten über den Text lautete: „Ein Verrückter könnte ihn nicht geschrieben haben, ein Weiser würde ihn nicht geschrieben haben".[6]

Das erste erhaltene Dokument aus seiner Hand zum Thema Wissenschaft und Politik ist ein Brief an Lord Burghley, den er nach eigenen Angaben im Alter von 31 Jahren, also 1592, geschrieben hat und der in seinem zweiten Teil wiedergegeben werden soll.

„Ich bekenne, daß ich ebenso große Erkenntnisziele, wie bescheidene bürgerliche habe: Denn ich habe das gesamte Wissen zu meinem Reich erklärt (all knowledge to be my province); und wenn ich es von zwei Arten von Landstreichern befreien könnte, von denen die einen mit leichtfertigen Disputationen, Verwirrungen und Wortschwall, die anderen mit blinden Experimenten, Flüsterweisheiten und Schwindel so viel Verderbnis angerichtet haben, dann hoffe ich, könnte ich wirkungsvolle Beobachtungen, begründete Schlußfolgerungen und gewinnbringende Erfindungen und Entdeckungen beibringen; – das Beste, was es auf diesem Gebiet gibt. Ob dies nun Neugier, Ruhmsucht, meine Natur oder (wenn man es günstig nimmt) *Philanthropie* sei, – es ist so in meinem Geist verfestigt, daß es nicht entfernt werden kann. Und ich sehe leicht, daß irgendeine einflußreiche Position über den Verstand von mehr Köpfen gebieten ließe als nur über den eigenen (commandment of more wits than of a man's own); dies erstrebe ich aufs äußerste... Und wenn seine Lordschaft mich nicht unterstützen will, dann werde ich nicht tun, was Anaxagoras tat, der sich willentlich in die Armut führte. Sondern dies werde ich tun: Ich werde meine Erbschaft verkaufen, eine Pacht mit schnellen Einkünften erwerben oder ein einträgliches Amt, das von einem Stellvertreter geleitet werden kann, und so alle Dienste aufgeben und ein armer Buchschreiber werden (become some sorry book-maker) oder ein wahrer Pionier in der Mine der Wahrheit..." (VIII, 109).

Der unbescheidene Anspruch Bacons, alle Erkenntnis zu seinem Gebiet zu machen, ist in diesem Brief gepaart mit der Einsicht, daß dieses Ziel die Geisteskraft eines einzelnen übersteigt. Die Alternative ist für Bacon, entweder über die Geisteskräfte vieler zu gebieten oder „to become a sorry book-maker".

Lord Burghleys Reaktion auf den Brief ist nicht bekannt. Vermutlich hielt er seinen Neffen für arrogant. Er glaubte an die Leistungen der Alchimie und hatte sich vor nicht allzu langer Zeit von dem Goldmacher und Hofastrologen Edward Kelley betrügen lassen, der ihm eine Aufbesserung der Staatskasse in Aussicht gestellt hatte. Er wußte auch, daß viele praktische Gebiete, wie Militärwissenschaft, Navigation und angewandte Mathematik, nicht zuletzt durch Unterstützung des Hofes florierten. Es mußte ihm unverständlich bleiben, was ein Parlamentarier und Jurist, der selbst ohne Praxis in den Wissenschaften war, an diesem Zustand verbessern wollte – auch wenn dieser sein Neffe war.

In die Zeit dieses Briefes fällt Bacons folgenreiche Bekanntschaft mit dem Earl of Essex, der schon in jungen Jahren (geb. 1566) zum Günstling und Berater Elisabeths aufgestiegen war. Es entstand eine enge Freundschaft, in die auch sein Bruder Anthony einbezogen war. Bacon konnte hoffen, in dem ebenso gelehrten wie fortschrittlichen Essex den Patron am Hof gefunden zu haben, der Burghley nicht sein wollte. Bacon konnte nicht vorhersehen, daß Essex auf der Höhe seiner Macht sich mit der Königin überwerfen würde und daß er 1600 und 1601 von Staats wegen gegen seinen ehemaligen Gönner würde ermitteln müssen. Jetzt verhalf Essex Bacon zu einigen Gelegenheiten, seine Vorstellungen über eine Reform der Wissenschaften am Hof vorzutragen.

1592, vermutlich anläßlich einer Krönungsfeier der Königin am 17. November, verfaßte Bacon eine „Konferenz des Vergnügens", zwei Reden, die eine „zum Ruhme ihrer Majestät", die andere „zum Ruhme der Erkenntnis". Diese zweite Rede ist, von den Andeutungen im Brief an Lord Burghley abgesehen, die erste erhaltene Darstellung des großen Reformwerks. In einer polemischen Passage über den Zustand der Gelehrsamkeit an den europäischen Universitäten heißt es:

„Aber sie lernen dort nichts als zu glauben: Zuerst zu glauben, daß andere das wissen, was sie nicht wissen; und dann, daß sie selbst das wissen, was sie nicht wissen. Aber in Wirklichkeit haben die Leichtfertigkeit zu glauben, die Ungeduld zu zweifeln, die Tollkühnheiten der Antworten, den Ruhm zu wissen, das Bedenken zu widersprechen, das Zielen auf Gewinn, Faulheit in der Forschung, die Suche nach dienenden Worten, die zum Teil auf der Natur beruhen – dies alles und ähnliches die glückliche Zusammenfügung zwischen dem Geist der Menschen und der Natur der Dinge verhindert (forbidden the happy match between the mind of man and the nature of things) und stattdessen ihn mit leeren Begriffen und blinden Experimenten verheiratet" (VIII, 125).

Nur nebenbei sei bemerkt, daß hier die Keimzelle eines durch Kant berühmt gewordenen Satzes zu finden ist, nach dem Begriffe ohne Anschauung leer und Anschauung ohne Begriffe blind sind. Bacon kommt dann auf diejenigen Erfindungen zu sprechen, die für ihn die Insignien eines neuen Zeitalters wie auch Paradigmen für das Zusammenspiel von Geist und Natur sind – den Buchdruck, die Artillerie und den Kompaß: „Was für einen Wandel haben die drei in die Welt unserer Tage gebracht ... Aber über diese, sage ich, ist man bloß gestolpert und zufällig hat man sie ans Licht gebracht ... Noch beherrschen wir die Natur in unseren Meinungen, aber sie knechtet uns in ihrer Notwendigkeit; aber wenn wir von ihr in der Erfindung geleitet werden würden, würden wir sie durch Handlungen beherrschen" (VIII, 125 f.).

Zwei Jahre später, bei einer Weihnachtsfeier im Gray's Inn, bot sich Bacon eine zweite Gelegenheit, der Königin seine Pläne vorzutragen. In einer Art Theaterstück läßt er sechs königliche Berater auftreten, die nacheinander die Kriegskunst, das Studium der Philosophie, die Errichtung ruhmwürdiger Bauwerke, die Absolutheit des Staates, die Tugend der Regierung und schließlich Freizeit und Sport verherrlichen. Bei der Philosophie finden wir den ersten Hinweis auf die Institutionen der Forschung, die Bacon für die Errichtung der Herrschaft über die Natur vorschwebten. Im fünften Ratschlag finden wir Hinweise auf die Regierungsform, die Bacon als die geeignetste ansah. Beides zusammengenommen, gibt einen frühen Eindruck der Vorstellungen, die später in der Utopie „Neu-Atlantis" entwickelt werden. Im zweiten Ratschlag heißt es:

„Ich werde Ihrer Hoheit vier prinzipielle Werke und Denkmale Ihrer selbst empfehlen: Erstens, die Zusammenstellung einer höchst vollkommenen und allgemeinen Bibliothek ... Dann einen geräumigen wunderbaren Garten für alles, was immer unter der Sonne in verschiedenen Klimaten auf Böden unterschiedlichster Art wächst, wild oder durch die Kultivation des Menschen hervorgebracht ... Dieser Garten soll so gebaut sein, daß er Ställe für alle seltenen Tiere und Käfige für seltene Vögel enthält, mit zwei zugehörigen Seen, einer mit Süßwasser, der andere mit Salzwasser, für eine ähnliche Vielfalt der Fische, so werden Sie in einem kleinen Umfang ein Modell der universellen Natur verfügbar gemacht haben (in small compass a modell of universal nature made private), das dritte, ein riesengroßes Kabinett, in dem was immer die Hand des Menschen durch hervorragende Handwerks- oder Ingenieurskunst an seltenen Dingen in Stoff, Form oder Bewegung geschaffen hat, was immer an Besonderheiten der Zufall und die Mischung der Dinge hervorgebracht hat ... – dies alles soll gesichtet und einbezogen werden. Das vierte ist eine Art Vorratshaus, so ausgestattet mit Mühlen, Instrumenten, Brennöfen und Gefäßen, wie nur ein Palast es sein kann, ausgerüstet für den Stein der Philosophen ..." (VIII, 335).

Diese Gelegenheitsarbeiten sind die frühesten Dokumente, die Aufschluß über Bacons Gedanken geben. Ihr Impuls ist deutlich wissenschaftspolitisch. Weder wandte Bacon sich an eine literarische Öffentlichkeit, noch betätigte er sich als Forscher. Er wollte, wie er es selbst sah, Architekt, der Leiter einer großen Bauhütte der Wissenschaft, werden. Die Originalität seiner Gedanken bestand darin, Vorstellungen einer koordinierten öffentlichen Forschung zu entwickeln. Für ihre Realisierung wandte er sich an die höchsten Stellen des Staates: an die Königin, ihren Premierminister und Schatzkanzler Burghley und ihren favorisierten Berater Essex.

4. Schwindende Hoffnungen und zweifelhafte Freunde

Bacons Absichten am Hof wurden durch eine Auseinandersetzung durchkreuzt, die ihn in einen andauernden Gegensatz zur Königin brachte und für den Rest ihrer Regierungszeit alle weiteren Initiativen unterminierte. Der Streitpunkt war die Erhebung von „Subsidien" für den Zweck der militärischen Aufrüstung gegen Spanien. 1588 war die Armada Spaniens vernichtend geschlagen worden, aber ein neuer Krieg drohte jederzeit. Im Jahr 1593 verlangte die Königin im Parlament mehrere neue Subsidien. Bacon wurde zum Fürsprecher derjenigen, die diese Belastung im Prinzip billigten, aber eine Verlängerung des Besteuerungszeitraums vorschlugen. Er sah ein zu hohes Risiko für die Krone darin, eine so große Steigerung der Besteuerung in einem so kurzen Zeitraum durchzusetzen. Unruhen könnten die Folge sein. Auch fürchtete er als Parlamentarier ein Präjudiz für spätere Vorgehensweisen der Regierung. Bacon setzte sich im Parlament nicht durch, und er hatte sich auch getäuscht. Das Geld wurde aufgebracht, es gab keine Aufstände oder übermäßige Unzufriedenheit, aber Bacon fiel in Ungnade. Vergeblich machte Essex seinen Einfluß geltend, Bacon zur Stelle des „Attorney General" (Kronanwalt) oder „Solicitor General" (Zweiter Kronanwalt) zu verhelfen. Nur noch als Essex' Berater, der

1593 „Privy Councillor" wurde, blieb Bacon in indirektem Kontakt zum Hof. Zusammen mit seinem Bruder Anthony gehörte es zu seinen Aufgaben, Agentennetze aufzubauen, Geheimschriften zu entschlüsseln und die Bewegungen der katholischen Liga zu analysieren.

Über ein Komplott, in das ein Leibarzt der Königin verwickelt war, hat Bacon einen Bericht geschrieben. „Ein wahrhaftiger Bericht über den verabscheuungswürdigen Verrat, beabsichtigt von Dr. Lopez" (VIII, 274–287). Diese Schrift, verbunden mit Essex' Einfluß, verringerten wohl allmählich die Mißgunst der Königin, brachten Bacon aber einem Staatsamt nicht näher. Nur bei Verhören von Staatsverbrechern war er als „Learned Counsel" tätig; eine Tätigkeit, die er mit wenig Begeisterung „tower employment" (Büttel-Arbeit) nannte (VIII, 313).

In den letzten zehn Jahren der Regierungszeit Elisabeths wandte Bacon sich verstärkt dem Studium philosophischer und literarischer Werke der Antike und der Renaissance zu. Davon zeugt eine Art Merkbuch für Denksprüche, das er 1594 begonnen und später „Promus of Formularies and Elegancies" genannt hat (VII, 187–211). Auch auf dem Gebiet des Rechts, seiner eigentlichen Profession, sind kleine Abhandlungen oder Fragmente überliefert, deren frühestes in das Jahr 1587 fällt.[7] In dieselbe Periode fallen Bacons erste religiöse Schriften, die „Meditationes Sacrae" (Religiöse Meditationen) und schließlich die „Essayes or Counsels, civill and morall" (Essays oder praktische und moralische Ratschläge). Diese beiden Schriften erschienen zusammen 1597 und begründeten schnell Bacons Ruf als Schriftsteller. Die vielen Auflagen gaben ihm die Gelegenheit, die Essays von zehn auf schließlich achtundfünfzig zu vermehren. Sie berühren das ganze Spektrum philosophischer Themen der späteren Schriften, aber sie offenbaren noch keine Stoßrichtung, nicht die Kompromißlosigkeit der Kritik noch die Genauigkeit des Erkenntnisziels, durch das Bacon den Übergang von der Renaissance in die Neuzeit vollzog. Sie erinnern an Erasmus von Rotterdam, an Montaigne, an die besten Traditionen des Humanismus und der Stoa, noch nicht an Kopernikus, Galilei, Gilbert oder andere Wegbereiter der Ideale einer neuen Wissenschaft.

Wir schreiben das Jahr 1587. Bacon war sechsunddreißig Jahre alt, und es existiert von ihm noch kein Werk von Rang, das seine späteren Ideen bezeugen könnte. Statt dessen kennen wir einen unter Finanznot leidenden Parlamentarier, der von der Gunst der Höflinge abhängig ist und mit staatsanwaltschaftlichen und geheimdienstlichen Ermittlungen seine Ansprüche auf ein höheres Staatsamt mit wenig Erfolg aufrechtzuerhalten versuchte. Die einzigen Dokumente, die wir über seine anfänglichen Impulse zu einem großen Reformwerk besitzen, sind jene erwähnten Belustigungen im Gray's Inn aus den Jahren 1592 und 1594 sowie die Rede zum Lobpreis der Königin aus denselben Jahren. Danach schweigen die Dokumente. Bacons Biographie ist darin fast einzigartig, daß sie trotz nicht gerade geringer Informationen über seine beruflichen Tätigkeiten und sozialen Beziehungen so gut wie nichts über die Entstehung der philosophischen Gedanken mitteilt, die ihn berühmt gemacht haben. Um so erstaunlicher ist es, daß nach dem Tode von Elisabeth, unter dem Stuart James im Jahre 1603, plötzlich eine Reihe von Schriften auftaucht, die in voller Klarheit seine philosophischen Absichten offenbaren. Wie ist dies zu erklären?

Wenn es richtig ist, daß Bacon von früher Jugend an nicht die Absicht hatte, als Wissenschaftler zu arbeiten oder eine neue Philosophie zu entwerfen, sondern politischen Einfluß für eine Reform der Wissenschaften zu gewinnen, dann ist sein Handeln nicht unplausibel. Seine Initiativen waren, so hat er es selbst verstanden, die eines Architekten.[8] Er konnte nicht Bauherr sein, und seine Suche nach einem solchen war vergeblich; er wollte nicht Handwerker sein, weil dessen Tätigkeit nur in der durch das erhoffte Reformwerk organisierten Zusammenarbeit zu neuen Erkenntnissen führen würde. So hingen seine Pläne in der Luft – und das klügste war zu schweigen. Die letzten Hoffnungen hatte Bacon auf Essex gesetzt, der, jünger als er, gebildet, ehrgeizig und mit einer glänzenden politischen Karriere vor Augen, die nicht einmal die Thronfolge ausschloß, zum Anwalt einer Reform der Wissenschaften hätte werden können. Aber vergeblich versuchte Bacon, Essex von einer rein militärischen Karriere abzubringen. Ein glänzender Seesieg über die spanische Flotte vor Cadiz 1596 hatte Essex für weitere Unternehmungen dieser Art prädestiniert. 1599 beauftragte ihn die Königin mit der Niederwerfung irischer Unabhängigkeitsbestrebungen. Essex' Streben nach Ruhm und Macht hatte ihm schon bisher höchste Popularität eingebracht. Bacon mußte erkennen, daß Verdienste um die Wissenschaft damit schwerlich konkurrieren konnten. So blieb zur Wende des Jahrhunderts nur Resignation.

Es sollte aber noch schlimmer kommen. Essex griff den in Irland rebellierenden Earl of Tyrone nicht an, sondern trat entgegen der königlichen Order nach monatelangem Nichtstun in Verhandlungen ein. Dies erregte sofort das Mißtrauen der Königin. Eine Verbindung von Irland und Schottland, verstärkt durch Spanien und gestützt durch den möglichen Thronfolger Essex – das konnte höchste Gefahr bedeuten. Nach seiner Rückkehr wurde Essex sofort unter Arrest genommen. Obwohl er sein Verhalten nur unbefriedigend erklären konnte, gelang es ihm, das Mißtrauen der Königin zu zerstreuen, wobei Bacon wichtige Vermittlungsdienste leistete und Essex in einigen Briefen an die Königin sogar die Feder führte. Essex wurde freigelassen.[9]

Essex nutzte die Chance anders als Bacon erwartete: Er probte den Aufstand. Mitten in London, mit einigen hundert Leuten unter Waffen versuchte er am 8. Februar 1601 einen Sturm auf den Palast, der nach einer Entmachtung der Königin aussah, aber schon in den ersten Anfängen steckenblieb. Seine Hoffnungen hatten sich offenbar auf die Entfachung eines Volksaufstandes gerichtet – vergeblich. Es kam zum Hochverratsprozeß, dessen Ausgang nicht in Zweifel stand.

Nur für einen Augenblick also schienen Bacons Aussichten entschieden verbessert: Versöhnt mit der Königin durch seine guten Vermittlungsdienste und protegiert von einem mächtigen Gönner, der ihm zu größter Dankbarkeit verpflichtet war, hätte sein Weg in die hohe Politik gebahnt sein können. Stattdessen mußte er nun zusehen, daß der Scherbenhaufen ihn nicht selbst begrub. Was persönlich noch schlimmer war: Bacon mußte gegen Essex ermitteln. Essex versuchte, während der Verhandlung vor dem Kronrat Bacon zu belasten, indem er die für ihn geschriebenen Loyalitätsadressen an die Königin als Betrugsmanöver darstellte. Mit dem Rücken zur Wand stehend entschloß sich Bacon zur Offenheit: „... diese Briefe, wenn sie hier vorlägen, würden keinem die Schamröte ins Gesicht treiben für irgend einen Teil ihres Inhalts; er hätte mehr Zeit als auf irgend etwas anderes verwendet um herauszufinden, wie der Earl dazu hätte gebracht werden können, ein guter Diener Ihrer Majestät und des Staates zu werden" (IX, 227).

Es hat in der Literatur große Auseinandersetzungen über Bacons Verhalten gegen Essex gegeben.[10] Aber es ist schwer zu sehen, wie er anders hätte handeln können. Nach Lage der umfangreichen Dokumente war der Tathergang eindeutig, die Mittel einer möglichen Verteidigung durch den Aufstand verbraucht und Bacon, der an seiner Treue zur Königin niemals einen Zweifel gelassen hatte, persönlich tief getroffen. Die Möglichkeit, sich aus dem Verfahren herauszuhalten, bestand als „Learned Counsel" der Königin schwerlich und hätte ihn in falschen Verdacht gebracht. Nach der Exekution von Essex hat die Königin Bacon beauftragt, über die gesamte Affäre einen Bericht zu verfassen, der 1601 veröffentlicht wurde (IX, 255–321).

Im selben Jahr starb Bacons Bruder Anthony, zwei Jahre später die Königin. Die Möglichkeiten, eine Reform der Wissenschaften durch die hohe Politik zu verwirklichen, waren aufgezehrt. Im Alter von über 40 Jahren entschloß Bacon sich, die Sache selbst anzugehen und philosophisch tätig zu werden. Aus den ersten Jahren des neuen Jahrhunderts existieren einige Fragmente, die diese neue Beschäftigung dokumentieren. Der einzige Beleg für diesen Wandel findet sich in einem Brief an seinen Cousin Lord Cecil, den Sohn seines Onkels Lord Burghley, geschrieben kurz nach der Ankunft des neuen Königs James aus Schottland. Zwar bestätigte James Bacon in der unbezahlten Stellung des „Learned Council"; auch schlug er ihn auf Vorschlag von Cecil zusammen mit dreihundert anderen Auserwählten zum Ritter. Aber diese Massenehrung war ein Einstandsgeschenk des Königs und konnte keine Erwartungen begründen. Bacon sprach von einem „beinahe prostituierten Titel der Ritterschaft" (X, 80). In dieser Situation schrieb Bacon an Cecil: „... ich möchte mich so wenig wie möglich in die königlichen Angelegenheiten einmischen, wo seine Majestät nun Räte im Überfluß hat; und stattdessen mich meinen privaten Absichten und Arbeiten widmen... Meinen Ehrgeiz werde ich nun ganz auf meine Feder verlegen, wodurch ich in der Lage sein werde, das Gedächtnis und die Wertschätzung der nachfolgenden Zeiten aufrecht zu erhalten." (X, 80).

5. Experimente in Form und Stil

Auf die ersten Jahre des neuen Jahrhunderts sind einige Fragmente und Entwürfe datiert, die inhaltlich Vorarbeiten für eine umfassende Grundlegung einer neuen „Interpretation der Natur" sind. Stilistisch weichen sie stark voneinander ab. Sie erwecken den Eindruck, als wollte Bacon ausprobieren, welche Darstellungsweise am besten geeignet war, sich dem Gedächtnis der Nachwelt einzuprägen. Das wäre ganz aus dem Geist der Renaissance gedacht, die dem literarischen Gewand und der rhetorischen Form dieselbe Bedeutung wie dem Inhalt beimaß. Die wichtigsten dieser Arbeiten, von denen bisher nur eine auf deutsch zugänglich ist,[11] sollen kurz skizziert werden.

(a) „Temporis Partus Masculus sive Instauratio Magna Imperii Humani in Universum" („Die männliche Geburt der Zeit oder die große Erneuerung der Herrschaft des Menschen in der Welt", 1603)
Das Fragment verspricht zu Beginn drei Kapitel: Die Ausbildung und Anwendung des Geistes; das Licht der Natur oder die Regel (formula) der Interpretation; die erleuchtete Natur oder die Wahrheit der Dinge.
  Der Inhalt spiegelt nicht einmal einen Bruchteil dieses Vorhabens. Die wenigen ausgeführten Teile sind eine polemische Auseinandersetzung mit philosophischen Positionen. Im Stil ist das Fragment eine Rede eines Älteren und Weisen, der sein Wissen an einen als „Sohn" angesprochenen Schüler weitergibt. Das Kapitel 2 beginnt so: „Um deutlich zu werden, mein

Sohn, offen gesagt ist es notwendig jene Philosophrasten zu vertreiben, die noch fabulöser sind als die Poeten, die den Geist verdummen und die Dinge verfälschen; und um so mehr noch deren Satelliten und Parasiten, jener ganze Schwarm eingemieteter Professoren" (III, 529). Dann geht er sie alle durch: Aristoteles, „der schlimmste aller Sophisten", und Cardano, sein moderner Satellit; Petrus Ramus, der, obzwar Gegner des Aristoteles, durch seine Methode die Dinge nur in Fesseln legt; Platon und seine Parasiten Cicero, Seneca und Plutarch, die von ihm hauptsächlich lernten, „die ernsthafte Suche nach der Wahrheit durch Ruhmsucht und populäre, leicht zu erwerbende Kenntnis der Natur" zu ersetzen (III, 531); Galen, der Mediziner, mit seinen arabischen Nachfolgern und modernen Schönrednern wie Jean Fernel; Paracelsus, der „Adoptivsohn der Esel", der in seiner Lehre der Entsprechung von Mikrokosmos und Makrokosmos den Menschen zu einem „Pantomimen" des Alls degradiere (III, 532). Mit Respekt und versöhnlicherem Ton spricht er dann von jenen „alten Erforschern der Wahrheit", Heraklit, Demokrit, Pythagoras, Anaxagoras, Empedokles. Aber da wir nun einmal nicht viel von ihnen wissen, sollte man anstatt „mit Philologie in die Antiquitäten zurückzukehren, sich sinnvoller dem zukünftigen Nutzen der Menschen widmen" (III, 535). „Insgesamt erlangt man die Wissenschaft durch das Licht der Natur, nicht durch die Dunkelheit der Vergangenheit" (III, 535).

Die Rede endet nicht abrupt. Sie könnte ein Vorwort für die längere systematische Abhandlung sein, die durch die drei Kapitel angedeutet wird. Zweierlei ist bemerkenswert: Zum einen erfahren wir durch die Liste der bekämpften Autoren, mit welcher Art von Literatur Bacon sich auseinandersetzte. Zum anderen sehen wir, daß Bacon noch kein Mittel, wohl auch noch nicht die Absicht hatte, seine große Erneuerung auf argumentative Weise durchzuhalten. Die Rede ist ganz im Stil der Literatur gehalten, die durch sie bekämpft werden soll.

(b) „Valerius Terminus von der Interpretation der Natur mit den Anmerkungen von Hermes Stella" (ca. 1603)

Schon der Titel stellt auch diese englisch geschriebene Abhandlung in den Bannkreis der Renaissance. Neue Ideen wurden durch ehrwürdig alt klingende Namen von Weisen eingeführt, die voller Symbolik sind. Bis heute ist die Deutung des Titels offen. Eine Lesart ist diese:[12] Terminus ist der römische Gott der Grenzen. Er will diesem Werk das legitime Gebiet der Interpretation der Natur abgrenzen. Hermes Stella wird dabei doppelte Dienste leisten. Als Hermes ist er der Bote der Götter und auch ihr ‚Hermeneut', also Interpret; als Stella, also Stern, weist er am dunklen Himmel einen Weg in das Land der wahren Naturerkenntnis. In dem Manuskript finden sich allerdings keine Anmerkungen Stellas. Der Stil des Fragments ist eine kraftvolle, selbstsichere Rede, geeignet, Zutrauen in das Wissen und die gute Absicht des Weisen auch bei den Ängstlichen und Schwankenden zu wecken.

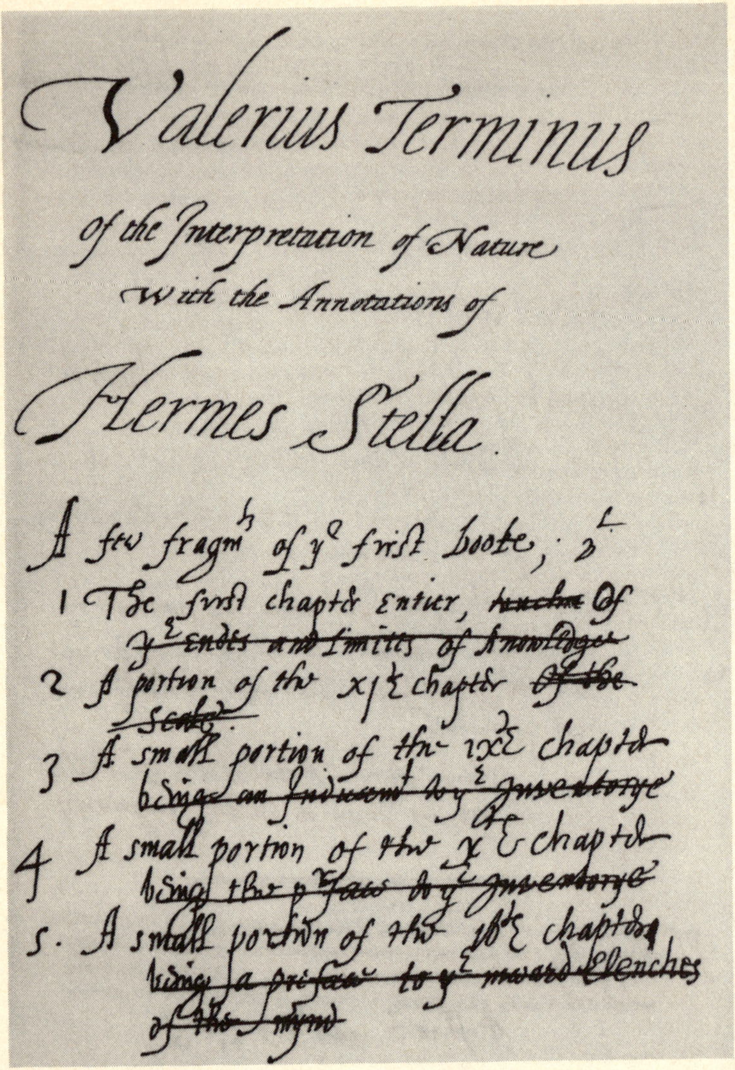

Valerius Terminus

of the Interpretation of Nature

with the Annotations of

Hermes Stella.

A few fragm^{ts} of y^e frist booke; 2^L

1. The first chapter entier, ~~touchin~~ Of
   ~~ye Endes and limites of knowledge~~
2. A portion of the xj^{th} chapter ~~of the~~
   ~~scale.~~
3. A small portion of the ixx^{th} chapter
   ~~being an Inducem^t to ye Inventorye~~
4. A small portion of the x^{the} chapter
   ~~being the p^{rface} to ye Inventorye~~
5. A small portion of the 16th chapter
   ~~being a p^{reface} to ye inward Elenches~~
   ~~of the mynd~~

Abb. 1: Titelseite des Manuskripts „Valerius Terminus"

„Valerius Terminus" ist offenbar das Konzept zu einem umfangreichen Werk der Art der „Instauratio Magna". Wir treffen nicht nur auf die Versprechungen eines neuen, auf Erfindungen und Entdeckungen statt auf Argumente gerichteten Wissens, sondern auch auf die psychologische Erkenntniskritik und die soziologische Ideologiekritik (III, 241 ff.), die später im „Novum Organum" entfaltet wird. Auch die Forderungen nach einer neuen Methode, nach einer Sammlung (Inventur) des vorhandenen nützlichen Wissens und einer zielgerichteten Zusammenarbeit der Gelehrten werden aufgestellt. In den späteren Teilen allerdings wird das Werk immer fragmentarischer. Der Stil der großen Rede löst sich auf und macht einer Themensammlung Platz, die nur festhält, was auszuführen wäre. Der letzte Abschnitt des Werkes macht deutlich, daß Bacon auch seine eigenen Lebenserfahrungen über die Schwierigkeiten, eine Reform der Wissenschaften zu bewirken, einbezieht: „Von den Hindernissen, die in der Natur der Gesellschaft und Politik des Staates gelegen sind: Daß es keine Ordnung der Stände oder der Gesellschaft gibt, keinen Rang oder Stellung der Personen, die nicht zumindest einen Kern von Gegensatz zum wahren Wissen in sich tragen. Daß Monarchien die Gelehrten dazu veranlassen, nach Profit und Vergnügungen, das Gemeinwohl aber dazu, nach Ruhm und Eitelkeit zu streben. Daß Universitäten die Gelehrten dem Einfluß von Sophisterei und Heuchelei, Klöster sie dem Hang zur Geschwätzigkeit und unergiebiger Spitzfindigkeit aussetzen, und daß zielloses Studium zu einem unverbindlichem Vielerlei verleitet" (III, 252).

(c) „De Interpretatione Naturae Prooemium" („Vorwort zur Interpretation der Natur", 1603)

Die Schrift setzt das Experimentieren mit Darstellungsformen fort. Sie ist im Stil einer Autobiographie verfaßt, in der der Verfasser in der Ichform über den Entwicklungsgang seiner Gedanken referiert. Gegen Ende des Vorworts diskutiert Bacon einen heiklen Punkt, der mit seiner Entscheidung, öffentlich und publizistisch vorzugehen, zu tun hat: Wenn die neue Erkenntnismethode, die er vorlegen will, Macht zu neuen ungeahnten Werken mit sich bringt, muß sie dann nicht für den richtigen Gebrauch geschützt oder geheimgehalten werden? „Aus gesunder Voraussicht" schlägt er vor, „daß die Formel der Interpretation und die mit ihr erreichten Erfindungen unter den legitimierten und befähigten Geistern geheimgehalten werden sollten" (III, 520). Sein letztes Werk, „Neu-Atlantis", greift den Gedanken wieder auf.

(d) „Cogitationes de Natura Rerum" („Gedanken über die Natur der Dinge", III, 15–35 = V, 419–439) und „Cogitationes de Scientia Humana" („Gedanken über die menschliche Erkenntnis/Wissenschaft", III, 183–198)

Diese Schriften aus dem Jahr 1606 sind zwei weitere stilistische Experimente. Die erste Schrift ist eine ontologische Abhandlung, in der Bacon mit den Mitteln klassischen philosophischen Argumentierens die Grundprobleme von Materie und Bewegung neu zu behandeln sucht. Polemik, Autorität und Bekenntnis spielen dabei kaum eine Rolle. Der erste Satz stellt fest: „Demokrits Lehre über die Atome ist entweder wahr oder doch nützlich für Beweiszwecke" (III, 15). Diese eingeschränkte Zustimmung zum Atomismus hat Bacon später modifiziert, als es ihm nicht mehr gerechtfertigt erschien, ohne die Anbindung an experimentelle Forschung Grundbegriffe nur nach Maßgabe begrifflicher Plausibilität einzuführen.[13] Ähnlich unvorsichtig werden die anderen Kategorien der Naturphilosophie diskutiert: das Kontinuum und das Vakuum, die Bewegung, die Quantität der Materie, die Sensibilität der Körper. Spannend wird es erst in den Schlußkapiteln 8–10. Dort setzt er sich mit der aristotelischen Unterscheidung zwischen der natürlichen und der gewaltsamen Bewegung auseinander. Er bestreitet, daß wir es hier mit einem prinzipiellen Unterschied zu tun haben und behauptet, daß sie die Erkenntnis der Bewegung selbst nicht voranbringt (III, 28). In diesen kritischen Argumentationen deutet sich die spätere Stärke der naturphilosophischen Arbeiten Bacons an. Er deckt die Nachlässigkeit eingespielter Begriffsbildungen auf, weist nach, daß sie mehr auf sprachlichen Vereinfachungen als auf Untersuchungen beruhen und weist den Weg zu solchen Untersuchungen. Hier allerdings ist Bacon noch relativ schnell mit eigenen Antworten bei der Hand, die er auch nur aus angelesenen Angeboten der Philosophen bezieht. Im Kapitel 9 wendet er seine Konzeption der Bewegung konsequent auf die Analyse der Feuerwaffen an, also auf Bewegung durch Explosion. Im Kapitel 10 geht es dann um eine weitere ehrwürdige Unterscheidung der klassischen Naturphilosophie, um die zwischen himmlischen und sublunaren (diesseits des Mondes befindlichen) Körpern, die schon in der Überschrift mit den trockenen Worten zurückgewiesen wird „quod non sit verificata" („daß diese nicht gerechtfertigt sei", III, 32). Wieder weist er nach, daß die meisten Argumente nur gefährliche Verallgemeinerungen aus unzulänglichen Beobachtungen sind. Würden wir beispielsweise die Erde vom Mondkreis aus beobachten, könnten wir die ganzen Veränderungen auf ihr („Maschinen, Tiere, Pflanzen, usw.", III, 33) nicht registrieren und würden ebenso fahrlässig auf ihre Unveränderlichkeit schließen, wie wir es jetzt bei den Sternen tun. Noch schlimmer ist, daß man aus dem Auftreten neuer Sterne in den Sternbildern (1604 erschien einer in der Cassiopeia, der auch Galilei als Argument diente) nicht auf die Fahrlässigkeit der überkommenen Lehre schließe. Das Kapitel und Manuskript endet mit einer moderaten Bemerkung: „Von diesen Dingen haben wir nicht aus dem Ehrgeiz gesprochen, eine neue Lehre anzubringen, sondern weil wir – nicht aus Unkenntnis sondern durch Beispiele belehrt – voraussehen, daß diese ausgedachten Trennungen und Unterscheidungen von Dingen und Regionen jenseits dessen, was die Wahrheit abdeckt, eine große Behinderung für die wahre Philosophie und Erkenntnis der Natur sein werden" (III, 35).

Die andere Schrift, „Gedanken über die menschliche Erkenntnis/Wissenschaft", ist in sich so uneinheitlich, daß ihre Eigenständigkeit fragwürdig ist. Es finden sich darin Teile aller bisher besprochenen Schriften wieder, außerdem einige Fabeln, die später in „De Sapientia Veterum" („Über die Weisheit der Alten") eingearbeitet worden sind. Bemerkenswert ist ein Kapitel, in dem Bacon zum ersten Mal ausführlich über die Naturgeschichte (Naturalis Historia) als dem soliden Fundament der Naturphilosophie spricht (III, 187). Wieder argumentiert er von dem aus, was überkommen, aber unzulänglich ist. Bisher hat man entweder „auf dieser Basis von Alltagsbeobachtungen die schönen Prinzipien der Theorie gestützt und den Rest auf seine diskursive und argumentative Genialität, ... oder man hat sorgfältig und genau ein kleines Stück der Natur erforscht und beobachtet und legt sich nun voller Phantasie den ganzen Rest nach jenem Beispiel zurecht" (III, 187). Seine eigene Naturgeschichte soll beiden Fehlern vorbeugen.[14]

(e) „Cogitata et Visa de Interpretatione Naturae sive de Scientia Operativa" („Gedanken und Einsichten über die Interpretation der Natur oder die operative Wissenschaft", 1607; III, 591–620) und „Redargutio Philosophiarum" („Widerlegung der Philosophien", 1608; III, 557–585)

Dies sind die letzten beiden Experimentierstücke, die hier anzuführen sind. Beide Schriften gehen über bloße Entwürfe weit hinaus. Sie sind so durchgestaltet, daß sie zu Bacons wertvollsten Schriften überhaupt zu rechnen sind. Da sich der Inhalt im „Novum Organum" wiederfindet, werden wir beide Schriften hier nur streifen. Durch den Stil der ersten Schrift versucht Bacon, seinen eigenen Gedanken die Würde abgeschlossener, historisch gewordener Autorität zu verleihen, ohne aber durch mythische Einkleidungen die Sachlichkeit zu gefährden. „Franciscus Bacon sic cogitavit: ..." („Francis Bacon hat so gedacht: ...") beginnt die erste Reflexion. Die Schrift besteht aus 19 solcher Reflexionen, von denen die meisten mit einem „cogitavit et illud..." („er hat auch dies gedacht") eingeleitet werden. Jede Reflexion endet mit einem „visum", einer Einsicht oder Schlußfolgerung über die Fehler und darüber, was zu ändern sei. Neben die Kritik an den philosophischen Traditionen tritt eine klare Darstellung der Mängel der bisherigen Ansätze zur operativen Wissenschaft: Sie zielten nicht auf Theorien, sondern begnügten sich mit einzelnen Effekten (häufig genug mit vorgetäuschten) und falschen Versprechungen: „Verlängerung des Lebens, Hinauszögern des Alterns, Befreiung von Schmerzen, Reparatur natürlicher Mängel, Sinnestäuschungen, Steuerung der Affekte, Erweiterung der intellektuellen Fähigkeiten, Veränderung der Stimmungen, Transmutation der Substanzen, die beliebige Vermehrung der Bewegungen, des Druck und die Veränderung der Luft, Erleuchtung über zukünftige Ereignisse, Sichtbarmachen entfernter Ereignisse, Offenbarung des Verborgenen und vieles mehr: Was soll man von solchen freigebigen Spenden in Wahrheit halten?" (III, 599f.). Bacons Aufzählung umfaßt so ziemlich alles, was auf den Gebieten der Magie, Astrologie, Alchimie, Rhetorik (geistige Fähigkeiten),

Mechanik (phantastische Maschinen) und Medizin in der Renaissance durch wildes Experimentieren, rasante Spekulationen und Scharlatanerie zusammengekommen war. Gegen all dies muß er die Seriosität seines Unternehmens verteidigen. Dem dient der Entwurf seiner Methode des Beweisens und Erfindens, von dem er sagt: „Und hier traf Bacon nicht Irrtümer und Abweichungen, sondern nur Einsamkeit und Leere... Da ist es keinem unter den Sterblichen in den Sinn gekommen, die Kräfte des menschlichen Geistes und seiner Genialität auf die Erfindenden und sich erweiternden Künste und Wissenschaften zu richten und dafür einen Weg zu bahnen" (III, 608). Hier also deutet Bacon an, daß die Erfindung einer neuen, auf Erfindungen gerichteten Methode der operativen Wissenschaft sein eigener Beitrag werden soll, und daß erst diese Erfindung die operative Erkenntnisweise in den Stand einer Wissenschaft erheben wird.

Die andere Schrift, die „Widerlegung der Philosophien", benutzt ein Stilmittel, das sich an Platonische Kompositionstechniken anlehnt. Wiederum ist das Thema die Auseinandersetzung mit den überkommenen Philosophien. Im Gegensatz zu „Temporis Partus Masculus" ist hier der polemische Stil verschwunden. Es festigt sich die schon in den „Cogitata et Visa" entwickelte wissenssoziologische Betrachtungsweise: Man darf die Philosophien nicht einfach direkt auf ihre Richtigkeit hin prüfen, sondern muß ihre Beurteilung von „Zeichen" abhängig machen. Diese Zeichen stellen in erster Linie die erwarteten und tatsächlichen Ziele und Zwecke in Rechnung, dann die professionellen Absichten der Philosophen oder Schulen, weiter deren kulturelle und soziale Bedingungen und schließlich die Übertragbarkeit der kulturellen Situation, der eine Philosophie entspringt, auf die eigene Zeit. Erst wenn dies alles geleistet ist, kann man sich auf Kontroversen über einzelne Punkte der Lehre einlassen (vgl. III, 566). Die Rahmenhandlung beginnt mit einer kurzen Einleitungserzählung, in der Bacon, von sich selbst sprechend, anhebt: „Ich arbeite an einer Widerlegung der Philosophien, aber ich weiß nicht, wie ich es anstellen soll, weil der Weg, der anderen bei solchen Auseinandersetzungen offen steht, mir versperrt ist" (III, 557). Seine Schwierigkeit ist, daß er mit den allgemein anerkannten Prinzipien dieser Philosophien brechen will und es daher keinen gemeinsamen Boden für die Argumentation gibt. Auf der andern Seite muß man bei den überkommenen Philosophien ansetzen, um das Neue zu formulieren. Denn der menschliche Geist ist nicht wie eine Tafel. „Auf einer Tafel kann man nur etwas Neues schreiben, wenn man das Alte ausgelöscht hat; im Geist kann man das Alte nur auslöschen, wenn man etwas Neues hineingeschrieben hat" (III, 558). In dieser Ratlosigkeit besucht ihn ein Freund, der gerade aus Frankreich zurückgekehrt ist. Es entspannt sich der folgende Dialog:

– „Was treibst Du, wenn Dir zwischen Deinen beruflichen Beschäftigungen Zeit bleibt oder die Pflichten wenigstens nicht allzu drückend sind?"
– „Du fragst gerade richtig, denn falls Du glaubst, ich hätte nichts zu tun, ich bereite gerade eine Erneuerung der Philosophie (Instauratio Philo-

sophiae) vor, die nichts Leeres oder Abstraktes an sich hat, sondern die Bedingungen des menschlichen Lebens zum besseren führen soll."
– „Eine ehrenvolle Arbeit. Und was für Mitstreiter (socii) hast Du?"
– „Ich muß Dir sagen, daß ich in völliger Einsamkeit arbeite."
– „Das ist ein hartes Los", sagte er, um sogleich fortzufahren:
– „Und dennoch laß' Dir versichern, daß dies auch die Sorge anderer ist."
Der Freund erzählt dann, in Frankreich auf einer Versammlung von ungefähr 50 Leuten gewesen zu sein, unter ihnen hohe Beamte, Senatoren, Kirchenleute, Menschen aus allen Schichten und Nationen. Diesen Kreis betrat ein Mann, auf dessen Rede alle gewartet hatten. Sie ist zum Thema „redargutio philosophiarum". Glücklicherweise besitzt der Freund eine Kopie. Diese Rede bildet den Haupttext der Schrift. Der Redner aus der Fremde hat offenbar die Freiheit, die Wissenschaften seiner Zuhörer von außen zu beurteilen. Er spricht von „euren Wissenschaften" und warnt davor, deren Vielfalt und Reichtum zu überschätzen. Vielleicht, so argwöhnt er, ist es wie bei bestimmten Gelagen: Die Vielfalt liegt bloß in den Saucen, das Fleisch stammt von demselben Schwein aus dem Hinterhof (vgl. III, 561). Sorgfältig, wenn auch nicht ohne Ironie, führt der Fremde das wissenssoziologische Argument ein. Er anerkennt, daß hinter all dem Wissen „akademische Institutionen, Kollegien, Orden und sogar Staaten stehen, durch die es sanktioniert ist. Kann man dies alles auf einmal verwerfen? Ist es das, was ich euch vorschlage? Nein, meine Söhne, das fordere ich nicht. Ich fordere nicht, die Früchte eurer Philosophie nicht zu genießen... laßt eure Disputationen an ihren Brüsten Nahrung finden, schmückt eure Reden mit ihr, verkündet sie in der Öffentlichkeit und hebt damit euer Ansehen. Die wahre Philosophie wird euch zu all diesem nicht nützlich sein..." (III, 562). In den folgenden Abschnitten wird dann, ähnlich wie später im „Novum Organum", in Einzelheiten die Ableitung der Wissensformen aus den gesellschaftlichen Bedingungen vorgenommen. Schließlich kommt der Fremde auf seine eigenen Pläne zurück. „Die Menschen sind weit davon entfernt zu begreifen, wie streng die Erforschung der Wahrheit und der Natur ist und wie wenig Willkür des Urteilens dabei für den Menschen übrig bleibt... Kein anderer ist unser Weg, als der der wissenschaftlichen Erfahrung (literata experientia)" (III, 573).

Wir beenden die Durchsicht dieser zu seinen Lebzeiten unveröffentlichten Manuskripte, in denen sich die Formierung seiner Philosophie spiegelt. Die inhaltlichen Aspekte werden bei der Diskussion der „Instauratio Magna" wieder aufgegriffen. Bacons Bemühungen um eine seinen Ideen angemessene literarische Form dienten nicht äußerlicher Rhetorik. In der Renaissance war der Gedanke sehr ernst genommen worden, daß Erkenntnis und Vermittlung von Erkenntnis nicht zu trennen sind. Es war Bacons bisherige Lebenserfahrung, mit seinen Auffassungen auf taube Ohren gestoßen zu sein. Und es zeigt eine Größe besonderer Art, dies nicht einfach auf die Ignoranz der Zuhörer, sondern auf die ungelösten Probleme der Vermittlung zu beziehen. Diese Versuche sind in dem experimentellen Geist unternommen, den zu erzeugen Bacon ausgezogen war: Auf diesem Gebiet praktizierte Bacon eigene Lehre.

6. Die politische Karriere

Trotz der resignativen Grundstimmung hinsichtlich seiner politischen Ambitionen nahm Bacon parallel zu all diesen Versuchen einen Anlauf, den neuen König für seine wissenschaftspolitischen Pläne zu gewinnen. James eilte der Ruf eines umfassend gebildeten Humanisten voraus, ausgestattet mit einem unfehlbaren Gedächtnis für alles Gelesene. Er hatte selbst Bücher verfaßt, in denen er für eine absolutistische Stellung des Königtums gegen verfassungsrechtliche und parlamentarische Einschränkungen eintrat. Hier gab es zumindest Berührungspunkte mit Bacon, der zeitlebens für eine starke Zentralgewalt war. So schrieb er das umfangreiche Werk „Proficience and Advancement of Learning Divine and Humane", ungefähr zu übersetzen als „Stand und Fortschritt des Wissens von Gott und den Menschen". Das Buch ist dem König auf den Leib geschnitten: Es ist ihm gewidmet und wendet sich an ihn auch später in direkter Rede. Auch ist es enzyklopädisch angelegt, offenbar um der Gelehrsamkeit des Königs entgegenzukommen. Dadurch war Bacon gezwungen, seine Ideen einer neuen wissenschaftlichen Methode zumindest probeweise auf alle Gebiete des Wissens, auch auf Politik, Religion, Geschichte, Poesie usw. auszudehnen. In allen bisher diskutierten Entwürfen setzte Bacon den Neuanfang gegen das Alte, ohne genaue Vorstellungen mitzuteilen, wie die neugestalteten Wissensgebiete aussehen würden. Hier versucht er es. Allerdings ist das Ergebnis ein problematischer Kompromiß, der ihn zu vielen sachlichen Behauptungen zwingt, die stärker von der „Willkür des Urteilens" als von der „ernsthaften Erforschung der Wahrheit" bestimmt sind, um seine eigene Wendung aus der „Widerlegung der Philosophien" aufzugreifen. Er selbst hat das Werk als eine „mixture of new conceits and old", als „eine Mischung neuer und alter Begriffe", bezeichnet (I, 415).

Das Werk zerfällt in zwei Teile. Der erste Teil beginnt mit den üblichen übersteigerten Ruhmreden auf den König. Es heißt da etwa: „... so daß Ihre Majestät mit jener Dreifachheit versehen ist, die in großer Verehrung dem Hermes der Alten zugeschrieben wurde: die Macht und der Reichtum eines Königs, das Wissen und die Erleuchtung eines Priesters und die Gelehrsamkeit und Universalität eines Philosophen" (III, 263). Hermes der Dreimalgrößte (Hermes Trismegistos) war ein in der Renaissance wiederentdeckter mythischer Verfasser magisch-theologischer Schriften, die in hellenistischer oder noch früherer Zeit entstanden waren. Der Vergleich mit ihm war auch für einen König ehrenhaft. Der erste Teil setzt dann an, den besonderen Wert der Gelehrsamkeit unter etlichen Gesichtspunkten darzustellen. Die Einwände der Kritiker, die da lauten, Wissenschaft mache gottlos, untergrabe politische Autorität, verweichliche im Kampf, errege Lustbarkeiten, werden sämtlich mit viel Zitaten aus klassischen Autoren ausgeräumt. Die Krankheiten, an denen die Gelehrsamkeit selbst leidet und ihrem eigenen Ansehen im Weg steht, sind dann sein eigentliches Thema. Er unterscheidet drei: die phantastische Wissenschaft, die selbstzufriedene Wissenschaft und die gefällige Wissenschaft (III, 238). Unter der ersten begreift er Alchimie, Magie, Mechanik, die zweite kennzeichnet die Scholastik und ihre Ursprünge bei Platon und Aristoteles, die dritte den rhetorischen Humanismus und dessen Kult mit Cicero. Bei aller Gelehrsamkeit im Vortrag und Zurückhaltung im Stil ist dies doch eine Unfreundlichkeit auch für den königlichen Adressaten, den all seine Bildung über die Gefälligkeit nicht hinausgetragen hat. „Der größte Fehler von allen besteht aber darin, das letzte oder äußerste Ziel der Wissenschaften falsch zu setzen. Die Menschen sind dem Bedürfnis nach Wissenschaft und Erkenntnis gelegentlich aus einer natürlichen Neugier oder aus einem Forschungsdrang nachgegangen; gelegentlich, um ihren Geist mit Vielfalt und Genuß zu erfreuen; gelegentlich aus Schmuck- und Ruhmsucht; gelegentlich, um sich Siege in Wettstreiten und Gegenreden zu verschaffen; und meistenteils aus Gewinnsucht und Berufsinteresse, und selten ernsthaft, um angemessen Rechenschaft über ihre Gaben der Vernunft abzulegen für die Wohlfahrt und den Nutzen der Menschheit, – als ob Erkenntnis eine bequeme Couch sei, auf der sich ein unruhiger und suchender Geist ausruhen kann, oder eine Terasse, auf der ein wandernder Geist sich in netter Aussicht ergehen kann, oder ein Turm, den ein stolzer Geist ersteigen kann, oder eine Festung und Schlachtfeld des Ehrgeizes und Stolzes, oder ein Laden für Gewinn und Verkauf; – und nicht ein reiches Lagerhaus zum Ruhme Gottes und zur

Befreiung des Menschen aus seiner Lage. Nur dies gibt der Erkenntnis Würde und Wert" (III, 294).

Im zweiten Buch entwirft Bacon eine Enzyklopädie der Wissenschaften mit dem Ziel, jeweils die Mängel zu beschreiben, die durch die überkommenen Krankheiten auftraten und durch eine Erneuerung der Wissenschaften angegangen werden müssen. Diese Erneuerung, das stellt er heraus, bedarf auch einer Veränderung der akademischen Institutionen: „Ich finde es erstaunlich, daß all die großartigen Universitätsgründungen in Europa den Professionen (akademischen Berufen) gewidmet sind, keine aber im großen Umfang für die Künste und Wissenschaften freigestellt ist ... Auch sollte nicht vergessen werden, daß diese Ausrichtung und Ausstattung auf professorale Gelehrsamkeit (professory learning) nicht nur einen schädlichen Einfluß auf das Wachstum der Wissenschaften gehabt hat, sondern auch für die Staaten und Regierungen nachteilig ist" (III, 323 f.). Unter die neuen Disziplinen eines „freien Kollegiats" rechnet Bacon auch Geschichtswissenschaft, moderne Sprachen, Politikwissenschaft und Gesellschaftstheorie (III, 324). Für die Naturwissenschaften fordert er Instrumentensammlungen, Experimentierlabors und botanische Gärten. Diesen Einrichtungen sollte wenigstens dieselbe Bedeutung zukommen wie bisher Bibliotheken und Lesesälen (III, 325). Auch fordert er eine Veränderung der Lehrpläne. Die Studenten sollen nicht länger zuerst in Logik und Rhetorik, sondern in den Künsten unterrichtet werden. Zudem müßte die Trennung von Gedächtnis und Erfindung aufgegeben werden. Wie im Alltag (life und action) muß beides ineinandergreifen. Mit einem Zitat von Caesar, dem Vorbild an politischem Willen, beendet Bacon diese Vorschläge: „Ich bitte Euch, diese Dinge in Erwägung zu ziehen" (III, 327).

Neben die Reform der Universitäten stellt er zwei weitere Forderungen. Die erste betrifft den freien Austausch der Gelehrten über die Grenzen von Nationen und Ordensregeln hinweg: Die „Fraternity in Learning", die Brüderschaft in der Wissenschaft (III, 327), ist die Keimzelle der Idee der internationalen „scientific community", die gegen Ende des 17. Jahrhunderts durch die Privilegien, die den Mitgliedern der wissenschaftlichen Akademien gewährt wurden, Gestalt annahm.[15] Für Bacon, wie für die Politiker wohl aller Zeiten, stand fest, daß diese Idee eines „wechselseitigen Erfahrungsaustauschs zwischen den Universitäten Europas" (III, 327) der nationalen Machtstaatspolitik unterzuordnen ist. Aber dies eingeräumt, ist es nicht ohne Mut, gerade einen König aufzufordern, den Universalismus der Wissenschaften zu fördern. Die zweite Forderung ist die nach einer Auflistung all dessen, was noch nicht erforscht ist. Es ist diese letzte Aufgabe, der Bacon sich selbst im Rest des Werkes unterzieht. Damit hat er auch den neuen Akzent seiner Enzyklopädie bezeichnet: Ihm geht es nicht um den Ruhm der Gelehrsamkeit durch eine Ausbreitung allen Wissens, sondern um die Defizite und Mängel. Man könnte sie treffend eine *Enzyklopädie des Unerforschten* nennen. Dafür gibt es in der gesamten Enzyklopädienliteratur des Mittelalters und der Renaissance kein Vorbild. Einige Inhalte des

Werkes werden wir später genauer beleuchten. Bacon hat das zweite Buch in die Instauratio Magna einbezogen und in einer lateinischen Fassung „De Augmentis Scientiarum" noch einmal erweitert und 1626 veröffentlicht.

Das Buch war gemessen an seinem Zweck ein glatter Mißerfolg. Angesichts schwerer innenpolitischer Zerreißproben war dem König ein Plan für die Reorganisation der Wissenschaften wahrscheinlich ebensowenig vordringlich wie seiner Vorgängerin Elisabeth. So blieb die für lange Zeit letzte wissenschaftspolitische Initiative schon im Ansatz stecken.

Dafür begann in den folgenden Jahren endlich der Aufstieg in politische Ämter. 1607 erhielt Bacon die Stelle des zweiten Kronanwalts (solicitor general), die ihm ein selbständiges Einkommen gewährte. Seine finanziellen Schwierigkeiten hatte er zuvor nur dadurch einigermaßen meistern können, daß er ein Mädchen von 14 Jahren mit einer hohen Mitgift ehelichte, deren Eltern wiederum einwilligten, weil sie auf Bacons Karriere setzten. So ziemlich das einzige, was aus der Ehe zwischen Lady Alice Bacon, geborene Barnham, und Francis dokumentarisch überliefert ist, ist die prunkvolle Vermählung selbst, die Bacon zu Lasten der Mitgift im Jahre 1606 feierte. Ein Teilnehmer des Hochzeitsmahls schrieb: „Er war von Kopf bis Fuß in Purpur gekleidet und hat sich selbst und seiner Frau so umfangreich gold- und silberbestückte Gewänder zugelegt, daß dies tief in ihre Mitgift eingeschnitten hat" (X, 291). Solche Ehen aus Geschäft waren damals noch verbreitet, wenn auch der große Altersunterschied ungewöhnlich war. Über Bacons eigene Einstellung zu seiner Ehe ist praktisch nichts bekannt, was aufschlußreich genug ist.

Das erstrebte Staatsamt des zweiten Kronanwalts hat Bacon als Gegenleistung für einen Einsatz zugunsten von James im Parlament erhalten. Der Streitpunkt war die Einheit von Schottland und England. Durch James waren beide zunächst in Personalunion vereinigt. James wollte die Realunion verwirklichen. Dagegen sprachen einige innenpolitische Gegebenheiten, wie die unterschiedlichen Rechtssysteme, Bekenntnisse und Kirchenformen, insbesondere auch die mangelnde Bereitschaft der Bevölkerung auf beiden Seiten. Bacon machte sich im Parlament zum entschiedenen Fürsprecher der Einheit. Seine Motive waren machtpolitischer Natur. In einer langen Rede zur Frage der Staatsbürgerschaft der Schotten stellte er gegen die Interessenpolitik der Parlamentarier, die unter anderem fürchteten, die Schotten würden wie in das gelobte Land nach England strömen, die Vision einer neuen Weltmacht. Der Gedanke an die Größe und Weite des Landes „sollte nicht mit Profit und Berechnung vermengt werden, die einem Privatmann weit besser anstehen als Parlamentariern und Königen" (X, 313). Er erinnerte an Solons Antwort gegen Krösus, „daß das Eisen über Gold Autorität und Herrschaft besitzt" (X, 324). Er fürchtete keine Überbevölkerung, weil er mit Machiavelli die „Waffen wehrhafter Männer" für stärker als das Geld hielt. „Ich meine, man kann nüchtern und ohne Ruhmredigkeit aussprechen, daß dieses Königreich von England, mit Schottland vereinigt und Irland im Frieden, vertraglich mit den Seeprovinzen der Niederlande verbunden und einer erfolgreich ausgebauten Seefahrt, bei rechter Abschätzung der Kräfte eine der größten Monarchien sein wird, die die Welt gesehen hat." (X, 323). Der einzige ernsthafte Konkurrent, Spanien, kann seinen Weltmachtstraum nur träumen, weil es „von wilden und unbewaffneten Völkern Schätze von Gold geraubt hat; und da sollte die Insel Britannien in ihrer Lage und mit ihrer Bevölkerung und (das steht für mich außer Frage) mit dem besten Eisen der Welt, das sind die besten Soldaten der Welt, an nichts anderes denken als an Geschäftskalkül und Bilanzen, an Mein und Dein, und ich weiß nicht was?" (X, 325). Im Parlament verpuffte das Plädoyer für ein Groß-Britannien, einer auf Eisen gestützten Weltmacht. Die gemeinsame Staatsbürgerschaft wurde, wenigstens für die nach 1603 Geborenen, abgelehnt. Aber das Eintreten Bacons für die königlichen Interessen war vermutlich der entscheidende Grund seiner Berufung in das hohe Staatsamt. Sie war der erste Schritt einer zwar späten, aber steilen Karriere.

Bacons Einsatz für das britische Imperium und gegen die Sonderinteressen der Stände scheint nicht leicht vereinbar zu sein mit seiner sonstigen Unterstützung von Wirtschaft und Wohlstand, die er an anderer Stelle sogar über die politische

Macht gestellt hat. Aber Bacon spielte Wirtschaft und Macht nicht gegeneinander aus, sondern setzte auf beide, wobei die Sicherung der nationalen Zentralgewalt Vorrang vor allen Sonderinteressen haben mußte. Bacon war der Ansicht, daß man den spanischen Plünderungen wirtschaftlich etwas entgegensetzen müßte. In seinem privaten Tagebuch erwog er die ,,Civilisierung Irlands, die Kolonisierung der wilden Teile Schottlands und die Annexion der Niederlande... um die Erweiterung der Monarchie des Westens" zu erreichen (XI, 74). 1607 findet sich sein Name unter den Gründern der ,,Neufundland–Gesellschaft", die eine Fischerkolonie in Neufundland betrieb.[16] 1609 taucht er auf der Liste der Aktionäre der neugegründeten ,,Virginia–Gesellschaft" auf, zusammen mit den Namen anderer hoher Amtsträger.[17] Die Virginia-Gesellschaft war ein privates Handelsunternehmen, das mit königlichen Patenten zur Kolonisierung Amerikas versehen war. Hier also sah Bacon die neuen, gemeinsamen Chancen für Politik und Ökonomie. Die Hoffnungen auf überseeischen Reichtum durch Kolonisierung des Landes erfüllten sich allerdings nicht. Zumindest kurzfristig betrachtet war der spanische Weg besser, den England auch nur mangels Gelegenheit nicht beschreiten konnte (die Ersatzstrategie war die staatlich gebilligte Piraterie durch Drake und Raleigh gewesen). Virginia stand mehrfach kurz vor dem Zusammenbruch durch Hunger, Krankheit und Indianerangriffe.

Bacon nahm den Kolonialismus so ernst, daß er ihm in der letzten Ausgabe der Essays den eigenen Abschnitt ,,Of Plantation" widmete. Dort entwirft er ein blühendes Gemeinwesen, das durch einen starken experimentellen Geist, relative politische Unabhängigkeit vom Mutterland und gerechte und freundliche Behandlung der Urbevölkerung ausgezeichnet ist.[18] Mit diesem Bild will Bacon offenbar einige Fehler anmerken, die in Virginia gemacht wurden: Besiedlung durch unzuverlässige Leute, Hineinregieren von außen, kurzsichtige Profitinteressen der Kaufleute und gefährliche Feindschaften mit den Indianern. Kein Zweifel, Bacons Vorstellungen von einem britischen Imperialismus tragen Züge eines sozialen und technischen Fortschritts, der in den Kolonien vielleicht besser noch als im Mutterland zu verwirklichen gewesen sein könnte. Vergleicht man den Essay „Of Plantation" mit der Utopie „Neu-Atlantis", springen die Ähnlichkeiten in die Augen.

1613 wurde Bacon zum ersten Kronanwalt des Landes (Attorney General) ernannt. Zugleich war er gewähltes Parlamentsmitglied. In dieser Doppelrolle versuchte er eine Politik der Versöhnung und des Interessenausgleichs, die aber zu nichts führte. Eher im Gegenteil schlug ihm aus dem Parlament eine feindliche Stimmung entgegen. Es wurde durch eine Kommission untersucht, ob ein Kronanwalt überhaupt Abgeordneter sein könne. Da sich kein Präzedenzfall fand, beschloß man die Unvereinbarkeit, ließ jedoch für Bacon persönlich eine Ausnahme für das laufende Parlament zu. Dies waren untrügliche Zeichen für die anwachsenden Spannungen zwischen Krone und Parlament. James sah, daß das Anliegen der Kroneinkünfte wiederum nicht zu seinen Gunsten entschieden werden konnte, und löste schon einige Wochen nach der Konstitution das Parlament wieder auf. Bacon war seit dieser Zeit ständiger Ratgeber des Königs und erklomm bei jedem Revirement, das durch Tod oder Ungnade anstand, eine weitere Stufe: 1616 wurde er Privy Councillor (Mitglied des Staatsrats), 1617 Lord Keeper, 1618 Lord High Chancellor und damit Inhaber des höchsten Staatsamtes. Im selben Jahr wurde er zum Baron von Verulam geadelt und schließlich 1621 Viscount St. Alban. In diesen Aufstieg sind viele Rankünen und Intrigen des Hoflebens hineingewoben, in denen gelegentlich auch Bacons eigene Moral und Rechtsauffassungen strapaziert wurden.

Ganz am Ende seiner Karriere sollte er genau über den Konflikt zwischen Krone und Parlament stürzen, den zu schlichten er seit langer Zeit für eine vordringliche Aufgabe gehalten hatte. Bevor wir diesen Sturz und seinen Rückzug in die Welt eines gelehrten Privatmannes verfolgen, werfen wir einen Blick auf die literarische Produktion der erfolgreichen Jahre seiner politischen Karriere.

1609 erschien ein kleines Buch „De Sapientia Veterum", „Über die Weisheit der Alten" (VI, 617–699). Es knüpft an die „Essays" und „Meditationes Sacrae" an und ist ein Höhepunkt des stilistischen Schaffens. Aber mehr

Abb. 2: Francis Bacon als Lordkanzler

als dies ist es auch ein philosophisches Werk von hohem Rang. Bacon benutzte insgesamt 31 Fabeln der antiken Welt, um durch Ausdeutung ihres allegorischen Gehaltes die versteckte philosophische Weisheit nicht nur der alten, sondern auch der neuen Welt darzustellen. Um den Philologen den Wind aus den Segeln zu nehmen, weist er im Vorwort darauf hin, daß seine Deutungen nicht unbedingt den ursprünglichen Sinn der Geschichten repräsentieren. Die Schrift ist der Universität Cambridge gewidmet. Dahinter steckte, wie häufig bei Bacons Veröffentlichungen, vielleicht wieder ein Plan. Aus Aufzeichnungen aus dem Jahr 1608 wissen wir, daß Bacon sich mit der Absicht trug, in irgendeine einflußreiche Position einer der klassischen Bildungsanstalten zu kommen, um dort über ,,Köpfe und Federn zu verfügen (a place to command wytts and pennes)" (XI, 66). Neben Westminster, Eton und Oxford nannte er zwei Colleges aus Cambridge. Dann wären die Auslegungen der antiken Parabeln ein Versuch, sich an einer Stätte klassischer Gelehrsamkeit in Erinnerung zu rufen, um dort eine Basis für seine radikalen Reformen zu schaffen. In seinen privaten Aufzeichnungen (Commentarius solutus, XI, 40–95) spricht er davon, vier Lehrstühle für die Zusammenstellung der ,,Historien" zu schaffen, ein College für Erfinder zu gründen, eine neue Bücherei und eine Instrumentensammlung einzurichten, usw. (vgl. XI, 66). Ob dieser Plan jemals realistisch war, ist zu bezweifeln. Nach dem Aufstieg in politische Ämter hat Bacon ihn offenbar nicht weiter verfolgt.

Bacon berührt in den Parabeln alle philosophischen Themen, die ihn auch in den anderen Schriften beschäftigen. Kurz, eindringlich und überraschend kann er sie zur Sprache bringen, zumal er von der Bekanntschaft seiner Leser mit den Fabeln ausgehen darf. Sie sind von Zeitgenossen ebenso wie schon von römischen Schriftstellern immer wieder für ähnliche Zwecke herangezogen worden.[19] Was für Zwecke verfolgte Bacon genau? Der Leser ist vielleicht am meisten von dem schnellen Wechsel der Themen überrascht. Scheinbar planlos sind Reflexionen zur Politik, Religion, Moral, Wissenschaft und Technik aneinander gereiht. Es ist bisher auch nicht versucht worden, einen inneren Aufbau zu entdecken oder zu rekonstruieren, und vielleicht gibt es keinen. Sicherlich aber sind die Themen miteinander verbunden. Ein sie alle durchziehendes gemeinsames Band ist die Bewältigung von Herrschaft und Macht. Die Weisheit der Alten weist den Weg zur Errichtung der politischen Herrschaft ebenso wie den zur Beherrschung der Natur. Ihre Fabeln unterrichten über die Natur des Menschen, die zu kennen die Voraussetzung erfolgreicher Politik ist. In der Auslegung der Geschichte der Sphinx heißt es: ,,Wer nämlich vollständige Einsicht in die Natur des Menschen gewonnen hat, der kann beinahe sein Schicksal nach Gutdünken schmieden und ist zum Herrschen geboren". Caesar wird dann als derjenige herausgestellt, der ,,in politischen Dingen alle überragt hat und im Verlauf seines Lebens sehr viele neue Rätsel über die Natur des Menschen auf das glücklichste gelöst hat, welche ihn, hätte er sie nicht sorgfältig und schnell gelöst, häufig in äußerste Gefahr gebracht hätten" (VI, 757).

Die Fabeln weisen ebenso auf die Natur der Natur hin. Die Einsicht in ihren materiellen Aufbau ermöglicht die Errichtung des „Imperiums über die Natur, – über die Naturgegenstände, Körper, Medizin, Mechanik, usw." (VI, 679).

Die Errichtung der Herrschaft über Natur und Menschen wird nirgendwo sonst von Bacon in so enger Parallele behandelt wie in diesen Interpretationen. Wissen ist Macht, ohne große Differenzierung. Aber die Lehre endet nicht in einem blanken Machiavellismus. Die Sicherung von Herrschaft kann nicht durch Herrschaft betrieben werden. Die Geschichte von Erichthonius lehrt, daß „die Kunst (ars), wenn sie durch Mißhandlung der Körper die Natur zu beherrschen und zu unterdrücken sucht ... ihr Ziel selten erreicht ... Anstatt mit der Natur zu kämpfen sollten die Menschen ihr nach Gebühr entgegenkommen und durch den Kult der Umarmung ihre Ziele erstreben" (VI, 661). Nicht besser ergeht es dem König, der nur auf tyrannische Unterdrückung und nicht auf Konsens setzt. Dies lehrt die Fabel des Typhon (vgl. VI, 630f.).

Diese Einblicke in die „Weisheit der Alten" sollen genügen. Es ist sicherlich berechtigt, auch diese Schrift noch zu den experimentellen Unternehmungen zu rechnen, die ja bis in diese Zeit reichen. Die Auslegung alter Fabeln ist ebenfalls ein Stilmittel, neue Gedanken darzustellen, deren diskursive Rechtfertigung noch nicht gelingen kann.

Die nächste philosophische Schrift ist die „Instauratio Magna", die im Jahr 1620 erschien, also auf dem Höhepunkt der politischen Macht Bacons. Es ist sein Hauptwerk und wird Gegenstand der systematischen Analyse seiner Philosophie in diesem Buch sein. Aber einige Bemerkungen zum wissenschaftspolitischen Kontext des Werkes gehören hierher. Denn wieder unternahm Bacon einen Versuch, die Erneuerung der Wissenschaften zu einem politischen Anliegen der Regierung werden zu lassen. Wenige Tage vor der Auslieferung des Buches schrieb er dem König:

„Das Werk, in welchen Farben auch immer es dargestellt werden mag, ist nichts mehr als eine neue Logik, die lehrt, durch Induktion zu erfinden und zu urteilen ... und hierdurch die Philosophie und die Wissenschaften wahrer und aktiver zu machen.

Diese Absicht, die Grenzen der Vernunft zu erweitern und die Lage der Menschheit mit neuem Wert auszustatten, war keine ungeeignete Opfergabe für Ihre Majestät, die unter den Menschen der größte Herr der Vernunft und Schöpfer der Wohlfahrt ist.

Und der Grund, warum ich es jetzt veröffentlicht habe, besonders da es unvollendet ist, ist, offen gesagt, weil ich meine Tage zähle und es gerettet haben möchte. Es gibt noch einen andern Grund für mein Vorgehen, und der ist, zu versuchen, Hilfe für den einen geplanten Teil meines Werkes zu erlangen, nämlich die Zusammenstellung einer Natur- und Experimentalgeschichte, die die hauptsächliche Grundlage einer wahren und aktiven Philosophie sein muß.
Dieses Werk ist ein Körper aus Ton, in den Ihre Majestät durch Ihre Gunst und Unterstützung Leben hauchen möge ..." (XIV, 120).

Es entspann sich sogar eine kurze Korrespondenz zwischen König und Lordkanzler. Bacon mißverstand – wohl bewußt – die nichtssagenden Phrasen der königlichen Anerkennung („und so ganz im allgemeinen habe ich schon bemerkt, daß Sie mit mir darin zusammengehen, den mittleren Weg zwischen zwei Extremen zu beschreiten", XIV, 122) und insistierte auf seinem Anliegen: „Dieses Werk, das für die Verbesserung des Brots und Weins der Menschheit steht, die die Merkmale zeitlicher Segnungen und die Sakramente der ewigen sind, kann, so hoffe ich, durch Gottes Vorsehung unter dem Stern Caesars reifen ... und ich hoffe sehr, daß schon in Euren Zeiten viele edle Erfindungen zum Nutzen der Menschen entdeckt werden" (XIV, 130). Wie alle vergleichbaren vorhergehenden verpuffte auch diese letzte Initiative Bacons.

7. Der politische Sturz – und die Einsamkeit des Forschers

Wenige Monate später, im März 1621, wurden Angriffe wegen Bestechlichkeit im Amt gegen ihn erhoben, die einen jähen politischen Sturzflug durch alle Ebenen seiner Karriere einleiteten. Bacon blieb nichts außer seinen Titeln. Bevor wir Einzelheiten dieser Affäre nennen, ist es nötig, sie in ihren politischen Kontext zu stellen. Denn unabhängig von persönlicher Schuld ist Bacon Opfer des andauernden Kampfes zwischen Krone und Parlament geworden. Man könnte auch sagen, das Parlament gewann eine Schlacht gegen den beredten Vertreter der Krone; dieser verlor seine politische Existenz.

Am 30. Januar 1621 begann ein neues Parlament seine Tätigkeit. Der König hatte es einberufen, weil England in die kontinentalen Kriegswirren zwischen Protestanten und Katholiken hineingezogen zu werden drohte. Die nötigen Subsidien konnte nur das Parlament bewilligen. Unabhängig von diesem Anlaß stand nach wie vor die grundsätzliche Frage des königlichen Haushalts an: Bewilligung durch das Parlament und damit drohende Abhängigkeit, oder Kroneinkünfte aus Feudalrechten, deren wichtigstes die Vergabe von Handelspatenten war. Bacon war immer für das zweite eingetreten, obwohl die Behinderung von Handel und Industrie in der Folge solcher Monopolvergaben von ihm nicht gebilligt wurde. Aber Abhängigkeit vom Parlament war das größere Übel. Das Koordinatenkreuz seiner Sicht war immer vorgegeben durch die historische Entwicklung Englands: Das 15. Jahrhundert hatte mit den Rosenkriegen gelehrt, daß schwaches Königtum und starkes Parlament die Zerfleischung des Landes zur Folge hatten. Das 16. Jahrhundert hatte England unter der Herrschaft der Tudors Heinrich VIII. und Elisabeth wirtschaftlich und politisch konsolidiert. Das Ziel, die stärkste „Monarchie des Westens" zu werden, durfte nicht an den Sonderinteressen des Landadels scheitern. Dennoch sperrte sich Bacon nicht gegen eine grundsätzliche Reform. Noch vor Einberufung des Parlaments war er an einer Initiative beteiligt, den König zur freiwilligen Aufgabe der am wenigsten populären Patente zu bewegen und die meisten anderen im Streitfall zur Verhandlungssache zu erklären. Da an diesen Patenten zum Teil das Einkommen hoher Regierungsmitglieder und häufig auch von deren weitläufiger Verwandtschaft hing, versagte der Staatsrat seine Zustimmung.[20] So versorgte beispielsweise Buckingham, der unter James zum wichtigsten Staatsmann aufgestiegen war, seine Brüder durch ein Patent auf die Herstellung von Gold- und Silberfäden; der oberste Richter des Landes versorgte sich mit einem Bierbrauereipatent. Diese feudale Versorgungspolitik war nicht mehr lange mit den Verkehrsformen des Privatkapitalismus vereinbar. Dies sah Bacon wohl, aber er mußte von Amts wegen die Patente verteidigen, die er selbst für obsolet hielt. Seine eigene Politik, eine prinzipiell unabhängige Finanzierung der Regierungspolitik bei weitgehender Preisgabe der Patente und Monopole durchzusetzen, war blockiert. Schlimmer als das: Bacon wurde zur Zielscheibe von Angriffen aus dem Parlament. Das Parlament setzte eine Kommission ein zur Überprüfung der Gesetzmäßigkeit aller erteilten Monopole und ihrer möglicherweise mißbräuchlichen Handhabung. Da Bacon als Lordkanzler auch verantwortlich war für die Verwendung des Großsiegels, mit dessen Aufdruck ein Patent Rechtskraft erhielt, mußte eine ungesetzmäßige Erteilung letztlich auf ihn und seine direkten Untergebenen zurückfallen. Das Parlament hatte weitgehend Erfolg. Buckingham mußte die Versorgung seiner Familie aufgeben. Dann traten in einer Petitionsstunde des Parlaments am 14. März plötzlich zwei ehemalige Klienten Bacons auf, die ihn der Korruption im Amt anklagten. Das Parlament setzte eine Kommission ein, die den Tatbestand sicherte, daß Bacon in noch nicht abgeschlossenen Fällen Geldgeschenke von Parteien angenommen hatte. Ob hinter diesen Beschwerdeführern Kräfte des Parlaments standen, ist bis heute ungeklärt. Jedenfalls tauchten kurze Zeit später weitere Fälle auf, schließlich waren es 27. In einigen war es unklar, warum die Beschwerdeführer in relativ weit zurückliegenden Fällen sich selbst dem Vorwurf der aktiven Bestechung aussetzten. Denn schließlich war Hauptpunkt der Vorwürfe, daß die Geldgeschenke an Bacon ihnen nichts genützt hätten. Auch die Kommission konnte eine rechtlich bedenkliche Beeinflussung der Urteile nicht feststellen, noch wurden diese oder andere später revidiert. Außerdem waren Geschenke dieser Art damals üblich und machten in vielen beamteten Positionen einen guten Teil des Einkommens aus. Explizit verboten waren sie nur Richtern durch einen besonderen Amtseid, den Bacon nicht hatte ablegen müssen. Dennoch konnte Bacon schwerlich anders handeln, als von sich aus die Vorwürfe zuzugeben und das politische Fehlverhalten einzuräumen. Was immer üblich war, Geldgeschenke in anhängigen Rechtssachen konnten einen politischen Skandal auslösen, den das Parlament besser denn je gebrauchen konnte, um die Offensive gegen die königliche Position durchzuhalten. Ob Bacon seinen Fall rechtlich hätte durchstehen können, ist vielleicht offen, moralisch-politisch war er nicht zu gewinnen.

In einem Brief an den König betonte er ein letztes Mal seine Redlichkeit und Loyalität: „Wenn ich in mich schaue, dann finde ich keinen Stoff für diesen Sturm, der jetzt über mich gekommen ist. Ich habe (wie Seine Majestät am besten wissen) niemals unmäßige Ratschläge erteilt, sondern immer versucht, die Dinge maßvoll (suavibus modis) durchzuführen. Ich habe die Leute nicht habgierig unterdrückt. Ich war kein hochmütiger oder unerträglicher oder haßerfüllter Mann ... dies sind doch die Dinge, die für gewöhnlich draußen das Mißfallen hervorrufen" (XIV, 225 f.). Kurz darauf machte er ein Testament (XIV, 227 ff.) und schrieb ein „Gebet oder Psalm", in dem er Rechenschaft vor Gott ablegte (vgl. XIV, 229 f.). Am 21. April verfaßte er eine Unterwerfungserklärung gegenüber dem House of Lords, die mit der Bitte endet, durch diese Unterwerfung und den Verlust des Staatsamtes die Sache zu beenden. Obwohl auch Buckingham und James für diese Lösung stimmten, verlangte das House of Lords mehr: Bacon sollte zu jedem Einzelfall Stellung nehmen und das genaue Maß seiner Schuld bestimmen. Dies tat Bacon, allerdings wiederum ohne ein direktes Amtsvergehen zuzugeben. Dann wurde das Großsiegel von den Lords eigenhändig aus seinen Amtsräumen entfernt. Am 3. Mai fand die Verhandlung statt und endete mit dem Schuldspruch:
„1. Daß der Lord Viscount St. Alban, Lordkanzler von England eine Strafe von 40000 Pfund zu zahlen hat;
2. Daß er im Tower gefangen gesetzt werden soll, solange es dem König gefällt;
3. Daß er für immer für unfähig erklärt wird, ein Amt, eine Stellung oder Beschäftigung im Staat oder Commonwealth zu bekleiden;
4. Daß er nie wieder einen Parlamentssitz einnehmen oder in die Bannmeile des Hofes kommen darf" (XIV, 270).
Das Urteil wurde vollzogen, Bacon wanderte in den Tower, aus dem der König ihn nach wenigen Tagen befreite.

Für Bacon hatte nach dem Sturz ein neuer und letzter Lebensabschnitt begonnen, der literarisch sich als sein produktivster herausstellen sollte. Seine Gesundheit kehrte zurück, seine geistige Spannkraft war ungebrochen. Aber er mußte mit den Bedingungen seiner neuen Existenz fertig werden: ein Privatmann zu sein, der nicht nur auf keinerlei Unterstützung rechnen konnte, sondern dessen eigene finanzielle Situation wieder eng zu werden drohte.

Als erstes literarisches Projekt begann Bacon die „Geschichte Englands von der Vereinigung der Rosen bis zur Vereinigung der Länder", also von der Vereinigung der sich bekämpfenden Adelsgeschlechter, die unter dem Zeichen der weißen und der roten Rose kämpften, bis zur Personalunion von Schottland und England unter James. Tatsächlich geschrieben hat er nur „The History of the Reign of King Henry the seventh", „Die Geschichte Heinrichs VII." (VI, 23–263), des ersten Tudorkönigs, der Bacons Ideal einer starken Zentralgewalt, die auf parlamentarischem Konsens, aber nicht auf Terror beruhte, nahe kam. Er hat das Werk in wenigen Monaten unter schwersten Bedingungen verfaßt. Da ihm durch das Gerichtsurteil der Zugang zum Hof und damit zu den Dokumenten versperrt war, mußte er die Hilfsdienste eines andern in Anspruch nehmen. Dennoch wird das Werk als Beitrag der Geschichtsschreibung anerkannt, wenn auch das Bild, das er von Heinrich VII. zeichnete, nicht von allen als zutreffend anerkannt wird.[21] Die Darstellung der weiteren Regierungszeiten von Heinrich VIII. und Elisabeth I. gelang ihm nicht mehr. Es liegen nur einige Skizzen und Entwürfe, zum Teil aus früheren Jahren, vor.[22]

Danach wandte Bacon sich der „Instauratio Magna" zu. Hier mußte er endgültig alle Hoffnungen begraben, daß durch sein Amt oder die Gunst des Königs oder einen hohen Minister sein Reformwerk gefördert werden würde. So entschloß er sich, exemplarisch Teile der Natur- und Experimentalgeschichte zu liefern, die er als dritten Teil der „Instauratio" ausgewiesen hatte, aber nicht glaubte, allein bewerkstelligen zu können. 1622 erschien als erstes Beispiel die „Historia Ventorum", die „Beschreibung der Winde". Der Gesamttitel lautet: „Natur- und Experimentalgeschichte zur Grundlegung der Philosophie oder die Phänomene des Universum, der dritte Teil der Instauratio

Magna" (II, 1–78). Er erklärt dort, in den nächsten sechs Monaten fünf weitere Spezial-Teile folgen zu lassen, und zwar
- die Beschreibung des Dünnen und Dichten oder der Kontraktion und Expansion der Materie im Raum;
- die Beschreibung des Schweren und Leichten;
- die Beschreibung der Sympathie und Antipathie der Dinge;
- die Beschreibung von Schwefel, Quecksilber und Salz;
- die Beschreibung des Lebens und des Todes (II, 11).
Über die innere Ordnung dieser Liste könnte man allerlei Spekulationen anstellen. Bacon gibt dazu keine Hinweise. Er erklärt seine Absichten im Vorwort so:

„Obwohl nicht wenige und unter diesen die wichtigsten Dinge in meinem Organum vervollständigt werden müssen, ist meine Absicht doch, die universelle Arbeit der Instauratio lieber an vielen Stellen voranzutreiben, als in nur wenigen zu vollenden ... Es ist mir auch der Gedanke in den Sinn gekommen, daß über Europa verstreut zweifelsohne viele ingeniöse Menschen leben, fähig, offen, hochgesinnt, subtil, solide, ausdauernd. Was nun, wenn einer von diesen Geistern bereit wäre, die Absicht und den Nutzen meines Organum zu probieren? Er wüßte nicht, wie er verfahren sollte ... Wenn es sich um etwas handeln würde, das durch die Lektüre aus philosophischen Werken, durch Disputation oder Meditation erreicht werden könnte, wäre jener vielleicht hinreichend gerüstet, wer immer er sei, diesem genüge zu tun ... So aber läuft es darauf hinaus, daß mein Organum, selbst wenn es vollständig gemacht wäre, ohne die Naturgeschichte die Erneuerung der Wissenschaften nicht viel vorantreiben würde, die Naturgeschichte dagegen ohne das Organum nicht wenig. Deshalb habe ich es für richtiger erachtet, mich vor allem hierauf zu werfen" (II, 15f. = V, 133).

Man sieht, daß Bacon von seiner Idee, der Architekt der großen Erneuerung zu sein, dem eine Bauhütte von Spezialisten zur Verfügung steht, abgegangen ist. Sein neuer Versuch, Mitarbeiter zu gewinnen, besteht darin, selbst die langwierige Arbeit zu beginnen und durch das Vorbild zu wirken. Durch seine Lebenssituation endgültig vor die Alternative gestellt, entweder an der Methode zu feilen, ohne die Naturgeschichte voranzutreiben, oder die Methode auf sich beruhen zu lassen und mit dem zweiten anzufangen, zögerte er nicht, sich für die empirisch-experimentelle Seite zu entscheiden.

Die Naturgeschichte der Winde beginnt mit einem Katalog von 33 offenen Forschungsfronten, die er die „Artikel" der

Untersuchung nennt. Dann heißt es: „Ohne Zweifel können viele von ihnen auf der Basis unserer gegenwärtigen Erfahrung nicht beantwortet werden. Aber wie in einem Gerichtsverfahren der gute Rechtsgelehrte weiß, wie er dem Fall angemessen fragen muß, aber nicht weiß, was der Zeuge antworten wird, ebenso ergeht es mir in der Naturgeschichte. Die späteren werden das übrige untersuchen" (II, 25). An dieser Metapher aus dem Gerichtsverfahren, die später an prominenter Stelle von Kant aufgenommen wurde,[23] ist bemerkenswert, daß Bacon offenbar kein planloses Beschreiben, sondern ein gezieltes Befragen der Natur beabsichtigt. In den folgenden Abschnitten sammelt er zu allen einzelnen Artikeln das ihm erreichbare Wissen seiner Zeit und früherer Quellen. Daraus zieht er vorläufige Schlüsse. Das sind empirische Verallgemeinerungen auf verschiedenen Abstraktionsebenen. Schließlich werden noch einmal Desiderate weiterer Forschung aufgelistet.

Heute kann man einem solchen Zustandsbericht nicht den zentralen Stellenwert einräumen, den Bacon ihm zuschreibt. Aber zu seiner Zeit war die Aufforderung, das gesellschaftlich vorhandene Wissen zu sammeln, in welchen Schichten, Berufsgruppen, Traditionen auch immer es existierte, revolutionär. Sie setzte voraus, daß grundsätzlich alles Wissen gleich gut sein und – wichtiger – gleichermaßen den Prozeß der Forschung vorantreiben könne. Dieser Gedanke blieb das gesamte 17. Jahrhundert lebendig. Es ist nachgewiesen worden, daß bis in die Arbeiten der „Royal Society" hinein Bacons Natur- und Experimentalgeschichten als Leitfäden der Forschung beachtet worden sind.[24]

Von den versprochenen Natur- und Experimentalgeschichten hat Bacon nur noch, und entgegen der angekündigten Reihenfolge, die über Leben und Tod veröffentlicht (II, 100–226 = V, 214–335). Eine weitere, über das Schwere und Leichte, ist im Manuskript sehr weit gediehen (II, 227–305 = V, 337–400). Zu einem späteren Zeitpunkt hat Bacon sich noch einmal einer umfassenden Experimental- und Naturgeschichte gewidmet. Das Werk trägt den eigentümlichen Titel „Sylva Sylvarum", „Wald der Wälder". Vermutlich spielt der Ausdruck auf das griechische Wort hyle = Holz, Baustoff, Materie an. Das Werk ist in zehn „Jahrhunderte" unterteilt, von denen jedes 100 Beschreibungen enthält. Die Anordnung und Gewichtung der Teile ist ziemlich obskur, und die Quellen sind häufig unzuverlässige Berichte antiker und zeitgenössischer Autoren. Das Zeitalter der Renaissance war fasziniert von der Sammlung von Kuriositäten. Man fragte weniger nach deren Zusammenhang noch nach der Seriosität der Quelle. Es wird im allgemeinen eingeräumt, daß Bacon mit dieser Schrift einen Schritt zurück statt vorwärts gegangen ist. Das Werk wurde 1627 postum von Bacons Sekretär Rawley veröffentlicht, der in einem Vorwort über des Autors Intentionen Auskunft gibt (vgl. II, 335). Danach ist es als eine modifizierte Fassung des dritten Teils der „Instauratio Magna" konzipiert. Es soll sich von den Kuriositätensammlungen der Renaissance dadurch unterscheiden, daß es nicht erfreuen und amüsieren, sondern das Material für das Gebäude liefern soll, für das das „Novum Organum" die Instrumente und Anweisungen geliefert hat. „Und in dieser Hinsicht habe ich seine Lordschaft klagen hören, daß er (der glaubte, er würde es verdienen, ein Architekt dieses Gebäudes zu sein) gezwungen werden sollte, ein Handwerker oder Arbeiter zu sein und den Ton auszugraben und den Ziegelstein zu brennen ... Denn er wußte, daß wenn er es nicht tun würde, nichts getan werden würde" (II, 336). Das Alterswerk ist kein Wegweiser in die Zukunft, sondern ein Denkmal unerfüllter Hoffnungen geworden.

Noch einen weiteren Teil der „Instauratio Magna" hat Bacon in seinen letzten Lebensjahren vollenden wollen, den ersten Teil über die „Unterteilungen der Wissenschaften", die „Partitiones Scientiarum". In der Anlage ist auch dieses Werk sehr stark den enzyklopädischen Vorbildern des Mittelalters und der Renaissance verpflichtet. Aber die Grundidee ist doch eine andere. Dies weist schon der Titel aus: „De Dignitate et Augmentis Scientiarum Libri IX", „Die neun Bücher über die Würde und die Vermehrung der Wissenschaften". Vermehrung der Wissenschaften ist keine Idee der Enzyklopädien, die eher den Kreis des Gewußten abschreiben. Bacon will dagegen darstellen, wo überall die Lücken des Wissens manifest sind und wo überall die neue Methode des Wissenserwerbs anzusetzen hätte. Das Werk wurde 1623 veröffentlicht. Seine Absicht ist aufs engste mit der des schon 1605 publizierten „Advancement of Learning" verwandt, die als Vorlage diente. Wir werden bei der systematischen Analyse der „Instauratio Magna" auf einige inhaltliche Aspekte zu sprechen kommen.[25] Auf eins soll nur aufmerksam gemacht werden: Für Bacon war die große Erneuerung der Wissenschaften auf keinen Fall auf Naturwissenschaften und Technologien beschränkt. Nicht weniger wichtig und zugleich defizient sind unter anderem: bürgerliche Geschichtsschreibung, Psychologie, Sport, Sprach- und Literaturwissenschaft, Pädagogik, Ethik und Sittenlehre, Diplomatie und Staatswissenschaft, Rechtswissenschaft und Theologie. Die „Große Erneuerung" war ein umfassendes Menschheitsunternehmen. Eine neue Stufe der Kultur sollte errichtet werden auf dem Boden einer Verbesserung der materiellen und sozialen Lebensbedingungen.

Eine Zeitlang hat Bacon sogar beabsichtigt, die soziale Seite seines Reformwerks durch ein besonderes Werk über Recht und Gerechtigkeit zu betreiben. Im Jahr 1622, gerade mit der Arbeit an „De Augmentis Scientiarum" beschäftigt, schrieb er an den befreundeten Bischof von Winchester, Lancelot Andrews: „Ich habe mich auch in eine Arbeit über die *Gesetze* hineinbegeben, die eine Darstellung der Gerechtigkeit auf einer mittleren Ebene zu geben beabsichtigt, zwischen der spekulativen und ehrwürdigen der Philosophen und der Ebene der Schriften der Juristen, die sich an die einzelnen Gesetze binden ... Aber da dies ein Werk ist, das ich nicht mit eigenen Kräften und eigener Feder bewerkstelligen kann, habe ich es zur Seite gelegt" (XIV, 373). So ist es bei den beiden großen Stücken, die schlecht und recht als Substitute für die fehlenden Teile der „Instauratio Magna" gelten können, geblieben.

Neben ihnen finden sich aus den späteren Jahren einige Fragmente zu politischen und wissenschaftlichen Gegenständen und zwei weniger bedeutende Veröffentlichungen 1624[26] sowie eine stark erweiterte Fassung der Essays, die 1625 publiziert wurde.

Unter allen Fragmenten ragt heraus die Utopie „New Atlantis". Sie ist ein spät geschriebenes, absichtlich oder erzwungen Fragment gebliebenes Manuskript, in dem Bacon die Gelegenheit wahrnimmt, auf literarische Weise die Wechselbeziehungen von wissenschaftlich-technischem Fortschritt, politischer Gerechtigkeit und sozialer Wohlfahrt darzustellen. Der Analyse dieser Utopie werden wir uns nach der „Instauratio Magna" zuwenden.

Bacons Tod ist oft erzählt worden. Er ist fast allegorisch in sein Lebenswerk eingeflochten. Während einer Fahrt von London zu seinem Wohnsitz Highgate Anfang April des Jahres 1626 fiel überraschend Schnee. Bacon, der ständig mit der Erweiterung seiner Natur- und Experimentalgeschichte beschäftigt war, kam auf die Idee, wie er selbst in seinem allerletzten Schriftstück vermerkte, „ein kleines Experiment über die Konservierung und Haltbarkeit toter Körper zu machen" (XIV, 550). Er stopfte ein Huhn mit Schnee aus und wollte die Verzögerung der Verwesung beobachten. Dabei holte er sich eine Erkältung, die ihn zwang, unterwegs bei dem Earl of Arundel Station zu machen. Die Erkältung weitete sich zu einer Lungenentzündung aus, von der er sich nicht wieder erholte. Er starb am 9. April 1626.

II. Bacons Werk: Die große Erneuerung

Die „Instauratio Magna" ist Bacons Hauptwerk. Allerdings hat Bacon nur den *Plan* vollendet; das Hauptwerk selbst ist unabgeschlossen. Hatte er sich übernommen und zu spät die Undurchführbarkeit des Gesamtwerkes bemerkt? Oder hat Bacon aus politischen Gründen diesen Zeitpunkt der Veröffentlichung wählen wollen, wie unfertig das Werk auch war? Beides trifft zum Teil zu. Aber Bacon, der Experimentator mit Stilformen, hat mit Absicht und Gründen ein Hauptwerk geschrieben, das ein Plan und ein Fragment ist. Aus dem Plan selbst geht hervor, warum er durch seinen Autor nicht ausgeführt werden kann. Am Ende der Widmung ermunterte Bacon den König, dem Vorbild Salomons zu folgen und

„Sorge zu tragen für die Sammlung und Vollendung einer Natur- und Experimentalgeschichte, einer wahrhaften und ernsthaften ... so wie ich sie an passendem Ort beschreiben werde ... so daß nach so vielen Zeitaltern die Philosophie und die Wissenschaften nicht länger in der Luft schweben, sondern auf den soliden Fundamenten aller Arten von Experimenten ruhen ... Ich habe das Werkzeug (Organum) bereitet; aber die Sache (materies) muß von den Dingen selbst erlangt werden". (I, 124)

Die „Distributio operis", ein Überblick über das Gesamtwerk, weist aus, daß „das neue Werkzeug" im Kapitel 2 des Hauptwerkes entwickelt wird, eben in dem sogenannten „Novum Organum". Dies ist der einzige weitgehend ausgeführte Teil des Werkes und wird daher häufig, wenn auch zu Unrecht, als eigenständiges Buch angesehen. Das Kapitel 3, das die Natur- und Experimentalgeschichte zum Gegenstand hat, also „materies", wird nicht ausgeführt. Sie wurde schon in der Widmung des Werkes der Verantwortung des Königs übergeben: Für sie müsse er „Sorge tragen" (I, 124). Und wie in der Widmung angekündigt, endet die „Instauratio Magna" mit einer Beschreibung der Anlage einer solchen Natur- und Experimentalgeschichte, die auch einen Katalog ihrer wichtigsten Gebiete

(130 an der Zahl) enthält. Die Beschreibung trägt den eigenartigen Titel: „Parasceve ad Historiam Naturalem et Experimentalem". „Parasceve" ist die latinisierte Fassung der jüdischen Bezeichnung des Tages, der auf den Sabbat vorbereitet, also der Vorbereitungstag auf den Ruhetag. Das Buch *endet* also in seiner veröffentlichten Fassung von 1620 mit einer *Vorbereitung* auf Teile, deren Ausführung laut Widmung einem einzelnen gar nicht möglich ist. Die „Instauratio Magna" ist also als ein Fragment gedacht, stellt aber für die, die es richtig verstehen, zugleich seine Vollendung in Aussicht. Sie beschränkt sich darauf, anzuzeigen, was zur „Instauratio" notwendig ist, und stellt die Mittel für ihre Durchführung bereit.

Der Plan des Gesamtwerks umfaßt sechs Teile:
1. Die Einteilung der Wissenschaften.
2. Das Neue Organum; oder Unterweisungen zur Interpretation der Natur.
3. Die Phänomene des Universums; oder eine Natur- und Experimentalgeschichte zur Grundlegung der Philosophie.
4. Die Stufenleiter des Geistes.
5. Die Vorläufer oder Antizipationen der zweiten Philosophie.
6. Die zweite Philosophie oder die aktive Wissenschaft (I, 134 = IV 22).

Zu diesen Teilen kommen noch ein „Prooemium", die Widmung und jeweils eine Einleitung zur „Instauratio Magna" und zum „Novum Organum". Kommentare zu den Teilen können wir Bacons eigener Darstellung entnehmen.

1. Zum ersten Kapitel schreibt Bacon, daß es in der „Instauratio" fehle, aber in den Grundzügen übernommen werden könne aus dem Buch „Proficience and Advancement of Learning" (I, 146 = IV, 35). Vermutlich beabsichtigte er eine Neufassung, für die auch ein Plan vorliegt (III, 727–768). Schließlich entschied Bacon sich für eine Überarbeitung des zweiten Buches der „Proficience and Advancement of Learning". Hieraus wurde das 1623 veröffentlichte Werk „De Dignitate et Augmentis Scientiarum", „Über die Würde und die Vermehrung der Wissenschaften". An diese Schrift werden wir uns bei der Beschäftigung mit Bacons Prinzipien der Einteilung der Wissenschaften halten.

2. Das „Novum Organum" ist der Hauptteil der „Instauratio Magna" und muß als das Werk gelten, das Bacons Philosophie in ihrer am besten ausgeführten Form enthält. Der Titel verweist auf eine methodologische Erörterung. Es war Bacon aber klar, daß eine radikale Reform der Erkenntnismethoden mit einer solchen der Erkenntnistheorie und der Ontologie einhergehen muß. Im „Novum Organum" versucht er, damit Ernst zu machen.

3. Der dritte Teil soll eine Art Handbuch aller Natur- und Experimentalbereiche des Wissens sein, das alle tatsächlichen Kenntnisse über Natur und Technik umfaßt, die auch die beste Methode nicht von sich aus erzeugen könnte. Wie schon erwähnt, ist dieser Teil nicht mehr als Buchkapitel ausgelegt, sondern als ein Werk von vielen, vielleicht von Generationen. Die interessante Frage, ob Bacon sich diese Aufgabe als begrenzt und abschließbar vorgestellt hat, ist nicht ganz leicht zu beantworten. Die eigenartige Titelsymbolik des anstelle des Handbuchs veröffentlichten Vorbereitungstextes, die „Parasceve", legt die Deutung nahe, daß das Schöpfungswerk der Wissenschaften tatsächlich abgeschlossen und zur allgemeinen Wohlfahrt genutzt werden könne. Andererseits ist die Natur- und Experimentalgeschichte selbst nicht diese Vollendung, sondern erst die Vorbereitung auf die „zweite Philosophie" oder „aktive Wissenschaft", die im Kapitel 6 angesprochen wird. Als Bacon durch seinen politischen Sturz im Alter von über sechzig Jahren auch die letzten Hoffnungen auf die öffentliche Einrichtung der „Großen Erneuerung" aufgeben mußte, hat er selbst versucht, einige dieser Tatsachensammlungen zu erstellen. 1622 erschien die erste, die „Historia Ventorum" (Beschreibung der Winde), deren weiterer Titel lautet „oder erster Titel der Natur- und Experimentalgeschichte zur Grundlegung der Philosophie: welche der dritte Teil der Instauratio Magna ist" (IV, 137). Zur Zeit der Veröffentlichung der „Instauratio" hatte er jedoch mit guten Gründen diesen Teil ausgespart. Seine späteren Versuche, das Fehlende wenigstens exemplarisch und mit allem Vorbehalt selbst aufzufüllen, sind unbefriedigend geblieben – aus Gründen, die Bacon hier äußert. Er konnte bestenfalls ein Zeichen setzen für die Art von Sammlungstätigkeit, der zu unterwerfen kein Forscher sich zu schade sein sollte.

4. Der vierte Teil, die „Scala Intellectus", ist von Bacon konzipiert als ein methodisches Verbindungsstück zwischen der Naturgeschichte und der auf ihr aufzubauenden Philosophie. Ihm schwebte die Entwicklung von „Typen und Modellen" vor, „die den universellen Prozeß des Geistes und das fortgesetzte Bauwerk und die Ordnung des Erfindens an ausgesuchten Gegenständen, die bezeichnend, aber auch verschieden sind, gleichsam vor Augen" stellen (I, 143 = IV, 31). Den Typen und Modellen sollte ähnliche Bedeutung zukommen wie den Rechengeräten in der Mathematik (vgl. I, 143 = IV, 31). Zur Ausführung dieses Teils liegt nur ein kleines Bruchstück vor, das den Nebentitel trägt „Filum Labyrinthi sive Inquisitio de Motu", „Labyrinthfaden oder Untersuchung über die Bewegung" (III, 621 ff.). Der Titel besagt, daß Bacon am Beispiel der Bewegung ein solches Modell vorstellen wollte[1].

5. Die Funktion des fünften Teils über die „Vorläufer und Antizipationen" muß in Zusammenhang gesehen werden mit Bacons Überzeugung, daß die große Maschinerie der „Instauratio" auch dann ihre Zeit brauchen würde, wenn ihre Einrichtung politisch gefördert werden würde. Bis dahin können aber schon viele Teilstücke der „zweiten Philosophie" fertiggestellt werden. Man sollte daher „das Endziel seines Weges nicht so starr verfol-

gen, daß man die nützlichen Dinge am Wegesrand vernachlässigen würde" (I, 144 = IV, 31). Auch zu diesem Teil liegt nur eine kurze Einleitung vor (vgl. II, 690/692). Es ist aber der Überlegung wert, welche Texte für diesen Teil in Frage gekommen wären. In ihnen müßten philosophische Schlüsse aus Faktensammlungen gezogen werden, obwohl diese Sammlungen für eine zuverlässige Induktion der zweiten Philosophie, die auch „induktive Philosophie" genannt wird (II, 692), noch zu unvollständig sind. Bacon hat an mehreren Beispielen für diesen Teil gearbeitet („Thema Coeli", „Vermutungen über den Himmelsbau", III, 769; „De Fluxu et Refluxu Maris", „Über Ebbe und Flut", III, 47 ff.), in denen er sich ganz in die Auseinandersetzung mit philosophischen Spekulationen über den Ursprung der Dinge, die Struktur der Materie oder die Ursache der Bewegung bezieht. Bacons „Werkzeug der Induktion" ist keine rigide Mechanik, sondern eine flexible Methode für praktische Forschungszwecke. Daß das nicht ein pragmatisches Zugeständnis ist, sondern von Bacon für den Forschungsprozeß geradezu gefordert wird, kann man schon aus der Plazierung der Teile 3, 4, 5 in der „Instauratio Magna" entnehmen. Dies wird häufig übersehen und ist als *Bestandteil* seiner Methode noch nie ernst genommen worden. Wir werden später durch eine genaue Analyse seiner Methode diese Interpretation stützen.

6. Der letzte Abschnitt ist die Darstellung der neuen Philosophie, der „zweiten" in der Geschichte der Menschheit, der „aktiven Wissenschaft" (I, 144 = IV, 32), deren Anfang gemacht zu haben Bacon beansprucht, deren Ausführung aber Sache des „Menschengeschlechts" ist. In ihr geht es nicht mehr bloß um eine „besinnliche Glückseligkeit" (felicitas contemplativa), sondern um die wahrhafte Sache der Menschheit, um ihr Schicksal und all ihre Macht zu Werken (omnis operum potentia) (I, 144).

Aber: dieser letzte und größte Teil der „Instauratio Magna" fehlt. Bacon beanspruchte nicht, auch nur kleine Beiträge zu dieser „zweiten Philosophie" geliefert zu haben. Nach der durch die Griechen begründeten ersten wäre sie die Erkenntnis der „Fußabdrücke und Siegel des Schöpfers in seinen Schöpfungen" (I, 145 = IV, 33). Oder anders ausgedrückt: Keine Hypothesen und Spekulationen, sondern wahre Theorien der Welt. Das wäre zugleich der „Sabbat" der Wissenschaften. Die „Distributio operis" endet mit einem Schlußgebet, in dem es heißt: „Wenn wir in Deinen Werken im Schweiße unseres Angesichts arbeiten werden, dann wirst Du uns zu Teilhabern Deiner Ideen und Deines Sabbats machen" (I, 144 = IV, 33). Der Sabbat ist der Schöpfungstag, an dem Gott sein Werk vollendet hatte und ausruhte.

Mit welchen Stilmitteln arbeitete Bacon bei diesem Versuch, öffentlich Anhänger zu gewinnen? Unter diesem Gesichtspunkt werfen wir einen Blick auf das Vorwort der „Instauratio". Bacon beginnt mit einer rhetorischen Figur, die aus früheren

Schriften bekannt ist: „Mir scheint, daß die Menschen weder ihre Werke (opes) noch ihre Kräfte (vires) gut kennen; sie überschätzen die einen und unterschätzen die andern" (I, 125 = IV, 13). Diese Fehlurteile – das Erreichte zu hoch, das Erreichbare zu gering zu bewerten – nennt er die „Schicksalssäulen der Wissenschaft (scientiis columnae fatales), über die hinauszustreben die Menschen bisher weder den Wunsch noch die Hoffnung haben" (I, 125 = IV, 13). Auf dem berühmten Stich von 1620 (I, 118) ist zu sehen, wie das Schiff der Wissenschaft die schmale Durchfahrt zwischen diesen beiden Säulen ansteuert.[2] Das Vorwort ist hauptsächlich eine Auseinandersetzung mit den genannten Fehleinschätzungen:

„Da nun vermeintlicher Überfluß (copia) zu den Hauptursachen des Mangels gehört, und aus Vertrauen in die Gegenwart die wahren Hilfsmittel der Zukunft vernachlässigt werden, ist es notwendig, hier an der Schwelle meines Werkes ohne Umschweife und offen das Übermaß an Verehrung und Bewunderung der bisherigen Erfindungen einzuschränken" (I, 125 = IV, 13). „Ich will die Mahnung aussprechen, deren Menge (copia) und Nützlichkeit nicht allzusehr zu übertreiben und zu rühmen. Denn wenn man die Vielfalt der Bücher, deren sich Künste und Wissenschaften rühmen, sorgfältig durchgeht, wird man überall finden, daß die selben Dinge unendlich wiederholt werden; es werden längst gemachte Erfindungen nur auf verschiedene Weise behandelt" (I, 125 = IV, 13).

Wem gelten diese Vorwürfe?

In der Renaissance ist eine Literaturgattung entstanden, die sich ausgiebig mit Erfindungen befaßt: Kriegsmaschinen, Geschützbau, Architektur, Metallurgie, Bergbau, Mühlen- und Pumpenkonstruktionen, Schiffbau, Kartographie und andere Gebiete sind seit der Erfindung des Buchdrucks (ca. 1450) in zahlreichen Werken beschrieben worden. Diese Technikliteratur verdient das krasse Urteil Bacons nicht. Sie enthält einige zentrale Motive seiner eigenen Philosophie: Vorrang der Erfahrung und des Experimentierens vor der Tradition; Vorrang der Nützlichkeit von Wissen vor der Geschlossenheit von Gedankengebäuden. Warum dann doch dieser Angriff? Weil er in diesen Schriften kein Vorbild für die „Instauratio Magna" sieht, sondern allenfalls Vorarbeiten. Der Technikliteratur fehlte zweierlei: der konsequente Blick auf das Neue und eine metho-

Abb. 3: Titelbild der „Instauratio Magna", 1620: Die Schicksalssäulen der Wissenschaft

dische Konzeption: Später stellt Bacon im Vorwort lobend fest, daß „einige sich den Wellen der Erfahrung überließen und beinahe „Mechaniker" (mechanici) geworden wären" (I, 128 = IV, 17). Diese Wellen der Erfahrung könnten das Schiff der Erkenntnis durch die Schicksalssäulen in das gelobte Land der „scientia activa" tragen. Aber diese „Empiriker" scheiterten daran, daß sie „in ihren Experimenten blind herumsuchten, ohne ihre Arbeit nach einem verläßlichen Gesetz oder Plan (lex) durchzuführen. Die meisten beschränkten sich auf kleine Aufgaben und hielten es schon für eine große Sache, wenn sie irgendeine einzelne Erfindung machten; – ein ebenso dürftiges wie unzulängliches Verfahren" (I, 128 = IV, 17). Das ist Bacons Angriff auf diesen „Empirismus". Außerdem kritisiert Bacon, „daß alle Mühe beim Experimentieren gleich zu Anfang in vorgegebene Absichten eingebunden war, die zu früh und zu schnell erfüllt werden sollten. Man suchte, so könnte man sagen, fruchtbringende, nicht lichtbringende Erkenntnis" (I, 128 = IV, 17). Neben den Mangel an Methode tritt in dieser Literatur der Mangel an theoretischer Erkenntnisabsicht. Dies ist ein Angriff auf eine Haltung, die später Utilitarismus genannt wurde. Für Bacon sind also Empirismus und Utilitarismus kein Vorbild, sondern Klippen auf der einen Seite der Durchfahrt, an denen das Schiff der „Instauratio" zu zerschellen droht.

Die Klippen auf der anderen Seite sind die klassischen Disziplinen der Universitäten, „die immer nur Lehrer und Schüler, aber keine Erfinder hervorgebracht haben" (I, 126 = IV, 14). Neben den Angriffen gegen die Autoritätsgläubigkeit und Sterilität kommt es Bacon hier darauf an, die Auffassung der „Redewissenschaften" (dialecticae) zu kritisieren, nach der „das, was irgendeine Kunst nicht erreicht hat, in dieser Kunst selbst zu erreichen unmöglich ist ... Man verfährt so, damit die Unwissenheit nichts Unehrenhaftes ist" (I, 129 = IV, 17). Diese Traditionen, die sich auf das Argument verlassen, anstatt die Unwissenheit mit experimentellen Mitteln zu beseitigen, können erst recht nicht Vorbild der „Großen Erneuerung" sein.

Zur Formulierung seines eigenen Zieles nimmt Bacon eine Methapher zu Hilfe: Er möchte „für alle Zeiten die wahrhafte und legitime Ehe zwischen den empirischen und den rationalen Fähigkeiten stiften, deren hartnäckige und unglückliche Trennung und Scheidung alles in der Menschheitsfamilie verwirrt hat" (I, 131 = IV, 19). Diese Metapher hat Geschichte gemacht. In ihr ist vieles angedeutet: eine ursprüngliche, ins Paradies verlegte enge Beziehung zwischen den Fähigkeiten; eine historische Trennung zwischen Kopf- und Handarbeit; schließlich die bewußte und methodisch wiederhergestellte Beziehung auf einer unverbrüchlichen Basis: Wissenschaft als Modellehe von Kopf- und Handarbeit. Man muß allerdings genauer hinsehen, um die Tragweite dieser Metapher richtig einzuschätzen. Unter den Philosophen der Antike wie des Mittelalters gab es nur wenige Anhänger einer erfahrungsfreien, rein intellektualistischen Welterkenntnis. Und auf der anderen Seite haben die Vertreter der „empirischen Fakultäten" ihre „Erfindungen und Entdeckungen" auch in den Kategorien der Philosophen ausgedrückt. Beziehungen bestanden also. Aber, um in Bacons Bild zu bleiben, sie waren unfruchtbar: Die scholastischen Empiristin haben nicht die Entdeckung des Neuen betrieben, sondern nur über die Notwendigkeit der Erfahrung disputiert und empirische Kenntnisse in Enzyklopädien angesammelt; die Baumeister, Künstler und Ingenieure haben zwar experimentiert und neue Beobachtungen gesucht, aber ihnen fehlte eine Methode, durch die ihr Vorgehen rational hätte geordnet werden können, und ihre Erkenntnisabsichten waren nicht auf allgemeine Gesetze oder theoretische Grundsätze der Natur gerichtet. Sofern sie sich der Begriffe der Philosophen bedienten, geschah dies, um ihr soziales Ansehen zu heben.

Wenn auch solche allgemeinen Urteile mit Vorsicht gehandhabt werden müssen, kann doch so viel in Übereinstimmung mit Bacon festgehalten werden: Nur in Ausnahmefällen erhoben vor dem 17. Jahrhundert experimentierende Praktiker den Anspruch, Wissenschaft oder, wie es im 17. Jahrhundert auch hieß, experimentelle Philosophie zu betreiben; und nur in Ausnahmefällen wollten scholastische Gelehrte mit ihren Methoden zur Erweiterung der Welterkenntnis beitragen. Bacons Vision ist nicht das friedliche und rücksichtsvolle Nebeneinander, sondern eine wechselseitige Durchdringung der rationalen und empirischen Fakultät, kein Zusammenfügen von Teilen, sondern die „Geburt" einer neuen Fakultät. Das „Novum Organum" ist in Bacons Augen diese „Geburt". Welchen Namen soll sie erhalten? Knapp und folgenreich ausgedrückt: *Forschung*. Bacons bevorzugter Ausdruck für Forschung ist „inquisitio", „inquiry". *Erkenntnis durch Forschung*, dazu soll die rechtmäßige Ehe von empirischer und rationaler Fakultät führen.

1. Das „Novum Organum" als Philosophie der Forschung

Bacons Philosophie ist in Absicht und Aufbau gegenüber der Tradition etwas Neues. Sie ist weder eine Methodenlehre noch eine Erkenntnistheorie oder Naturphilosophie. Zwar werden diese Problembereiche im „Novum Organum" alle angesprochen, aber nur zu dem Zweck, die Vorbedingungen zu klären, die erfüllt sein müssen, wenn Wissenschaft als Forschung betrieben werden soll. Für die „reine Philosophie", die „professory sciences",[1] müssen dabei zwangsläufig viele Fragen offen bleiben, doch ist sie ihrerseits blind für die Fragen, die Bacon bewegten.

So ist der zentrale Punkt der Methodenlehre Bacons nicht die Analyse der Beziehung von deduktiver und induktiver Argumentation. Statt dessen wollte Bacon die philosophische Methode, Schlüsse aus Voraussetzungen zu ziehen – ob nun induktiv oder deduktiv –, ersetzen durch die „inquisitio legitima",[2] durch „rechtmäßige, begründete Forschung". Für sie ist wesentlich, daß sie zur *Entdeckung neuer, bisher unbekannter Voraussetzungen* führt, die dem Fortschritt der Forschung dienen.

Auch in der erkenntnistheoretischen Fragestellung weicht Bacon dem traditionellen Grundproblem des Zusammenhangs von Sinneswahrnehmung und Denken aus. Angelpunkt ist für ihn dagegen die Zuordnung von *Interpretation der Natur und Interaktion mit der Natur*. Für die Interpretation dieser Zuordnung entwirft er eine Meta-Theorie. Sie soll die Voraussetzung für eine Verschränkung von (praktischer) Wirksamkeit und (theoretischer) Erklärung darstellen. Forschung ist immer beides, wenn auch nicht unbedingt in einem Akt: (experimentelles) Handeln und (theoretisches) Beobachten und Erklären. Bacons Erkenntnistheorie dient dem Ziel, diese zu seiner Zeit noch wenig reflektierte Vorgehensweise transparent zu machen und ihr eine zentrale Funktion für die „scientia activa", für eine „handelnde Wissenschaft" (I, 134) zuzuweisen.

Auch in der Naturphilosophie geht es Bacon nicht um Entscheidungen der grundlegenden Alternativen, wie etwa Atomismus versus Kontinuumstheorie, Existenz oder Leugnung des Vakuums, Geozentrismus versus Heliozentrismus. Zwar bezog er hier Stellung, aber wichtiger ist es ihm, mit möglichst wenigen philosophischen Festlegungen genau diejenigen Klärungen herbeizuführen, die uns mit den Mitteln der Forschung die klassischen Fragestellungen schrittweise beantworten lassen. Die Beantwortung naturphilosophischer Fragen verlangt nicht Bekennermut, sondern bisher unzugängliche empirische Kenntnisse. Das zentrale Problem, das sich vorweg naturphilosophisch oder ontologisch für eine „handelnde Wissenschaft" stellt, ist die Beziehung von Natur und Technik, von „naturalia" und „artificialia", von Natur in sich selbst (natura libera) und „gezwungener" Natur (natura vexata).[3] Auf die Lösung dieses Problems zielen die ontologischen Diskussionen des „Novum Organum". Bacon will zeigen, daß die aristotelische Trennung zwischen Natur und Technik aufzugeben ist und daß für eine durch Forschung voranschreitende Naturphilosophie ein neuer Naturbegriff, der beides umfaßt, zugrundegelegt werden muß.

Die Feststellung, daß der leitende Gesichtspunkt der Baconischen Philosophie die Kategorie der Forschung ist, gebraucht einen modernen, selbstverständlich gewordenen Begriff von Forschung. Zur Zeit Bacons gab es diesen nur in Ansätzen. Es gehört überhaupt zu Bacons Leistungen, die Forschungen seiner Zeit als neuartige wissenschaftliche Tätigkeiten verstanden und auf den Begriff gebracht zu haben. Bei seinen Zeitgenossen war Forschung kein Grundbegriff, jedenfalls kein Grundbegriff der Naturerkenntnis. Dazu hat ihn Bacon mit seiner „inquisitio legitima" gemacht. Die wichtigsten Elemente dieses Grundbegriffs sind, daß in ihm (a) die Erkenntnis ein neues Verhältnis zur Zeit gewinnt; (b) für die Erkenntnis ein neues soziales Beziehungsmuster entsteht, und daß (c) neue kognitive Strukturen der Erkenntnis entworfen werden.

a. Die Zeitdimension der Erkenntnis

Es geht um die Entdeckung der Zeitdimension der Erkenntnis. Bis zur Philosophie der Renaissance war Philosophie Gegenwartsphilosophie oder – das läuft letztlich auf dasselbe hinaus – Ewigkeitsphilosophie. Die großen Scholastiker anerkannten zwar die Einsichten ihrer Vorgänger, der Griechen, der Kirchenväter und der Araber, aber als Teile der gegenwärtigen Wahrheit. Im Konfliktfall mit gegenwärtigen Auffassungen, insbesondere mit biblischen und kirchlichen Dogmen, konnten Abweichungen keinen Bestand haben. Auch die ausgefeilte scholastische Methode des Pro und Kontra, durch die für jeden Diskussionspunkt mit Sorgfalt alle Argumente gegeneinander gestellt wurden, diente der Ausgrenzung von Irrtümern bei der Feststellung der Wahrheit. Diese Einstellung ließ Kontroversen zu, führte aber nicht zu einer zeitlichen Relativierung der Erkenntnis. Erst in der Renaissance wurde die Vergangenheit als Zeitdimension philosophisch entdeckt: Man konnte bei ihr in die Lehre gehen; man konnte, wie es der Verfasser von Künstlerbiografien, Vasari, treffend ausdrückte, „Fortschritt in der Wiedergeburt" (progresso della rinascita)[4] der klassischen Ideale machen. Hierdurch schuf die Renaissance ein neues, komplexeres Verhältnis zur Zeitlichkeit der Erkenntnis: Man mußte die Mängel und Schwächen der Gegenwart einräumen und konnte hoffen, durch das Studium der Vergangenheit diese zu beheben. In der Relativierung des eigenen Wissens an der Vergangenheit keimt die Idee von Fortschritt in der Erkenntnis. Obwohl das alte Denkmodell bis in die Zeit Bacons, ja zum Teil bis in das 18. Jahrhundert vorherrschend war, erhielt es schon im 15. Jahrhundert Risse, besonders durch technische Fortschritte und die Erweiterung der Welterkenntnis durch die Entdeckungsreisen.[5] Für die meisten Humanisten war dies noch kein Anlaß, Konsequenzen in Richtung eines historischen Begriffs von Erkenntnis zu ziehen, der für beide Zeitrichtungen, Vergangenheit und Zukunft, offen gewesen wäre. Aber in der Technikliteratur des 16. Jahrhunderts kam die Idee zum Zuge, daß die Erkenntnis der Gegenwart nicht nur die Vergangenheit fortsetzt, sondern auch auf die Zukunft vorbereitet. Der italienische Metallurgist und Chemiker Vannocchio Biringuccio beendete in seinem Buch „Pirotechnica" (1540) eine Auseinandersetzung über umstrittene Neuerungen in der Alchimie mit den Worten:

„Man nimmt aus vielen klaren Gründen an, daß die Suche nach dieser Kunst (i. e. der Alchimie) jenen genialen und weisen Alten nicht so bekannt war, wie heutigentags den Modernen, da ja kein antiker Schriftsteller zu finden ist – ob in Griechisch, Latein oder irgendeiner anderen Sprache –, der sie je erwähnt hätte. Auch spricht keiner der berühmten und großen Philosophen, wie Aristoteles oder Platon, von ihr, obwohl diese doch anscheinend alles Wißbare aufsuchten und weitläufig darüber schrieben, um den Menschen zu helfen und ihnen Wissen zu geben. Hierauf antworten die modernen Alchimisten, daß dies nichts ausmache, da es doch möglich sei, daß etwas über die Dinge herausgefunden wurde, das den Alten unbekannt war, und daß es immer noch möglich ist, Dinge zu finden, die heute nicht nur nicht existieren, sondern noch nicht einmal im Schattenriß ihrer zukünftigen Existenz geahnt werden."[6]

Noch folgenreicher ist die Einsicht, daß die Erkenntnis der Gegenwart der Irrtum der Zukunft sein kann. Diesen Gedanken hat Albrecht Dürer in der Widmung seiner „Proportionslehre" (1528) ausgedrückt. „Doch ist niemand gezwungen, dieser meiner Lehr, als sei die ganz vollkommen, an allen Orten nachzugehn, denn die menschlich Natur hat noch nit also abgenommen daß ein ander nit auch etwas Bessers erfinden möge. Derhalb mag sich ein jeglicher dieser meiner Unterrichtung, so lang ihme geliebt, oder er ein Bessers erfindet, gebrauchen."[7] Dürer deutet an, daß begrenztes Wissen, ja selbst Irrtümer ein historischer Beitrag zum Wissen der Menschheit sein können. Dieser Gedanke wird bei Bacon zu einem grundlegenden Element der Forschungsmethode.

Bacon versucht, den zeitlichen Charakter der Erkenntnis in beiden Zeitrichtungen auch deshalb auf den Begriff zu bringen, weil er das humanistische Bewertungsmuster außer Kraft setzen will: Die Idealisierung der Antike ist weder berechtigt noch wünschenswert. „Die Verehrung der Antike hat die Menschen verzaubert und sie daran gehindert, in den Wissenschaften Fortschritte zu machen" (N. O. I, Aph. 84).

„Die Meinungen, die die Menschen sich über die Antike zurecht gemacht haben, sind insgesamt nachlässig und nicht einmal wortgetreu. Denn für das Altertum muß man doch wohl die Greisen- und Großväterzeit der Welt halten; *dies* muß man aber unseren Zeiten beilegen, nicht den jüngeren Zeiten der Welt, in denen die Alten lebten. Denn jene Zeiten sind zwar mit Rücksicht auf die unseren alt und entfernter, mit Rücksicht auf die Welt aber neu und jünger" (N. O. I., Aph. 84).

Diese Reflexion ist ein Beispiel der später zu untersuchenden Baconischen Ideologiekritik. Wir neigen dazu, unseren Gegenwartsraum zum zeitlichen Nullpunkt zu nehmen, von dem aus dann unsere Eltern und deren Ahnenreihe jeweils älter sind als wir, unsere Kinder bis hin zum „Jüngsten Tag" dagegen jünger. Denkt man dagegen nicht vom eigenen Zeiterlebnis aus, sondern ordnet dieses in eine historische Weltzeit ein, deren Beginn (bei Bacon als Schöpfung Gottes) den zeitlichen Nullpunkt setzt, dann ist jede Epoche vor uns jünger. Nun ist die Wahl von Bezugssystemen grundsätzlich freigestellt. Wenn man aber unvorsichtig die Vorstellungen, die mit dem ersten System einhergehen (daß für Heranwachsende die Älteren mehr wissen und können), auf historische Zeiträume überträgt, läßt man sich zu der Idee verleiten, daß frühere Epochen mehr wußten. Dagegen setzt Bacon:

„Es wäre ja auch eine Schande für die Menschen, wenn die Bereiche der materiellen Welt, die Länder, die Meere und Gestirne in unserer Zeit unermeßlich erweitert worden wären, aber die Grenzen der intellektuellen Welt auf die Enge der Kenntnisse des Altertums festgelegt blieben" (N. O. I, Aph. 84). Dieses neue Zeitverständnis greift dann durch die Kritik an der Verherrlichung antiker Schriftsteller: „Es zeugt von historischem Kleinmut, den Autoren unendlichen Tribut zu zollen, dem Autor der Autoren aber und somit jeder Autorität, nämlich der Zeit, ihr Recht zu verweigern." Mit großen Anfangsbuchstaben fährt er fort: „Veritas Temporis filia dicitur, non Authoritatis" (Man nennt die Wahrheit die Tochter der Zeit, nicht die Tochter der Autorität, N.O.I, Aph. 84). Dies bedeutet: Keine Lehre kann ohne weiteres für zeitlos gültig erklärt werden.

b. Die Erweiterung des sozialen Horizontes

Die Entdeckung der Zeitdimension der Erkenntnis geht einher mit einer Erweiterung des sozialen Horizontes. Forschung ist im Gegensatz zu früheren Erkenntnismethoden an Zusammenarbeit gebunden. Wir kennen Bacons Einsatz für die Gründung großer Forschungsanstalten; wir haben erfahren, daß sein Hauptwerk absichtlich als ein Fragment konzipiert war, dessen Vollendung Sache vieler zu sein hätte. Forschung als Erkenntnisweg beruht auf der Einsicht, daß einer allein es nicht weit bringen wird in der Naturerkenntnis. Es ist die Illusion der Philosophie, des Ganzen der Erkenntnis durch Worte habhaft werden zu können. Koordiniert man Worte und Taten (Interpretation und Operation; Theorie und Experiment), wird die Zeit des Einzelnen schnell knapp. Forschung muß also kooperativ betrieben werden. Dazu aber muß sie zusammensetzbar und anschlußfähig sein: zusammensetzbar mit der Forschung anderer, anschlußfähig an schon geleistete und für zukünftige Forschung. Nur in einer Disziplin der Wissenschaften ist dieses Konzept vor der Neuzeit praktiziert worden: in der Astronomie. Die Sammlung der Daten verschiedener Observatorien und über lange Zeiträume war hier notwendige Vorbedingung der Berechnungen. Tatsächlich hatte ein Zeitgenosse Bacons, der holländische Generalquartiermeister und Physiker Simon Stevin (1548–1620), die Arbeitsweise der Astronomen zum Modell aller wissenschaftlichen Tätigkeiten erklärt: „Wissenschaft erfordert die gemeinsame Anstrengung vieler Leute." Nur hierdurch ist es möglich, „daß der Irrtum und die Nachlässigkeit des einen durch die Genauigkeit des andern ausgeglichen wird."⁸ Aus solchen Überlegungen stammen Bacons Erwartungen an die Arbeitsteilung für den Erkenntnisfortschritt.

c. Neue kognitive Strukturen der Erkenntnis

Der *kognitive Aspekt* des neuen Erkenntnisbegriffs ist zum Teil eine direkte Folge der Einsicht in den sozialen Charakter von Erkenntnis. Bacons Erkenntnismethode fordert, daß die Gültigkeit von Forschungsergebnissen nicht abhängig sein darf von den Letztüberzeugungen ihrer Autoren. Das bedeutet eine weitgehende Trennung von Forschung und Religion. Bacon wurde nicht müde zu betonen, daß Naturerkenntnis kein Ersatz für Religion sein kann, daß man besser ohne Religion als mit selbstgemachtem (Aber-)Glauben auskommen solle. In „De Augmentis Scientiarum" heißt es: „Die Heilige Theologie müssen wir aus dem Wort und den Orakeln Gottes nehmen, nicht vom Licht der Natur und den Diktaten der Vernunft. Denn es steht geschrieben ‹Die Himmel erzählen die Ehre Gottes›, nirgends aber ‹Die Himmel erklären den Willen Gottes.›" (I, 830) In der wissenschaftlichen Erkenntnis gilt unsere Übereinstimmung „den Dingen, nicht deren Autor" (I, 830).

Ebenso notwendig ist die Trennung von Forschung und Spekulation. Platoniker und Aristoteliker müssen Ergebnisse austauschen können, unabhängig von ihrer Einstellung zur Existenz der Ideen, des Anfangs der Welt u. ä. Der entscheidende Punkt ist für Bacon nicht die Enthaltsamkeit gegenüber wissenschaftlichen Hypothesen. Im Gegenteil, als „Vorläufer" oder „Antizipationen" sind sie unentbehrlich zur Strukturierung des Forschungsprozesses. In einer Schrift von 1612 „Thema Coeli" beteiligte er sich an der Diskussion der verschiedenen astronomischen Hypothesen, um aber am Ende festzustellen: „So also sehe ich die Dinge an, an der Grenze stehend zwischen Naturbeschreibung und Philosophie; und je mehr man sich in die Naturbeschreibung hineinbegibt, desto mehr davon wird man vermutlich beweisen. Ich bezeuge aber, daß ich mich nicht an diese (Ansichten der Dinge) gebunden fühlen will. Hier nämlich, wie sonst auch, bin ich mir meines Weges sicher, nicht meines Standpunktes" (III, 780). Durch ihre spezifische Zeit- und Sozialstruktur bietet Erkenntnis durch Forschung eine Möglichkeit, Unsicherheit im Wissen einzugestehen und dennoch am Prinzip der Gewißheit festzuhalten.

Schließlich ist sogar eine gewisse Trennung von Forschung und Moral notwendig. Wie Bacon sich die Regulierung dieses Konfliktes vorstellt, diskutieren wir im Zusammenhang mit seiner Utopie „Neu-Atlantis". Diese Ausgrenzungen von Religion, Spekulation und Moral aus dem Bereich der Forschungstätigkeit besagen nicht, daß in Bacons Philosophie Religion, Spekulation und Moral keine Rolle spielen. Im Gegenteil, gerade diese Ausgrenzung selbst unterliegt religiösen, spekulativen und moralischen Kriterien.

Mit diesen Umrissen einer Philosophie der Forschung ist der Themenkreis abgesteckt, der im „Novum Organum" behandelt wird. Er enthält mehr als bloß eine neue Methodenlehre. Bacon ist gezwungen, auch eine neue Naturtheorie zu entwerfen, die – ohne die Ergebnisse vorwegzunehmen – die Erforschbarkeit der Natur nachweist; und er muß eine neue Erkenntnistheorie entwerfen, die eine Zuordnung der empirischen und rationalen Fakultäten leistet. Nach dieser Unterteilung – Erkenntnistheorie, Naturphilosophie, Methodologie – soll in den folgenden Abschnitten das „Novum Organum" erschlossen werden.

2. Eine dynamische Theorie der Erkenntnis

Das Grundproblem jeder Erkenntnistheorie ist die Beziehung zwischen Denken und Realität im Hinblick auf die Idee der Wahrheit oder Gültigkeit der Erkenntnis. Zu Beginn der „Instauratio Magna" umschreibt Bacon sein Thema in diesem Kontext: „Es müsse mit aller Anstrengung untersucht werden, ob die Beziehung zwischen dem Geist und den Dingen (Commercium Mentis et Rerum) ... auf irgendeine Weise wieder zu einer Ganzheit gebracht werden könne, oder wenigstens zum Besseren zu führen sei" (I, 121 = VI, 7). „Ganzheit" oder „Einheit" (integrum) steht hier für den philosophischen Traum einer letztgültigen, geschlossenen Wirklichkeitserkenntnis. Die implizit vertretene Meinung, daß dieser Traum einmal Wirklichkeit gewesen sei, spielt auf das Paradies an. Dieser Anfang der Menschheitsgeschichte war für Bacon keine bloße Allegorie. Sie gab ihm das Vertrauen, daß es einen Weg geben müsse, das Ziel der Wirklichkeitserkenntnis zu erreichen. Und zwar nicht irgendeinen Weg, sondern den von Gott nach der Vertreibung aus dem Paradies gewiesenen: durch Arbeit und Werke. Aber, so fährt er fort, aus den bisherigen Ansätzen der Philosophie sei ablesbar, „daß die gesamte menschliche Vernunft (universa ratio humana), die wir bei der Erforschung der Natur gebrauchen, nicht gut zusammengefügt und errichtet (aedificata) worden, sondern ein großartiges Gebäude ohne Fundamente ist" (I, 121). Bacon spitzt also seine erkenntnistheoretische Fragestellung auf die „Erforschung der Natur" (inquisitio naturae) zu. Die allgemeine Erkenntnistheorie der Scholastik und der Antike war vorwiegend an der Frage interessiert, wie die Beziehungen zwischen Dingen, Wahrnehmungen und Begriffen geordnet sind. Bacon geht mit dieser Frage ziemlich unorthodox um: wie auch immer geordnet – jedenfalls schlecht und verbesserungswürdig. Seine Leitfrage ist nicht: „Was ist Erkenntnis?", sondern „Wie kann man sie verbessern?". Dies ist eine Erkenntnistheorie unter dem Leitgedanken der Erkenntnis als Forschung. Philosophisch betrachtet erscheint dies so, als ob man den zweiten Schritt vor dem ersten täte. Wie kann man die Veränderung von etwas erkennen, ohne zu wissen, was es ist? Zwar findet man außerhalb der Philosophie Beispiele für den Erfolg solchen Vorgehens. Es charakterisiert ja weitgehend jede Innovationspraxis, von weit zurückliegenden bis zu heutigen Entwicklungsstufen der Kultur. Die Züchtung von Tieren und Pflanzen, die Entwicklung von Waffen, der Bau von Kathedralen und Burgen zeigen, daß die praktische Fähigkeit zu Veränderungen den Erklärungen ihres Erfolgs weit vorauseilen kann. Aber diese Beispiele belegen nur, daß im *Handeln* das Können dem Erklären vorausgehen kann. Der Philosophie scheint es nicht weiterzuhelfen, vor der Erklärung von etwas die Erklärung um dessen Veränderung anzustreben.

Aber genau diesen Ansatz hat Bacon verfolgt. Er knüpfte

dabei an eine breite Strömung der Renaissance an, die zunehmend an einer aktiven Lebensführung (vita activa) interessiert war.[1] Schon früh in der Renaissance trat neben die rein chronologische Geschichtsschreibung die Darstellung der Taten (gesta) bedeutender Männer der Vergangenheit, an deren Vorbild das eigene Handeln ausgerichtet werden sollte.[2] Machiavelli (1469–1527) entwickelte eine politische Theorie, in der die klassischen Fragen nach der Gliederung des Gemeinwesens und nach der Rechtmäßigkeit von Macht und Gehorsam ersetzt wurden durch die Analyse der Chancen, Herrschaft zu sichern und zu erweitern. Hier wird die Theorie des aktiven Lebens in die Idee einer aktiven Wissenschaft übersetzt.[3] Die Wiederbelebung der Rhetorik auf Kosten der verknöcherten Sprachphilosophie des Mittelalters entsprang einem ähnlichen Wandel der Erkenntnisinteressen: dem Ersetzen der ahistorisch-universalen Ratio durch die historisch-exemplarische Oratio (Rede), deren Ziel die Überzeugung eines Publikums auf dem Marktplatz oder im Rathaus war.[4] Auch für die Pädagogik war die Renaissance eine erste große Blütezeit. Bei ihr ist schon durch die Bezeichnung (Kindeserziehung) ausgedrückt, daß das Erkennen an Handlungszielen, an Veränderungen orientiert ist.[5] Ähnlich offensichtlich ist die technologische Literatur der Zeit darauf ausgerichtet, die *Herstellung* zu lehren und Erklärungen diesem Ziel einzuordnen. In der Renaissance formt sich das Bild des Ingenieurs, des Fachmanns für Entwürfe und Konstruktionen, die nicht auf Wiederholung oder Erklärung des Bekannten, sondern auf die Verwirklichung neuer Möglichkeiten gerichtet sind. Leonardo da Vincis (1452–1519) Skizzenbücher sind der Höhepunkt dieser Entwicklung.[6]

Das bekannteste Beispiel für die veränderte Fragestellung ist eins der spätesten und folgenreichsten: die Bewegungslehre (Kinematik) des Galilei. An ihr läßt sich die Leistungsfähigkeit der neuen Fragestellung besonders gut illustrieren. Das Problem der Bewegung war seit Aristoteles immer ein Ausgangspunkt der Naturphilosophien;[7] und schon vor Aristoteles hatte es bei Zenon zu den berühmten Paradoxien und Aporien geführt. Im Aristotelismus des Mittelalters wurde immer wieder die Frage erwogen, ob es die Bewegung als solche gibt (forma fluens, bewegliche Form) oder ob Bewegung nur der Wechsel von Zuständen sei, die als solche keiner Bewegung unterliegen (fluxus formae, Wechsel der Formen). Auch Galilei hätte diese Frage wohl kaum einer schlüssigen Antwort entgegen geführt. Aber er ersetzte sie durch die Fragestellung der Renaissance: Wie verändert man Bewegungen und wie verhalten sich Bewegungsänderung und bewegende Kraft zueinander? Sein Interesse galt diesen Zusammenhängen, d. h. den Beschleunigungen und Abbremsungen. Er ließ die Philosophie mit ihrem Anspruch, die Bewegung als solche zu erklären, zunächst auf sich beruhen und verpflichtete sich einer neuen Philosophie, in der die Veränderung der Bewegung und deren Abhängigkeit von anderen Veränderungen mehr interessieren als ihr Wesen.[8]

Denselben Schritt machte Bacon für die Erkenntnistheorie, indem er das Erkenntnisproblem darauf zuspitzte, wie wir unser Erkenntnisvermögen verändern können, um unsere Erkenntnisse zu verbessern. Was Erkenntnisvermögen an sich oder überhaupt ist, bleibt dagegen mehr oder weniger im Dunkeln. Um so wichtiger wird für Bacon die Frage des Erkenntnisziels. Veränderung und erst recht Verbesserung sind relationale Begriffe. Man kann von Verbesserung eines Erkenntnisstandes nur mit Blick auf ein bestimmtes Erkenntnisziel hin sprechen. Wie aber bestimmt man Erkenntnisziele? Offenbar durch die Analyse von Interessen: unterschiedliche Handlungsinteressen bedingen unterschiedliche Erkenntnisziele. Und wie kann man zwischen verschiedenen Erkenntnisinteressen entscheiden? Durch Beurteilung ihres relativen Wertes. Man sieht: Der zunächst kleine Unterschied im Ansatz der Fragestellung weitet sich aus: Bacon kann seine Erkenntnistheorie nur unter Einschluß von gesellschaftstheoretischen und ethischen Fragestellungen durchführen. Er entlastet sich andererseits gerade von denjenigen allgemeinen Fragestellungen, die für alle Erkenntnisformen unter beliebigen Erkenntniszielen auftreten.

Der neue Ansatz der Erkenntnistheorie bringt sie in eine enge Beziehung zur Methodenlehre. Auch hier ist Bacon im Einklang mit den Autoren der Renaissance: Auf das Ideal einer neuen, einfachen, verläßlichen Methode treffen wir in vielen Bereichen der Philosophie und der Künste.[9] Das bekannteste Beispiel einer methodischen Erneuerung ist das perspektivische Zeichnen, das zu Beginn des 15. Jahrhunderts von dem Maler Filippo Brunelleschi erfunden und von dem Architekten und Humanisten Leon Battista Alberti theoretisch dargestellt wurde.[10] Es hat unter der Bezeichnung „costructione legittima" im Unterricht der Malerei, der Architektur und des technischen Zeichnens einen großen historischen Einfluß gehabt. Die beiden Bücher Albrecht Dürers über die „Unterweisung der Messung" (1524) und „Die menschliche Proportion" (1528) gehören zu den Werken, die sich der Verbesserung der Zeichentechnik widmen. Vergleichbare Versuche wurden für viele andere Bereiche gemacht, mit unterschiedlichen Erfolgen: für das Gedächtnis, die Rhetorik, das Verstehen von und Schreiben über Geschichte (hierunter fällt das berühmte Werk Jean Bodins: „Methode zum leichteren Verständnis der Geschichte", „Methodus ad facilem historiarum cognitionem"), für das logische Schließen (hier sollte beispielsweise die „ars brevis", die „kurze Kunst", die langwierige Syllogistik des Aristoteles ersetzen).[11] Bacons Verknüpfung von Erkenntnistheorie und Methodenlehre ist ein typisches Vorgehen der Renaissance. Neu ist nur die konsequente Anwendung auf das Erkenntnisproblem, eine Neuerung, die in Descartes' „Discours de la methode" und seinen „Meditationen" eine für die neuzeitliche Erkenntnistheorie folgenreiche Fortsetzung findet.[12]

Warum folgt das Methodenbewußtsein aus der Verschiebung der Fragestellung von der substantiellen Frage („was ist Erkenntnis") zur relationalen („wie verbessert man Erkenntnis")? Wenn man von der *Veränderung* der Erkenntnis ausgeht, kann man als Erkenntnistheoretiker nicht die Erkenntnisse zugrunde legen, die erst die Zukunft bringen wird; sie sind als Ergebnisse zukünftiger Forschung nicht antizipierbar. Das ist der grundlegende Unterschied zu einer Theorie der Alltagserkenntnis, die in erster Linie die Orientierung in einer vorgegebenen Wirklichkeit thematisiert. Man muß daher anders vorgehen: Man muß die Erkenntnis mit geeigneten Instrumenten ausstatten und eine Suchstrategie vorgeben. Neu in der Renaissance ist also nicht das Methodenbewußtsein als solches, sondern die Funktion der Methode als Wegbahnung in unbekanntes Gelände. Ein Methodenbewußtsein gab es schon bei den Griechen. Methode ist dort aber ganz oder überwiegend an eine Unterrichtspraxis gebunden: bei den Ärzten an die Einübung bewährter Diagnosen und Heilverfahren; bei Platon an die dialektische Prüfung von Voraussetzungen; bei Aristoteles an den Plan oder die Technik, die ein Lehrer bereitstellen soll.[13] Die scholastische Methode des Pro et Contra war nicht unbedingt an den Unterricht gebunden, aber doch weitgehend an das schulmäßige Kommentieren von Meinungen anderer Autoren. Methodik als strategische Wegbahnung und Verbesserung der – materiellen wie immateriellen – Erkenntnisinstrumente ist eine Idee der Renaissance. Dieser methodische Teil der Erkenntnistheorie konnte erst von grundlegender Bedeutung werden, nachdem Erkenntnis als Tätigkeit (in der Baconischen Zuspitzung: als Handeln des Forschers) von der Erkenntnis als Ergebnis (also Wissen) getrennt worden war. Denn das Problem der Eignung, Verwerfung und Verbesserung solcher Instrumente stellt sich in aller Schärfe erst, wenn nicht Alltagsbeobachtungen, die jeder jederzeit haben kann („dort steht ein Baum") thematisiert werden, sondern die Frage aufgeworfen wird, wie kommen wir an Wirklichkeiten heran, die sich unseren Alltagswahrnehmungen gerade entziehen? Die Auseinandersetzung mit den Erkenntnisinstrumenten hat bei Bacon zwei Seiten: Kritik und Konstruktion. Die Kritik soll den guten Glauben erschüttern, wir seien alles in allem recht gut ausgerüstet zur Wirklichkeitserkenntnis, und wo man mit der Erkenntnis nicht zurecht kommt, liegt vermutlich ein Durcheinander in der Wirklichkeit vor. Gegen diese Paarung von Hochmut und Ignoranz will er eine „Erniedrigung (humilatio) des Geistes" (I, 130 = IV, 19) setzen. Diese soll bereit machen, neue Instrumente zu benutzen, die mit Sorgfalt eingesetzt, zu Erkenntniserfolgen führen.

Soweit die Vorbemerkungen zu der allgemeinen Aufgabenstellung des „Novum Organum". Der Rekonstruktion der inneren Systematik steht die Darstellungsweise in Aphorismen entgegen. Sie trägt von einer brillanten Formulierung zur nächsten, läßt den Zusammenhang aber offen. Bacon hat für die aphoristische Schreibweise eine Rechtfertigung gegeben: „Solange die Erkenntnis in Aphorismen und Beobachtungen besteht, wächst sie. Wenn sie erst einmal in zusammenfassende Methoden gepreßt worden ist, kann sie vielleicht noch aufpoliert und geschmückt werden, nimmt aber an Umfang und Substanz nicht mehr zu" (III, 292). (An dieser Stelle verwendet Bacon den Begriff Methode im Sinne der schulischen Vereinfachung eines Lehrstoffs). In der Tat hatte das „Novum Organum" gerade auch wegen seiner Offenheit Anhänger gefunden. Da wir hier aber Bacons Entwurf in seinem systematischen Aufbau analysieren wollen (Erkenntnistheorie – Naturtheorie – Methodologie), stellen wir, zunächst für den ersten Teil des „Novum Organum", eine Inhaltsübersicht auf, der dann die folgenden Abschnitte entsprechen:

a. Aphorismen 1– 4: Aufstellung der Grundthese: Wissen ist Macht.
b. 5–10: Über den Mißerfolg gegenwärtiger Wissenschaften, die auf Werke gerichtet sind.
c. 11–18: Über die Nutzlosigkeit der bisherigen „Logik" für Werke und die Idee einer induktiven Logik.
d. 19–37: Entgegensetzung von „Antizipation" und „Interpretation" der Natur.
e. 39–69: Kritik der Erkenntnisinstrumente, die die Fehler der Antizipation bewirken: die Idolenlehre.
f. 70–92: Anwendung der Erkenntniskritik auf die kommenden Wissenschaften: Analyse der intellektuellen und sozialen Gründe der Stagnation und Fehlentwicklung.
g. 92–115: Möglichkeiten, aus den bisherigen Fehlern und Irrtümern zu lernen, sowie Beispiele, die auf einen Neubeginn hoffen lassen.
h. 116–130: Einführung in die Grundsätze der neuen Erkenntnistheorie (ars interpretandi naturam).

a. Wissen ist Macht

Der systematische Aufbau der Baconischen Philosophie muß mit der Angabe des Erkenntniszieles beginnen. Bacon wendet sich dieser schon in der „Distributio Operis" zu und dann wieder am Ende des ersten Buchs des „Novum Organum". In der „Distributio Operis" heißt es: „Denn das Ziel für meine Wissenschaft ist, daß nicht Argumente sondern Künste (artes) erfunden werden, nicht irgendetwas, das mit Prinzipien übereinstimmt, sondern die Prinzipien selbst, nicht wahrscheinliche Gründe, sondern Beschreibungen und Anleitungen für Werke" (I, 135f. = IV, 24). Der höchst auffällige und höchst problematische Punkt ist dabei der Zusammenhang von *Kunstfertigkeit* und *Prinzipienwissen*. Am Ende des ersten Buches, im Aphorismus 129, möchte Bacon, nachdem er die Erreichbarkeit dieses Zieles dargestellt hat, seine „Vortrefflichkeit" ins rechte Licht rücken. Dies sind die Gesichtspunkte, die er anführt:

„Unter den menschlichen Handlungen scheint die Einführung bedeutender Erfindungen bei weitem den ersten Platz einzunehmen" (N.O. I, Aph. 129). „Die Wohltaten der Erfindungen (beneficia inventorum) können sich über das gesamte Menschengeschlecht (universum genus humanum) erstrecken, die politischen (civilia) nur auf Menschen an bestimmten Orten. Auch dauern diese nur einige Zeit, jene dagegen für alle Zeiten. Auch vollzieht sich eine Verbesserung des politischen Zustandes meistens nicht ohne Gewalt und Unruhe; aber die Erfindungen beglücken und schaffen Wohltaten, ohne jemandem ein Unrecht oder Leid zuzufügen" (N.O. I, Aph. 129).

Die Werke der Wissenschaft können allen nützen, ohne jemandem schaden zu müssen. Dies ist die Keimzelle des auf Technologie gestützten Fortschrittsoptimismus der Neuzeit. Bacons eigene Reflexionen auf die Probleme dieses Optimismus werden wir später im Zusammenhang mit seiner Utopie „Neu-Atlantis" diskutieren. Ob sie nun allen oder nur einigen nützt, jedenfalls zielt die Wissenschaft auf Neuschöpfungen, „novae creationes" (N.O. I, Aph. 129), die als Werke kein Selbstzweck der Wissenschaft sind. Ist Wissenschaft deswegen nur ein Mittel für einen gesellschaftlichen Endzweck? Die Sachlage ist komplizierter. Denn wie das Zitat aus der „Distributio" belegt, geht es nicht um Angebot und Nachfrage, sondern um *Prinzipienwissen*, also um etwas, das seinen Wert nicht aus seinem Nutzen bezieht. Man könnte sagen: das Ziel ist eine *nützliche Prinzi-*

pienwissenschaft. Bacon gebraucht diesen Ausdruck nicht; er behilft sich meistens damit, Nützlichkeit und Wahrheit zu parallelisieren: Nimmt das eine zu, dann auch das andere. Da dies aber kein Zufall ist, sondern auf der Konstruktion eines auf Nutzen gerichteten Wahrheits- und eines von Wahrheit abhängigen Nutzenbegriffs beruht, ist es für das Verständnis der baconischen Philosophie grundlegend, die innere Beziehung von Nützlichkeit und Prinzipienwissen genau zu bestimmen. Für Aristoteles wäre eine Zielbestimmung der Wissenschaft als nützliche Prinzipienwissenschaft eine „contradictio in adjecto", ein Widerspruch gewesen. Bei ihm kann Prinzipienwissenschaft (episteme) nur dann beginnen, wenn alle Nutzenerwägungen unmaßgeblich geworden sind.[14] Auch wenn man berücksichtigt, daß bei den Griechen Nützlichkeit anders bewertet wurde als seit der Renaissance – es galt als Privileg, nicht nützlich sein zu müssen –, hat Aristoteles offenbar einen Punkt: entweder nützlich oder prinzipiell. *Entweder* ist Wissenschaft ein Mittel für gesellschaftliche Zwecke, dann kann sie nicht nach Prinzipien ausgerichtet sein. Denn Prinzipien sind letzte Gründe, nicht Mittel. Stattdessen wäre sie um so besser, je nützlicher sie als Instrument zugeschnitten ist auf diese Zwecke, deren Definition nicht ihre Sache ist. Dies ist der Standpunkt eines konsequenten Utilitarismus, dem in der Wissenschaftstheorie der Instrumentalismus entspricht. *Oder* Wissenschaft ist selbst ein Zweck und ihr Ziel sind jene Prinzipien. Dann wäre sie um so besser, je irrelevanter jede Nutzenorientierung ist. Zwischen diesem klaren Entweder-Oder scheint es nur unklare Kompromisse zu geben. Dafür zeugen nicht zuletzt Bacons eigene ambivalente Stellungnahmen. So überrascht er am Ende des betrachteten Aphorismus 129 mit einem Bekenntnis zum nutzenentlasteten Erkenntnisideal: „Um die Wahrheit zu sagen, ich bin dem Licht (der Erkenntnis) sehr dankbar, weil wir durch es die Wege finden, die Künste auszuüben ... aber dennoch ist die Betrachtung des Lichts selbst eine vortrefflichere und schönere Sache, als dessen mannigfacher Nutzen. Ebenso ist die Betrachtung (contemplatio) der Dinge wie sie sind ... ohne Irrtum und Verwirrung in sich selbst ungleich würdiger als alle Früchte der

Erfindungen" (N.O. I, Aph. 129). Sein englischer Herausgeber Ellis fügt sofort die Fußnote an: „This is one of the passages which show how far Bacon was from what is now called utilitarianism" (I, 222). Daß Bacon doch immer wieder als Utilitarist gilt, liegt an ebenso eindeutigen entgegengesetzten Äußerungen. In der „Distributio" verkündet er: „Es handelt sich hier nicht um eine bloße contemplative Glückseligkeit (felicitas contemplativa) sondern in Wahrheit um die Sache und das Glück der Menschen und um die Macht zu allen Werken" (I, 144 = IV, 32); und noch deutlicher im Vorwort zur „Instauratio Magna": „Schließlich will ich alle und überall ermahnen, die wahren Ziele der Wissenschaft zu bedenken." Nach Ablehnung verschiedener Ziele wie Macht, Ruhm, Freuden des Geistes (animi) heißt es unzweideutig: „Zur Wohltat und zum Nutzen des Lebens" (I, 132).[15]

Es ist das stilistische Privileg der aphoristischen Darstellungsweise, jeweils verschiedene Aspekte aufleuchten zu lassen und die Vielfalt der Gesichtspunkte der Einheitlichkeit vorzuziehen. Aber in diesem zentralen Punkt der Festlegung des obersten Erkenntniszieles der Forschung wäre es nicht gut um die Baconische Philosophie bestellt, wenn die Zweideutigkeiten oder gar Selbstwidersprüche so auf der Hand lägen. Man könnte mit der Vermutung operieren, daß Bacon selbst schon daran interessiert war, in diesem sensitiven Punkt elastische Formeln anstatt präziser Definitionen zu geben. Politik und Erkenntnis liegen hier eng beieinander. Aber für die Unterstellung eines solchen Verhaltens gibt es keine biographischen Anhaltspunkte. Wir werden daher die Idee der nützlichen Prinzipienwissenschaft bei der Interpretation des „Novum Organum" nicht aus den Augen verlieren. Eine Lösung wird sich allerdings erst abzeichnen, wenn man die Utopie „Neu-Atlantis" mit heranzieht. Denn durch sie wird klar, daß Bacon den Nutzenbegriff in zwei unabhängigen Bedeutungen gebraucht. Einmal ist Wissen nützlich im Sinne einer Disposition, und zwar allein dadurch, daß es nach den Kriterien und Methoden eines operativen Erkenntnisbegriffs gewonnen worden ist. Darin steht es dem aristotelischen Wissen entgegen, das solchen Anspruch nicht erhebt.

Zum andern kann dieses dispositional nützliche Wissen faktisch nützlich sein im Kontext gegebener Interessen und Institutionen. Die Berechtigung, *alle* wissenschaftliche Erkenntnis als dispositional nützlich zu bezeichnen, hängt daran, daß sie *experimentelles* Wissen ist, also immer im Zusammenhang mit durch Operationen erzeugten Wirkungen gewonnen und behauptet wird. Diese Operationen sind in sich selbst technischer Natur, weil alle „Allgemeinheiten", also Gesetze im weitesten Sinn, zurückgebunden sind an neue „Einzelheiten", also Effekte, die man erzeugen und beobachten können muß. Ob dann aber diese Effekte in außerwissenschaftlichen Technologien tatsächlich genutzt werden, hängt an ökonomischen, politischen und kulturellen Randbedingungen, über die nicht nach wissenschaftlichen Maßstäben verfügt werden kann. Aber zwischen der dispositionalen Nützlichkeit und dem faktischen Nutzen des Wissens besteht eine wissenschaftspolitische Beziehung: Wissenschaften können unterschiedlich gefördert werden. Hier besteht nach Bacon die Gefahr einer utilitaristischen Verkürzung, wenn die dispositionale Nützlichkeit in funktionalistische Vorschriften über Ziel, Art und Umfang der Forschung umgesetzt wird. Diese Problemlage ist völlig unvermeidlich, weil zwischen Erkenntnisinteressen und gesellschaftlichen Interessen keine prästabilierte Harmonie existiert, und es gibt in ihr keine einfachen Lösungen. Bacons Vorstellungen hierzu werden wir in der Diskussion seiner Utopie wieder aufgreifen.

Wir wenden uns nun den berühmten Eingangsaphorismen des „Novum Organum" zu, die im Wortlaut zitiert werden:

(1) „Der Mensch, als Diener und Interpret der Natur, vermag und versteht so viel, wie er von der Ordnung der Natur durch die Tat oder den Geist beobachtet hat; darüberhinaus weiß und kann er nichts."

(2) „Weder die bloße Hand noch der sich selbst überlassene Verstand bringen viel zustande; es sind Instrumente und Hilfsmittel, durch die etwas zustande gebracht wird; der Verstand bedarf ihrer nicht minder als die Hand. Und wie die Instrumente der Hand die Bewegung entweder lenken oder leiten, so unterstützen oder schützen die Instrumente des Geistes den Verstand."

(3) „Menschliches Wissen und menschliche Macht treffen in einem zusammen; denn bei Unkenntnis der Ursache versagt sich die Wirkung. Die

Natur kann nur beherrscht werden, wenn man ihr gehorcht; und was in der Kontemplation als Ursache auftritt, ist in der Operation die Regel."

(4) „Für seine Werke kann der Mensch nichts weiter, als die natürlichen Körper zusammen- oder auseinanderzubringen; das übrige bewirkt die Natur im Inneren."

Mit der Beschreibung des Menschen als Diener (minister) und Interpret (interpres) der Natur knüpft Bacon an die Tradition an, die die Funktionen des Erkennens und des Könnens trennt. Aber seine Absicht ist, sie zusammenzuführen, und diese vier Aphorismen geben dazu erste Anhaltspunkte. Können oder Vermögen ist der Kategorie des Handelns zuzuordnen und unterliegt der *Erfolgskontrolle*. Einsehen und Wissen unterliegen der *Wahrheitskontrolle*, also der Richtigkeit von Begründungen. In seinem Können ist der Mensch nach Aphorismus 4 darauf eingeschränkt, „natürliche Körper" zusammenzufügen oder auseinanderzunehmen, „das übrige bewirkt die Natur im Innern." Das Zusammenfügen und Auseinandernehmen der Körper hat sowohl einen mechanischen wie einen alchimistischen Hintergrund, umfaßt also auch qualitative Veränderungen, wie wir bei der Interpretation von Bacons Naturbegriff später sehen werden.[16] Die zweite Aussage des 4. Aphorismus muß in Verbindung mit dem ersten Aphorismus gesehen werden: Was die Natur „intus" vollführt, kann der Mensch nur als „interpres" dessen, was er beobachtet, herausbringen. Daher kann er als „minister" nur das vollbringen, was er als „interpres" erkannt hat. Als „interpres" aber muß er die Beobachtungen hinter sich lassen und zu Ursachen vordringen (N.O. I, Aph. 3), also zu Kenntnissen darüber, was die Natur „intus" vollführt. Er muß von den Erscheinungen der Sinne zu der Kenntnis der inneren Mechanismen der Natur vordringen. Mit der Hilfe dieser Kenntnisse kann der Mensch der Natur dienen. Zum genaueren Verständnis dieses „Inneren" der Natur müssen wir auf das Kapitel über die Naturphilosophie verweisen. Warum aber „dienen"? Der Ausdruck kommt aus der Alchimistensprache und geht wohl ursprünglich auf die Ärzte Galen und Hippokrates zurück.[17] Der Arzt, so war die Lehre, kann Gesundheit nur bewirken, wenn er sein Handeln einfügt in den

Wirkungszusammenhang des Organismus. Herrschaft über die Natur ist also nur durch Gehorsam, durch Einfügung des eigenen Tuns in die Natur möglich.

Der Beginn des Aphorismus 3 scheint die Quelle für das berühmte Diktum *Wissen ist Macht* zu sein, das sich so bei Bacon allerdings nirgends findet. In seinem Wortlaut und Kontext klingt der Satz weniger gewaltig. Bacon stellt keine Äquivalenz zwischen Wissen und Macht auf, sondern sagt, daß beide in einem zusammentreffen können. Er formuliert also einen perspektivischen Bezugspunkt, auf den hin Wissen und Handeln geordnet werden können, wenn sie beide von besonderer Art sind: *ein Wissen von Ursachen und ein Handeln nach Regeln.* Dieser Zusammenhang von Kausalität und Regularität ist für das Verständnis Bacons grundlegend. Durch ihn wird die Funktion des Experiments in der Erkenntnis festgelegt wie auch der Begriff des Naturgesetzes vorbereitet. Auch bietet die Parallelisierung von Erkennen und Handeln (contemplatio und operatio) über die Begriffe Ursache und Regel einen ersten Hinweis darauf, wie Prinzipienwissen und Nützlichkeit einander zugeordnet werden sollen: Erkennen unterliegt letztlich den Beurteilungskriterien wahr/falsch und liegt in Interpretationen, also in sprachlichen Gebilden vor. Handeln unterliegt den Kriterien erfolgreich/erfolglos und liegt als Veränderung von Realität vor (zusammenfügen, auseinanderlegen). An einer späteren Stelle des „Novum Organum" bezieht Bacon die beiden Kriterien aufeinander: „Was in der Operation am nützlichsten ist, ist im Wissen am wahrsten" (N.O. II, Aph. 4).

Ist nun die Beziehung zwischen dem Wissen von Ursachen und dem Handeln nach Regeln als eine Beschreibung oder als eine normative Forderung zu verstehen? Geht man von der aristotelischen Ursachenlehre aus, kann es sich nicht um eine Beschreibung handeln; denn man kann viele Ursachen kennen, die nicht zum Handeln befähigen (z. B. das „Streben" der Körper zu ihren natürlichen Orten als Ursache ihrer natürlichen Bewegung). Geht man vom Alltagswissen aus, wird man ebenfalls einräumen, daß Kausalkenntnisse allein nicht zum Erfolg führen, wie andersherum erfolgreiches Handeln ohne Kausalwissen möglich ist (man weiß z. B. nicht, wie man läuft; und wenn man weiß, wie ein Vogel fliegt, kann man es dennoch nicht). Als Beschreibung wäre die Äquivalenz also verletzlich. Als normative Festlegung (Postulat) würde sie etwa lauten: Im Bereich des Interpretierens soll dasjenige eine Ursache-Wirkung-Beziehung genannt werden, was im Bereich des Handelns als Regel verwendet zum Erfolg führt. Wenn A die Ursache von B ist, dann muß bei der Einrichtung von A B erfolgen. Der Satz „B, weil A" ist dann wahr, wenn, wenn immer A eingerichtet wird, B erfolgt. Das Handelnkönnen legt auf diese Weise fest, welche Erkenntnisse für Bacon als Kausalkenntnisse in Frage kommen. Der Handlungserfolg ist ein Indikator der Wahrheit. Wir halten also erst einmal fest, daß die Äquivalenz von Ursachenwissen und Handlungsregeln als eine Forderung, nicht als eine Beschreibung zu verstehen ist.

Dies wirft aber eine zweite Frage auf. Ist durch die Aufstellung dieses Postulats eine Art Kovarianz zwischen Ursachenwissen und Handeln nach Regeln zu erwarten, so daß die Zuwächse auf beiden Seiten immer gleich sind? In einem Sinne kann Bacon dies sicher nicht gemeint haben: Wenn wir handeln, müssen wir immer eine große Anzahl Bedingungen einhalten, die wir unmöglich alle wissenschaftlich in Kausalkenntnisse zerlegen können: Handeln ist immer konkret und einzeln. Wissen ist, je umfassender es ist, desto abstrakter und allgemeiner. Daher sagt Bacon eben nicht: Wissen ist Macht, sondern: beide treffen „in einem" zusammen. Was ist dieses „in idem"? Bacon argumentiert mit der Unkenntnis (vgl. Aph. 3). Unkenntnis als ein Wissenszustand ist ein besonderes Nichtwissen, und zwar nach dem Äquivalenzpostulat dasjenige, das durch Mißerfolg beim Handeln *erzeugt* wird, also durch ein spezifisches Nichtkönnen erst entsteht. Solche Unkenntnis tritt nach Bacon in einem Wissenskontext auf, der durch eine Handlungssituation eingegrenzt ist. Für Probleme, die durch Handlungsmißerfolg entstehen, ist das problemlösende Wissen eine Kausalerklärung, die das Handeln anleitet. Die Erklärung des Nichtkönnens ist äquivalent mit der Bereitstellung der Regel des Könnens: Hier treffen Wissen und Macht zusammen. Das

Thema ist nicht – dies darf nicht vergessen werden – bekanntes Wissen und eingespieltes Können, sondern Unbekanntes, für das man neue Forschungsinstrumente braucht.

b. Über den Mißerfolg der auf Werke gerichteten Wissenschaften

Die Aphorismen (5–10) handeln vom Mißerfolg der bisherigen auf Werke gerichteten Unternehmungen. „Es pflegen (mit der Absicht auf Werke) mit der Natur umzugehen der mechanicus, mathematicus, medicus, alchymista und magus, aber alle (wie die Dinge jetzt stehen) mit geringer Anstrengung und dünnem Erfolg" (N.O. I, Aph. 5). Bacon begründet dieses Urteil doppelt: Erstens sind die in vielen Gewerben und Büchern anzutreffenden Kenntnisse nur Variationen eines geringen Grundstücks an Wissen (vgl. N.O. I, Aph. 7), es kommt dagegen darauf an, die „Zahl der Aktionen" zu vermehren. Zweitens verdanken sich die Kenntnisse keinem methodischen Vorgehen in der Forschung, sondern dem Zufall und der Erfahrung. Die Wissenschaften begnügen sich in ihren Darstellungen damit, erfundene Dinge neu anzuordnen, sie betreiben „keine Methoden des Erfindens oder Entwürfe neuer Werke (modi inveniendi, designationes novorum operum)" (N.O. I, Aph. B). Als ernsthafte Urteile über die historischen Erfindungen müssen diese Bemerkungen natürlich entschärft werden, aber im Kern sind sie zutreffend. Erfindungen auf der Basis von Prinzipien (axiomata) gab es vor Galilei vielleicht nur einmal bei Archimedes, und eine Vermehrung der Prinzipien durch Erfindungen ist vor dem 17. Jahrhundert auch schwerlich nachweisbar. Daher sind – das ist die Schlußfolgerung – die bisherigen „Spekulationen, Meditationen, Erklärungen", die in den Wissenschaften hierzu bestehen, nichts wert. Im Gegenteil gaukeln sie „menschliche Geisteskräfte" vor (N.O. I, Aph. 9), die gar nicht vorhanden sind. Die Einsicht, die der Mensch aus der Zufälligkeit seiner bisherigen Erfindungen ziehen sollte, ist: „Die Feinheit der Natur (subtilitas naturae) übertrifft die der Sinne und des Verstandes um ein Vielfaches" (N.O. I, Aph. 10). Diese

Äußerung ist nicht weniger wichtig als die der ersten Aphorismen, daß Wissen Macht ist. Nimmt man beide zusammen, ist das Zwischenergebnis: Wenn Wissen Macht ist, dann weiß der Mensch wenig über die Natur.

c. Über die Nutzlosigkeit der bisherigen „Logik" für Werke

In den folgenden Aphorismen (11–18) wird parallel zu den geringen Erfolgen der praktischen Traditionen die Nutzlosigkeit der theoretischen aufgegriffen. Insbesondere ist deren Kernstück, die Logik, unbrauchbar für den Gewinn neuen Wissens. In bemerkenswerter Klarheit sagt Bacon, daß die Syllogistik nicht auf Wirklichkeitserkenntnis, sondern auf Zustimmung ausgerichtet ist. Sie kann niemals zur Entdeckung oder Erfindung führen, sondern nur zur Anerkennung von Bekanntem und zur Erschütterung von vermeintlich Bekanntem. Dies ist eine korrekte Einschätzung der Logik und ihrer historischen Entstehung aus der forensischen und rhetorischen Praxis.[18] Die Logik kann sich niemals um die Richtigkeit ihrer Anfangssätze kümmern, sondern nur um die Folgerungen aus angenommenen Anfängen. Die Anfänge des Folgerns bleiben ungeprüft. Daher sagt Bacon zu Recht, daß die Syllogistik auf die Prinzipien der Wissenschaft niemals angewendet wird; denn diese müssen als Voraussetzungen unterstellt werden (N.O. I, Aph. 13). Dadurch, so sagt er weiter, stützt die Logik mehr die Irrtümer als die Wahrheit. Denn wenn die Voraussetzungen gleichgültig, die Folgerungen wichtig sind, dann muß man sich als Logiker nicht der Mühe unterziehen, die sachliche Korrektheit der Voraussetzungen zu prüfen. Das alles kann von einem Logiker nicht bestritten werden; er würde, wenn er seine Sache versteht, auch keine Ansprüche dieser Art stellen.

Aber ein Punkt sollte aufmerken lassen. Im Aphorismus 13 wird speziell vom Syllogismus ausgesagt, daß er der „Feinheit der Natur (subtilitas naturae) nicht annähernd gleichkommt". Das ist ein wichtiges Argument für die Zuordnung der rationalen und empirischen Fakultäten der Erkenntnis. Es ist auf den Tatbestand bezogen, daß die logische Technik des Folgerns zwangsläufig eine sachliche Vergröberung einschließt. Wie immer man seine Voraussetzungen wählt, die Ergebnisse sind relativ allgemeiner als die Voraussetzungen. Eine Erinnerung an einfache Syllogismen macht dies deutlich:

wenn: alle Athener sind Griechen
und wenn: alle Griechen sind Europäer
dann: alle Athener sind Europäer

wenn: kein Römer ist Athener
und: alle Römer sind Lateiner
dann: einige Lateiner sind keine Athener.

Der Schluß arbeitet damit, daß vom höheren Informationsgehalt der Vordersätze zum geringeren des Schlußsatzes vorgedrungen wird. Wer nur die Folgerung kennt, weiß weniger als der, der nur die Prämissen kennt. Eine logische Untersuchung kann dieses Gefälle niemals umdrehen (bestenfalls bei der Äquivalenz in Waage halten). Da aber eine sachliche Untersuchung vom Ungefähren zum genauen Wissen, vom Groben zum Feinen voranschreitet, ist die Logik für diesen Zweck ein untaugliches Instrument. Sie kann nur eine Logik der Argumentation, nicht eine Logik der Forschung sein. ,,Die Feinheit der Natur überragt weit die Schärfe einer Beweisführung" (N.O. I, Aph. 24).

Aus heutiger Sicht ist den Auffassungen der Logik Bacons zuzustimmen. Allerdings würde man der Logik die Schwäche gerade als Stärke anrechnen: ihre Möglichkeit, von Sachfragen völlig abgelöst zu operieren. Zur Zeit Bacons bis weit in das 19. Jahrhundert hinein gab es aber keinen klaren Begriff der logischen Operation oder der formalen Sprache. Man sah in der Logik eher den Strukturkern des Denkens oder der Vernunft und daher auch aller intellektuellen Tätigkeiten. Diese von Aristoteles selbst sorgfältig vermiedene Gleichsetzung mußte dann zwangsläufig zum Protest gegen die Logik führen, als das produktive Denken in ihr nur eine Fessel sehen konnte. An dieser Kritik beteiligte sich Bacon zu Recht. Die Aufgabe des ,,neuen Werkzeugs" soll sein, den auf Werke gerichteten Verstand ebenso sicher zu leiten wie die deduktive Logik bei der Argumentation.

d. Entgegensetzung von „Antizipation" und „Interpretation"

In dem nächsten Abschnitt des „Novum Organum" (Aph. 19–37) stellt Bacon den entscheidenden Unterschied zwischen der deduktiven Methode und der neuen Verfahrensweise heraus. Er spricht von zwei Wegen der Erkenntnis: den *Antizipationen*, die dem Muster der alten Logik folgen, und den *Interpretationen*, die dem der neuen entsprechen. Die erste Methode muß von sinnlichen Erfahrungen zu allgemeinen Begriffen vorstoßen und dort verharren. Dazu zwingt, wie wir gesehen haben, das argumentative Verfahren der Verallgemeinerung. Die zweite Methode bevorzugt das „stetige und stufenweise Aufsteigen von dem Einzelnen" (N.O. I, Aph. 19). Der entscheidende Unterschied besteht aber darin, daß bei der zweiten Methode die *Verallgemeinerung aus dem Einzelnen auf anderes Einzelnes zurückverweist*. Die Abstraktion führt zum Konkreten zurück. Abstraktionen der ersten Art nennt Bacon Antizipationen, die der zweiten Interpretationen. Illustrieren wir den Unterschied an einem einfachen Beispiel. Eine deduktive Abstraktion führt z. B. von der sinnlichen Wahrnehmung eines Lehmklumpens zur Einordnung in die Klasse der feuchten Körper, die wiederum den Klassen des Feuchten und des Körperlichen zugeordnet werden können. Die Antizipation besteht jetzt in der aus dem Lehmklumpen abgeleiteten Feststellung, daß dieser wesentlich aus Feuchtigkeit und Körperlichkeit bestehe, also aus Prinzipien, die als solche nicht bestehen. Die induktive Abstraktion führt dagegen nur schrittweise Verallgemeinerungen durch: z. B. zur Einordnung des Lehms in „gewässerte Körper". Diese Interpretation kann zu einer neuen Einzelheit zurückführen, z. B. der, daß durch Wasserentzug getrockneter Lehm entsteht. Diese Einzelheit kann bestätigt werden oder nicht (bestünde z. B. die Geschmeidigkeit des Lehms durch Öl, würde Trocknung nicht taugen). Bei Bestätigung liegt dann auch eine Abstraktion vor, aber eine, die „auf gebührende Weise von den

Dingen hervorgerufen worden ist" – eine Interpretation der Natur (N.O. I, Aph. 26). Die Kontrastierung der beiden Wege der Erkenntnis (N.O. I, Aph. 22) wird hier von Bacon nur soweit vorgenommen, daß die Kennzeichnung der für empirische Forschung nutzlosen Begriffsbildung möglich ist. Begriffe dieser Art nennt Bacon Idole des menschlichen Geistes; sie sind leere Beschlüsse (placita inania), während die „wahren, den Schöpfungen aufgeprägten Kennzeichen und Merkmale (signaturas atque impressiones factas)" die Ideen des göttlichen Geistes genannt werden (N.O. I, Aph. 23). Die letzteren gilt es durch Induktion zu finden. Der menschliche Geist neigt dazu, die ersteren zu bilden.

e. Kritik der Erkenntnisinstrumente

Wir kommen damit zu einem Kernstück und wohl zugleich zu dem berühmtesten Teilstück des „Novum Organum", der Lehre von den Idolen (Aph. 38–62).[19] Mit ihr versucht Bacon zu zeigen, wie durch Antizipationen falsche Begriffe und Urteile entstehen. In einem weiteren Sinn ist er damit der Begründer der Ideologiekritik und der Wissenssoziologie geworden. Erkenntniskritik war immer schon ein Bestandteil der Erkenntnistheorie. Sie war vor allem an dem Unterschied zwischen sinnlicher Erfahrung und Verstandestätigkeit festgemacht: die Sinne täuschen, der Verstand hat die Täuschungen zu durchschauen. Der beste Weg war philosophische Schulung, in der man lernte, sich auf den Verstand statt auf die Sinne zu stützen. Im Zentrum der Baconischen Erkenntniskritik steht dagegen der Selbstbetrug des Verstandes, der sich verstärkt, je mehr man sich auf ihn verläßt. Die wissenssoziologische Ergänzung dieser Kritik lautet: Die philosophische Schulung fördert die Irrtumsanfälligkeit des Verstandes – bis über die Grenze hinaus, an der die Einsichtsfähigkeit in die eigenen Irrtümer schwindet.

Aus philosophischer Sicht sind mit diesem Ansatz einige interessante Selbstanwendungsprobleme verbunden: Wie kann Bacons Philosophie – eben selbst Philosophie – den Selbstbetrug des Verstandes durch die Philosophie lehren, ohne ihm ihrerseits zu unterliegen? Und andersherum: Wie ist eine Kontrolle von Bacons eigener Erkenntnis über die Arbeitsweise des Verstandes möglich, wenn der sich selbst überlassene Verstand zur Erkenntnis untauglich ist? Wie kann der Verstand sich selbst aus dem Sumpf seiner Idole ziehen, wenn die Diagnose stimmt, daß er durch seine eigene Natur in ihn hineingezogen wird? Bacon war sich dieser Probleme zumindest in ihren Ansätzen bewußt und hat ihre Gefährlichkeit für sein Unternehmen geahnt (vgl. Aph. 33, 37). Man kann auch schon vermuten, welchen Ausweg er vorschlagen wird. Er wird wiederum auf Forschung verweisen, als eben den Weg, der ohne volles Wissen des Ziels eine Bestimmung der Richtung ermöglicht.

Bacon hat die Idole in vier Klassen unterteilt, denen er malerische Namen gegeben hat: die Idole des Stammes (idola tribus), die der Höhle (idola specus), die des Marktes (idola fori), die des Theaters (idola theatri). Wir werden die ersten ausführlich, die anderen skizzenhaft besprechen.

Die *Idole des Stammes* „sind in der menschlichen Natur selbst ... oder in der Gattung des Menschen begründet". „Alle Perzeptionen der Sinne, ebenso wie die des Verstandes bestehen nach Maßgabe des Menschen, nicht nach Maßgabe des Universums (ex analogia hominis non ex analogia universi)", „der menschliche Verstand verhält sich gegen die Strahlen der Dinge wie ein unebener Spiegel, der seine eigene Natur mit der der Dinge vermischt, sie verzerrt und einfärbt" (N.O. I, Aph. 41). Der Geist als Spiegel der Natur, das ist eine alte Metapher. Sie legt für den Erkenntnisprozeß eine nur passive, nur rezeptive Funktion fest, die Bacon an späterer Stelle ablehnt (N.O. I, Aph. 97). Wichtig ist in Bacons Benutzung der Metapher die Betonung der Eigenstrukturen des Spiegels, die zu seiner natürlichen Ausstattung gehören. Für Bacon sind sie Mängel. Ein ebener, reiner Spiegel wäre besser für die Erkenntnis. Da die Mängel zur Konstruktion des „intellectus humanus" gehören, kann man sie nicht einfach beheben, man kann nur mit ihnen rechnen. Das wiederum setzt voraus, zwischen den Strukturen des Spiegels und denen der Dinge eine klare Unterscheidung zu treffen. Bei einem Spiegel ist das leicht möglich: man braucht nur Spiegelbilder und Urbilder zu vergleichen. Aber in Fällen, in denen man auf Kenntnisse durch Instrumente und Apparate angewiesen ist, ist die Sachlage schwieriger: Bekanntlich stritten Aristoteliker mit Galilei darüber, ob die Jupitermonde vom Teleskop erzeugte Scheinbilder seien (sogenannte Dreckeffekte). Für jedes Meßinstrument und jede experimentelle Apparatur gilt grundsätzlich Bacons Diktum über den Spiegel: sie vermischen ihre Eigenstrukturen mit denen der Dinge. Es geht in ihr um die Beurteilung unserer in unserem Intellekt selbst waltenden Erkenntnisstrukturen. Andererseits scheint die Aufdeckung dieser Eigenstrukturen des Verstandes schwer möglich zu sein: Wir können nicht neben unsere Erkenntnis der Dinge treten und noch einmal „von außen" betrachten, wie diese Erkenntnis vor sich geht – zwangsläufig benutzen wir bereits wieder das Instrument, das wir beurteilen wollen. Dies ist das Grundparadox aller kritischen Erkenntnistheorie von Bacon bis Kant: die Erkenntnis sozusagen unabhängig von der Erkenntnis erkennen zu wollen. Bacon geht, obwohl er das Problem ahnt, zunächst mit einer gradlinigen Naivität zu Werke und fördert einige bemerkenswerte Prinzipien der Idolbildung der Gattung zu Tage.

Erstes Prinzip: Die Ordnungsfunktion
„Der menschliche Geist unterstellt vermöge seiner Eigenart leicht in den Dingen eine größere Ordnung und Gleichförmigkeit, als er darin vorfindet; und obgleich vieles in der Natur vereinzelt und ungleichförmig ist, erfindet er dennoch Parallelen, Entsprechungen und Beziehungen, die gar nicht existieren." Als Beispiele führt Bacon an „die Erdichtung, daß alle Himmelskörper auf vollkommenen Kreisen bewegt werden, während man Spiralen und Schlangenbewegungen scharf zurückweist" (N.O. I, Aph. 45). Neben der Lehre von der Vollkommenheit der Kreisbewegungen werden zwei weitere aristotelische Auffassungen angeführt: die Ergänzung der Elemente Wasser, Luft und Erde durch das Feuer, nur um, wie Bacon meint, die für Klassifikationen angenehme Vierzahl zu erreichen. Dieses Beispiel ist doppelt treffend. Zum einen ist das

Viererschema der Elemente tatsächlich eine grundlegende Ordnungsfunktion der aristotelisch-scholastischen Naturphilosophie und Medizin gewesen. Es baute sich auf den Gegensatzpaaren heiß – kalt und feucht – trocken auf. Zum anderen warf das Element Feuer begriffliche Schwierigkeiten auf, weil es nicht als ein elementarer Zustand, sondern nur als Prozeß beobachtbar war. Daher gab man ihm eine eigene elementare Sphäre, die der himmlischen Körper. Eine der bedeutendsten Arbeiten Bacons auf naturwissenschaftlichem Gebiet im engeren Sinne gilt der Reinterpretation der Wärme und damit des Feuers. Bacon kam zu dem Ergebnis, daß Wärme in direkter Abhängigkeit von der Geschwindigkeit der korpuskularen Bewegung steht und daher nicht nach einem eigenständigen Prinzip verlangt.[20] Das dritte Beispiel betrifft eine Ordnungsstiftung der Alchimie: die Annahme einer zehnfach gestuften Dichtigkeitsskala, die den Übergang der Elemente ineinander bestimmen sollte. Auch diese lehnt Bacon als eine selbstgemachte, nicht an der Natur gewonnene Erdichtung des Geistes ab.

Zweites Prinzip: Die Funktion der Gefälligkeit oder der Selbstverstärkung

„Der menschliche Geist zieht in das, was ihm einmal gefällt ... alles weitere hinein, um jenes zu bestätigen und mit ihm übereinzustimmen. Und wenn auch die Bedeutung und Anzahl der entgegengesetzten Fälle größer ist, so nimmt er sie nicht wahr oder verdammt sie oder schafft sie durch Haarspalterei beiseite ..." (N.O. I, Aph. 46). Durch diese Funktion entstehen Astrologie, Traumdeuterei, Wahrsagerei usw. Auch in den Philosophien und Wissenschaften „bleibt dem menschlichen Geist der eigentümliche und zähe Fehler, mehr vom Bejahenden (Affirmativen) als vom Verneinenden (Negativen) bewegt zu werden, während es doch Sitte und Ordnung verlangen, beidem gleiches Recht zu gewähren; ja sogar im Gegenteil: Insgesamt ist bei dem richtigen Aufstellen eines Grundsatzes (Axioms) die Kraft der negativen Beispiele größer" (N.O. I, Aph. 46). Dies ist eine bedeutende Einsicht. Gegenbeispiele, negative Instanzen nehmen in Bacons Methodologie eine hervorragende Stelle ein; sie dienen dort, im Gegensatz zu der falsifikatorischen Wissenschaftstheorie Poppers im 20. Jahrhundert, nicht in erster Linie der Kritik von Hypothesen, sondern der Erzeugung von Wissen.[21]

Drittes Prinzip: Die Überschätzung von Sensationen
„Der menschliche Verstand wird von dem, was den Geist mit einem Mal und plötzlich aufpeitschen und erschüttern kann, am meisten bewegt..., aber zu jenen entfernten und ungleichartigen Fällen überzugehen, die ja erst die Feuerprobe für die Grundsätze sind, ist der Verstand im allgemeinen zu träge und unfähig, wenn ihm dies nicht durch harte Gesetze und unbeugsame Befehle aufgezwungen wird" (N.O. I, Aph. 47). Dieses Prinzip bedarf keines weiteren Kommentars.

Viertes Prinzip: Die Funktion des unendlichen Regresses
Die Formulierung dieses Prinzips wirft interpretatorische Schwierigkeiten auf. Sie lautet: „Der menschliche Verstand gleitet vorwärts, er kann nicht stillestehen oder ruhen, sondern strebt vorwärts, aber vergeblich. Daher ist es undenkbar, daß es etwas Letztes und Äußerstes in der Welt gibt, sondern immer erscheint es als notwendig, daß es etwas Darüberhinausgehendes gibt" (N.O. I, Aph. 48). Der philosophische Kern dieser Bemerkung weist in die Richtung der Kantischen Antinomienlehre. Sie ist eine knappe Formulierung der Antinomie über die Unendlichkeit des Raumes. Bacon konstatiert hier, daß der Mensch vergeblich versucht, Erkenntnisse über die räumliche Welt als ganze zu gewinnen; er kann nur Erkenntnisse in der Welt gewinnen. Die Parallele zu der Kantischen Antinomienlehre reicht weiter. „Auch kann man ebensowenig denken, auf welche Weise die Ewigkeit auf den heutigen Tag verflossen sein mag"; versucht man es, verstrickt man sich in widersprüchliche Annahmen über die verschiedenen Größen des Unendlichen in Vergangenheit und Zukunft (N.O. I, Aph. 48). Dies ist der Kernpunkt der Kantischen Antinomie über die Zeit. Beide Antinomien werden bei Kant über den Gegensatz von Endlichkeit und Unendlichkeit gewonnen. Eine ähnliche Schwierigkeit tut

sich für Bacon bei der Kausalanalyse auf: „Noch weit verderblicher wirkt sich dieses Unvermögen des Geistes bei der Untersuchung der Ursachen aus." Hier verstrickt er sich in die vergebliche Suche nach dem Unbedingten, den nicht verursachten Ursachen" (N.O. I, Aph. 48). Dieser Gesichtspunkt liegt der vierten Antinomie Kants zugrunde. Diese Vergeblichkeit läßt den Menschen dann zurückfallen in die Annahme nächstliegender, alles erklärender Ursachen, die dem Typus der Zweckursache (causa finalis) angehören. Diese kann man nicht durch Forschung finden, sondern muß sie als Absicht einer höheren Weisheit unterstellen. Aber „offensichtlich gehören sie eher der Natur des Menschen an als dem Universum". Dies ist der Kern der Kantischen Antinomie der teleologischen Urteilskraft.

Mit dieser Quelle von Idolen hat Bacon trotz der Unklarheiten in der Formulierung ein Thema angerissen, das in seiner Konsequenz erst von Kant aufgearbeitet wurde: Der sich selbst überlassene Verstand kann nicht nur nicht zu den Prinzipien der Wirklichkeit gelangen, er strauchelt unterwegs über seine eigene Verfahrensweise und verfängt sich zwangsläufig in dem, was zu vermeiden sein eigenes Prinzip ist: in Widersprüche. Kants Verehrung für Bacon ist bekannt.[22] Aber die inhaltlichen Beziehungen sind selten thematisiert worden. Zu tief scheint den Interpreten der Graben zwischen Transzendentalphilosophie und vermeintlichem Empirismus zu sein.

Fünftes Prinzip: Funktion der Gefühle und des Willens
Diese Funktion schafft Idole, die Bacon in einer schönen Wendung „Wissenschaften für das, was man will" (Ad quod vult scientias) nennt: „Was nämlich der Mensch lieber für das Wahre hält, das glaubt er eher" (N.O. I, Aph. 49). Obwohl diese Funktion, anders als die vorherige, an traditionelle Einsichten der Moralphilosophie anknüpft, hat sie für die wissenschaftliche Erkenntnis eine besondere Bedeutung bis in das 20. Jahrhundert behalten. Denn in gewissem Sinn ist es gerade wegen des Anspruchs auf Objektivität und Allgemeingültigkeit leichter, sich selbst und anderen einzureden, die Erkenntnistätigkeit sei zwar von Interessen geleitet, die Ergebnisse aber seien neu-

tral, eben gültig. Bei einem der ersten Ansätze zu einer Wissenschaftssoziologie durch Robert Merton, die Normen wissenschaftlichen Verhaltens zu erfassen, spielt nicht zuletzt wegen dieser Erfahrungen das Prinzip der „Desinteressiertheit (desinterestedness)" eine herausragende Rolle: Ergebnisse sollten sich nicht nach Erwartungen und Absichten, in Bacons Worten nach Gefühl und Willen richten.[23] Auch bei Merton handelt es sich bei diesem Prinzip um eine Norm der Wissenschaftsethik, nicht um eine zutreffende Beschreibung des wissenschaftlichen Verhaltens.

Sechstes Prinzip: Funktion der Sinne
Ebenfalls traditionell ist es, die Sinne, das „bei weitem größte Hindernis und den Anstoß zu Irrungen", zu nennen (N.O. I, Aph. 50). Bacon führt ein überraschendes Beispiel an. Die reine Beobachtung versperre die Erkenntnis „der Geister (spir022020rum), die im Innern der Dinge wirken" (N.O. I, Aph. 50). Die Geister sind für Bacon diejenigen Elemente im Innern der Dinge, die all das bewirken, was uns als Veränderung (alteratio) erscheint. Diese spiritus spielen eine große Rolle in der Naturphilosophie der Alchimie, und wir werden ihre nähere Bekanntschaft bei der Erörterung von Bacons Naturbegriff machen. An dieser Stelle können sie stellvertretend für irgendeinen Sachverhalt genommen werden, der das „Innere" der Dinge betrifft und zu dem Beobachtung allein – selbst mit der Hilfe von Werkzeugen (organa), die der Erweiterung und Schärfung der Sinne dienen – nicht führen kann. Die Erkenntnis der Natur geschieht nicht über die Beobachtung. Dies ist prekär, denn in den vorherigen Prinzipien ist der Weg über die philosophische Spekulation ebenfalls verstellt worden. Was bleibt? Der Weg über das Experiment: „Alle wahrere Interpretation der Natur kommt durch Beispiele (instantias) und geeignete Experimente zustande, wo der Sinn über das Experiment, das Experiment über die Natur und die Sache selbst entscheidet (judicat)" (N.O. I, Aph. 50).

Diesen noch dunklen Andeutungen, die später bei der Analyse der Methodologie Bacons geklärt werden, soll hier nur entnommen werden: „Die Inkompetenz und die Fallstricke der Sinne (incompetentia et fallacii sensuum)" sollen überwunden werden, nicht durch Mißachtung der sinnlichen Wahrnehmung, sondern durch die Ersetzung der reinen Beobachtung durch das Experimentieren. Experimentieren kann man nicht nur nicht ohne sinnliche Wahrnehmung, sondern diese ist es letztlich, die über den Ausgang der Experimente entscheiden muß. Aber sie tut das, indem sie an eine durch das Experiment eingeschränkte und präzisierte Situation gebunden ist, deren Verlauf sie zu beobachten hat.

Siebtes Prinzip: Funktion der Abstraktion
„Der menschliche Verstand drängt Kraft seiner eigenen Natur zum Abstrakten (ad abstracta) und dasjenige, was im Fluß ist, hält er für Beharrung (constantia). Besser aber ist es, die Natur zu zerschneiden, als zu abstrahieren" (N.O. I, Aph. 51). Mit den Idolen der falschen Abstraktion und Konstanz will Bacon die Formen oder Ideen der Platonischen Philosophie treffen und des weiteren überhaupt die gesamte Ideenerkenntnis durch Abstraktion. Demokrit statt Platon ist seine Devise. Statt einer Erkenntnis der ideellen Formen (die als Konstanten hinter der variablen und formlosen Materie stehen) muß die „Materie selbst betrachtet werden, ihre Schematismen und Metaschematismen, und ihre reine Tätigkeit und das Gesetz der Tätigkeit oder Bewegung (lex actus sive motus)." Auch diese Begriffe, ebenso wie den des Gesetzes, werden wir im Zusammenhang mit Bacons Naturbegriff erläutern. Der Sinn oder die Zielrichtung des Arguments gegen die Abstraktion ist verständlich nur auf der Folie der humanistischen Interpretation der Platonischen Philosophie. Sie war darauf gerichtet, das Allgemeine im Besonderen zu finden, die dauerhaften Merkmale im Veränderlichen. Bacon will das Interesse auf die Erkenntnis der Gesetze lenken, denen gemäß das Allgemeine zur Erkenntnis, Veränderung und Herstellung des Besonderen eingesetzt wird.

Dies sind die sieben, der Natur der menschlichen Erkenntnis selbst immanenten Prinzipien der Idolbildung. Wie in allen theoretischen Schriften Bacons ist es schwer, die systematische

Struktur der Argumentation aufzufinden. Die Aphorismen sind eher eine Abfolge verschiedener Szenen zu einem Thema. Es blieb den späteren Erkenntnistheoretikern von Descartes bis Kant überlassen, die Szenen begrifflich genau und kohärent durchzuspielen. Das Thema aber ist formuliert: Es ist die Aufgabe des kritischen Verstandes, seine eigene Wirkungsweise zu durchschauen und herauszufinden, in welchem Ausmaß sie die Erkenntnis der Dinge beeinflußt und beeinträchtigt. Sind die Beeinträchtigungen erst einmal erkannt, dann sind Instrumente nötig, mit denen sie verhindert, in Rechnung gestellt oder kompensiert werden können. Das ist die Hoffnung der kritischen Erkenntnistheorie. Die inneren Probleme, die dieser Fragestellung anhaften, sind Bacon und seiner Zeit noch nicht zu Bewußtsein gekomen. Wahrscheinlich konnten sie erst zu einer Zeit mit Erfolg formuliert werden, als die positiven Wirkungen der erkenntniskritischen Reflexion nicht mehr in Zweifel standen.

Bei der nächsten Klasse der Idole müssen wir uns kürzer fassen. Sie heißen die *Idole der Höhle* (N.O. I, Aph. 52–58) in Anlehnung an Platons Höhlengleichnis aus dem siebten Buch des Staates: Die normalen Menschen können das Licht der Erkenntnis niemals erblicken, weil sie als Bewohner einer Höhle nur die Schattenrisse der Dinge an den Höhlenwänden wahrnehmen. Sollten sie doch einmal die Höhle verlassen können, würden nur Phantasiebegriffe entstehen, weil sie durch das Licht der Erkenntnis geblendet werden.[24] Bacon will aber nicht auf die allgemeine Situation der Höhlenbewohner abheben, sondern auf die individuellen seelischen und körperlichen Eigenarten, Erziehungselemente und Gewohnheiten, die dazu beitragen „die Erkenntnis in ihrer Reinheit zu zerstören" (N.O. I, Aph. 53). Sich dieser Störungen bewußt zu werden, ist eher Gegenstand einer moralischen „Klugheitslehre" (prudentia contemplativa, Aph. 58) als ein Beitrag zur Erkenntnistheorie. Hinsichtlich der Wissenschaften und der Philosophie strebt Bacon dennoch ein interessantes Ziel an: die Eigenheiten einzelner philosophischer Systeme aus den Vorlieben und Abneigungen, Talenten und Schwächen ihrer Schöpfer zu erklären. Erst im 20. Jahrhundert und überwiegend im Anschluß an Freud sind ernsthafte Versuche unternommen worden, eine solche Psychologie des Wissens an einzelnen Fällen durchzuspielen. Die von Bacon empfohlene allgemeine Klugheitsregel hat im übrigen an Aktualität nicht eingebüßt: „Im allgemeinen muß jeder Naturforscher das für verdächtig halten, was seinen Verstand besonders anspricht und fesselt" (N.O. I, Aph. 58).

Die nächste Klasse bilden die *Idole des Marktes* (N.O. I, Aph. 59–60). Sie sind „von allen am lästigsten: Sie schleichen sich durch ein Bündnis von Worten und Namen in den Verstand ein" (N.O. I, Aph. 59). Bacon verfolgt einen erkenntnistheoretisch wichtigen Punkt: die Verwirrung des Geistes durch die Sprache. Er unterscheidet zwei Arten der Verwirrung. Die eine beruht auf Benennungen für „Dinge die es nicht gibt". Als Beispiel führt er an die Begriffe „Schicksal", „der erste Beweger", „die Planetenbahnen", „das Element Feuer" und ähnliche Erdichtungen, „die in eitlen und falschen Theorien entstanden sind" (N.O. I, Aph. 60). Sie können bekämpft werden durch die Vernichtung dieser Theorie. Jedes einzelne der genannten Beispiele hat Gewicht. Hinter der Schicksalslehre stehen die Astrologie und verwandte Disziplinen. Die Idee des ersten Bewegers ist eine Denkkonsequenz der aristotelischen Metaphysik, für die eine empirische Bestätigung nicht gesucht wurde, noch hätte gefunden werden können. Die Vorstellung von Bahnen, auf denen die Planeten rollen, ist in der mittelalterlichen Himmelsmetaphysik genährt worden; die geometrischen Figuren des Ptolemäus verdichteten sich zu Kristallschalen. Das Feuer erhielt die Zuschreibung eines elementaren Zustands der Materie ebenfalls aus theoretischen Systemzwängen, die sich aus der Zuordnung der Elemente zu den Grundqualitäten warm-kalt, feucht-trocken ergaben. Allen Beispielen ist gemeinsam, daß Begriffe, die gewisse Leerstellen des Wissens bezeichnen, dazu führen, diesen Leerstellen eine dingliche Substanz zu verschaffen, obschon sie unzugänglich bleiben. Im Kampf gegen derartige Fiktionen hat – so scheint es – die englische Philosophie ihre nationale Spezialität. Von den Nominalisten des Mittelalters bis zu den Sprachphilosophen des 20. Jahrhunderts über Bacon, Hobbes, Locke und Hume zieht sich das Band einer Metaphysikkritik, die die Hypostasierung von Begriffen zum Angelpunkt hat. – Die andere Art der Verwirrung beruht auf der Bildung schlechter Abstraktionen: Es werden aufgrund von Oberflächenähnlichkeiten Analogien gebildet zwischen Dingen oder Eigenschaften, die in Wirklichkeit wenig gemein haben. Als Beispiel führt Bacon das Feuchte (humidum) an, das ursprünglich als eine Eigenschaft des Wassers und verwandter Flüssigkeiten genommen wurde, dann aber auch der Luft (sie ist leicht und feucht), dem Glas usw. als Wesensmerkmale beigelegt wurde. Unter Rückgriff auf die alte nominalistische Position lehrt Bacon, daß nur die Namen der Substanzen selbst problemlos sind: „Der Begriff von Kreide und Lehm ist gut, der von Erde schlecht". Begriffsbildungen von Vorgängen ist noch weniger zu trauen: „Entstehen, Vergehen, Verändern" sind keine Grundbegriffe der Bewegungen, sondern einfache Bezeichnungen für etwas Komplexes, das durch die Bezeichnungen selbst einfach erscheint. Die größten Fehler gehen einher mit Begriffen von Qualitäten: „schwer, leicht, dünn, dicht, usw." (N.O. I, Aph. 60). Diese Erkennungsmelodie des angelsächsischen Empirismus und Skeptizismus wurde auch von Bacon mit großem Erfolg gespielt. Als systematische Position aber hat sie Schwächen: eine Definition der Substanzen (Kreide, Lehm) ist nicht möglich ohne Rekurs auf Allgemeinbegriffe. Genau besehen ist Kreide selbst ein Allgemeinbegriff, der viele Arten umfaßt, und jede einzelne Kreide ist ein Aggregat aus vielem. Meistens endet der konsequente Nominalismus gerade bei seinem Gegenteil, der Annahme von letzten materiellen Gegebenheiten, die die Identität des Einzelnen gewährleisten müssen. Auch in Bacons Naturphilosophie werden wir solchen theoretischen Termini begegnen. Dies schränkt aber nicht die kritische Funktion des Nominalismus gegenüber sprachlichen Konstrukten ein, die kraft ihrer Wortbildung Sachhaltigkeit suggerieren. Man darf nur die entsprechenden Konstruktionen des Nominalismus selbst nicht ausnehmen.

Die letzte Gruppe der Idole (N.O. I, Aph. 61–70), die *Idole des Theaters,* werden hervorgebracht von den Dramatikern der

Theorien, die durch ihre „verkehrten Gesetze der Beweisführung dem Verstand beigebracht und von ihm aufgenommen wurden" (N.O. I, Aph. 61). Mit diesen Theorien will Bacon sich hier nach dem Muster seiner Idolenlehre befassen: „Diese widerlegen zu wollen und Übereinkunft anzustreben, wäre ganz und gar nicht nach dem von mir Gesagten. Da wir weder in den Grundlagen noch in den Beweismitteln übereinstimmen, entfällt der Boden für jede Argumentation" (N.O. I, Aph. 61). Er will also diese Theorien nicht in ihrem Wahrheitsgehalt überprüfen, sondern aus ihren Entstehungsbedingungen erklären und nach ihren Absichten beurteilen. Dies ist der Standpunkt der sogenannten Ideologiekritik, die im 19. Jahrhundert durch Destutt de Tracy, Feuerbach, Marx und Engels zu einem wirksamen Instrument der soziologischen Analyse von Überzeugungssystemen ausgebaut wurde.[25] Vor allem möchte Bacon verhindern, daß die kritisierten Geister als einfältig oder unwissend erscheinen. Man kann Platon oder Aristoteles nicht für dumm verkaufen. Zur Diskussion steht die Wahl der Wege, nicht das Geschick in der Bewegung (vgl. N.O. I, Aph. 61). Drei Irrwege des philosophisch-wissenschaftlichen Denkens unterscheidet Bacon: Rationalismus, Empirismus und abergläubische Ansätze. Als Exponenten des Rationalismus führt Bacon Aristoteles an. Hauptpunkt der Kritik ist die Unterordnung der Naturphilosophie unter die Dialektik. Für Aristoteles war es wichtiger „Antworten bereitzustellen, und den Worten nach etwas Positives zu bieten, statt über die innere Wahrheit der Dinge zu forschen" (N.O. I, Aph. 63). Interpretiert man die letzte Wendung dieser Beurteilung (innere Wahrheit der Dinge) nach dem unter den Idolen des Marktes diskutierten Prinzip, daß „zerschneiden besser ist als abstrahieren", dann geht sie nicht fehl: Das wesentliche Ziel der Aristotelischen Physik ist es, eine konsistente und umfassende Sprache für die Phänomene der Natur bereitzustellen, die wir bereits kennen.[26] Darüber hinaus sind die Bemerkungen zu Aristoteles historisch nicht allzu ernst zu nehmen. Hinter ihnen steckt nur eine oberflächliche Kenntnis der Aristotelischen Philosophie, die Bacon vermutlich nur durch die abgeschliffenen Grundbegriffe des mittelalterlichen Aristotelismus zugänglich war. Immerhin räumt Bacon ein, daß Aristoteles in seinen biologischen Schriften empirisch gearbeitet hat; aber auch hier werden die Erfahrungen „wie eine Gefangene mit verrenkten Gliedern" um die vorher aufgestellten Begriffe geflochten (N.O. I, Aph. 63). Da seien, so schließt Bacon diesen Teil mit Ironie, die „Modernen (das Geschlecht der scholastischen Philosophen) doch weniger zu tadeln, die der Erfahrung gänzlich entsagt haben" (N.O. I, Aph. 63). Auch dies ist, wie wir heute wissen, ein entschiedenes Fehlurteil, das aus der Absetzbewegung der Renaissancephilosophen gegenüber der Scholastik entstanden ist.

Nach den Rationalisten, die er wegen des Gewichts, das sie der Sprache beimessen, auch Sophisten nennt, wird die Gruppe der Empiristen analysiert, „deren Auffassungen noch deformierter und monströser sind". Vor Augen hatte er die Alchimisten. Während der Rationalismus durch den Rückgriff auf Alltagsbeobachtung eine zwar oberflächliche, aber wenigstens bereite und allgemein zugängliche Basis der Erfahrung hat, beruhen die Lehrmeinungen der Alchimisten auf der phantasievollen Ausdeutung weniger und obskurer Versuche. Bacons Warnung vor diesem Irrweg sind besonders deutlich, weil seine eigene Reform der Philosophie dazu einladen könnte, ihn zu beschreiten: „Denn ich sehe voraus, daß wenn die Menschen, durch unsere Ermahnungen angeleitet, sich ernsthaft der Erfahrung stellen (und den sophistischen Lehren entsagen), ihr Verstand in unreifer und voreiliger Weise versucht sein wird, Hals über Kopf und wie im Fluge zu den letzten Gründen zu eilen" (N.O. I, Aph. 64).

Die nächste Gruppe von Ideologien sind der Aberglaube und die „Beimischung von Theologie" in die Philosophie (vgl. N.O. I, Aph. 65). Sie ist weiter verbreitet als die vorhergehende und richtet noch größeren Schaden an. „Während die rationalistisch-sophistische Philosophie den Verstand fesselt, umschmeichelt und verblendet diese ihn durch Phantasie, Schwulst und Quasipoesie" (N.O. I, Aph. 65). Als Beispiel führt Bacon Pythagoras und Platon an, und unter den neueren Philosophen diejenigen, die Naturphilosophie auf das erste Kapitel der Genesis oder auf das Buch Hiob zu gründen suchten, um damit die Assimilation griechischen und islamischen Gedankengutes in das christliche Weltbild zu bewerkstelligen. Im Ergebnis entstehen zugleich „phantastische Philosophie" und „ketzerische Religion" (N.O. I, Aph. 65).

Mit einer feierlichen Eidesformel beschließt Bacon die Lehre von den Idolen. Man muß ihnen „mit festem und feierlichem Entschluß entsagen" (N.O. I, Aph. 68). Man muß in das „Reich des Menschen, das auf Wissenschaften gegründet ist, wie in das Himmelreich eintreten, in das keiner, es sei denn ein Kind, Zugang hat" (N.O. I, Aph. 68). Das unbelastete Kind, dem die richtigen Hilfen gewährt werden – das scheint Bacons Ideal des Naturforschers zu sein. Obwohl die Idole angeboren oder in langen kulturellen Traditionen eingeschliffen sind, können sie abgelegt werden, und der Forscher kann aufs neue gleichsam in den Stand der Unschuld eintreten. Hier liegt sicherlich einer der größten Irrtümer der Baconischen Philosophie: Er hat mit seiner Soziologie des Wissens und seiner Erkenntnispsychologie auf halbem Wege Schluß gemacht. Nach ihm kann man am Ende der Überzeugung sein, allen Idolen zu widerstehen und den eigentlich gültigen Standpunkt der Naturerkenntnis einzunehmen. Erkenntniskritik ist „Sühne und Reinigung des Geistes" (N.O. I, Aph. 69). Zwar braucht dieser Geist die richtigen Hilfen (vgl. N.O. I, Aph. 67), ohne die er in seine ererbten Fehler zurückfallen würde, aber mit diesen Hilfen wird der Zugang zur Wahrheit sich weniger schwierig gestalten als zuvor (vgl. Aph. 61). Im Ergebnis, am Ende all seiner Kritik, wird Bacon scheinbar zu einem naiven Realisten: Dort ist die Außenwelt, hier ist der Spiegel der Erkenntnis – jetzt allerdings planggeschliffen und mit perfekter Optik ausgestattet.

Es gibt hier allerdings mehreres zu bedenken. Erstens ist der gemeinsame Nenner der Idolenlehre nicht das Aufdecken der Vorurteile anderer Denker und anderer Zeiten, sondern die Analyse der Erkenntnisbedingungen des Menschen aufgrund seiner anthropologischen, individuellen, linguistischen, soziokulturellen Ausstattungen und Angewiesenheiten. Es ist ein großer Schritt in der Reflexionsgeschichte, die Arbeit der Vernunft so grundsätzlich und umfassend zu thematisieren – und zwar (wenigstens in der Absicht) diesseits von Skeptizismus und Dogmatismus, als eine quasi-empirische Aufgabe der Selbsterkenntnis. Diese Aufgabe ist alles andere als naiv: Sie ist der Versuch, das, was man tut, wenn man erkennt, genau so ernst zu nehmen, wie das Erkannte. Sie ist der Versuch, das Erkannte in seiner Gültigkeit in Abhängigkeit zu sehen vom Verfahren der Erkenntnis. Gelegentlich und punktuell ist diese Abhängigkeit natürlich immer schon von Philosophen gesehen worden: Der Einfluß von Wünschen und Begierden auf die Urteile ist ein ebenso altes Thema wie die Sinnestäuschungen des Verstandes. Aber welcher Philosoph vor Bacon hätte versucht, eine Erkenntniskritik von Verstand, Sinnen, Interessen und Gefühlen, Sprache und Traditionen auf einmal vorzulegen, ohne im Strudel des Skeptizismus zu kreisen, um Instrumente zu formen, die die in der Kritik erkannten Beschränkungen überwinden?

Dies bringt uns zu einem zweiten: Die Idolenlehre ist nicht selbstgenügsam, sondern eine Propädeutik für ein neues Erkenntnisunternehmen. Ihr Ziel ist nicht, Menschen vorurteilsfreier zu machen (das wäre ein begrüßenswertes Nebenergebnis), sondern Forscher zu gewinnen, die mit einer reflexiven Einstellung zur Erkenntnis Wissenschaft treiben wollen. Dies ist ein vitales, innovatives Programm, das für sich selbst einen realistischen Standpunkt schwer entbehren kann. Wenn gegen die alten Philosophien der abstrakten Prinzipien (Aristotelismus) oder unterstellten Harmonien (Platonismus) nichts anderes gestellt worden wäre als die Einsicht, alle Erkenntnis sei Trug, dann wäre der Impuls für einen Neuanfang ausgeblieben.

f. Ideologiekritische Analyse der Stagnation in den Wissenschaften

Diesen Impuls will Bacon in den nachfolgenden Aphorismen verstärken (N.O. I, Aph. 70–92). In ihnen geht es um die tradierten philosophischen Systeme. Die Vorgehensweise ist eine Fortsetzung, man könnte sagen, eine Anwendung seiner Idolenlehre. Er vermeidet wiederum, sich auf die Bedingungen der Systeme selbst einzulassen, sondern zieht äußere Zeichen („signa") ihres Zustandes heran. Sodann gibt er eine Ursachenanalyse, die diesen Zustand erklären soll. Man könnte sagen, Bacon geht mit den Systemen wie ein Arzt mit Patienten um: Er hört sie an, argumentiert aber nicht mit ihnen, sondern sucht nach *Zeichen* ihres Zustandes nach Maßgabe seiner eigenen *Kriterien* und sucht nach Ursachen der Krankheit in den Lebensumständen. Die Zeichen, die Bacon heranzieht, bezieht er aus der Auffassung, daß die Wissenschaft der Griechen, von denen sich alle bisherige Wissenschaft herleitet, die von Kindern ist: „Zum Schwätzen bereit, aber zum Zeugen unfähig; denn ihre Weisheit ist zwar reich an Worten, aber arm an Werken" (N.O. I, Aph. 71). Wie aber, wenn man diesen Maßstab nicht akzeptierte? Diese Wahl steht offen, auch für Bacon. Sie kann, wie er weiß, nicht immanent getroffen werden. Gerade deswegen ist es andererseits legitim, Wissenssysteme „von außen" und nach Maßgabe eigener „Zeichen" zu beurteilen.

Als Zeichen zieht Bacon die folgenden heran:
— Die griechische Wissenschaft ist „Professorenweisheit" (sapientia professora): „Worte müßiger Greise für unerfahrene Jünglinge" (N.O. I, Aph. 71). Die Gründung von Schulen und Sekten und die Unterrichtung in der Disputation waren die gemeinsamen Ziele des „Professorengeschlechts", durch die die Erforschung der Wahrheit fruchtlos bleiben mußte. Die etwas kantige Metaphorik, nach der dieselbe Wissenschaft einmal als die der Kinder, dann als die der Greise ausgemalt wird, bemüht die alte Auffassung der Koinzidenz von Infantilität und Senilität.
— Die räumliche Begrenzung der antiken Welt, insbesondere die Unkenntnis aller Zonen der Erdkugel, gab nur eine beschränkte Basis der Erfahrung her (N.O. I, Aph. 72).
— Der Mangel an Experimenten, d. i. an Werken, die aus den Wissenschaften stammen. Bacon zitiert Celsus als Zeugen dafür, „daß zunächst die medizinischen Experimente entdeckt wurden, und nachher die Menschen darüber philosophiert und deren Ursachen erforscht und bezeichnet hätten; umgekehrt sei

es nie vorgekommen, daß aus der Philosophie und der Erkenntnis der Ursachen die Experimente selbst erfunden und entdeckt worden wären" (N.O. I, Aph. 73).[27] Nicht besser steht es in der Alchimie: Ihre Erfolge beruhen auf handwerklichen Erfahrungen; Wissenschaft und Theorie sind sogar eher schädlich als nützlich gewesen.

– Anwachsen und Fortschritt der Wissenschaften als Zeichen ihrer Fruchtbarkeit: „Was auf die Natur gegründet ist, wächst und mehrt sich; was auf Meinung, das wechselt und nimmt nicht zu" (N.O. I, Aph. 74). Während nach diesem Zeichen die mechanischen Künste von einem rohen Anfang zu einer vielfältigen Gestaltung anwuchsen, verharrten die Wissenschaften in ihrem Anfangszustand, ja blühten sogar am stärksten bei ihren Begründern.[28]

– Die Selbstzeugnisse der Philosophen: Wenn diese selbst einräumen, daß die Natur unzugänglich sei und der Geist unzulänglich, und in den Skeptizismus verfallen, dann ist aus ihren Theorien für *die Erzeugung von „Werken"* nichts zu gewinnen (N.O. I, Aph. 76).

– Uneinigkeit und Verschiedenheit der Schulen: Diese sind Anzeichen besonders dafür, daß es keine methodische Absicherung des Geistes auf dem Wege von den Sinnen zum Verstand gab (N.O. I, Aph. 77).

In der nun folgenden Analyse der Ursachen für den in den Zeichen sichtbaren schlechten Zustand der Wissenschaften führt Bacon zwölf Ursachen unterschiedlichen Charakters an. Sie reichen von der Vernachlässigung der Naturphilosophie in früheren Zeiten (N.O. I, Aph. 79), der Wahl falscher Ziele und Methoden (N.O. I, Aph. 81, 82) über eine hinderliche Verehrung der Antike (N.O. I, Aph. 84), Zufriedenheit mit technischen Leistungen (N.O. I, Aph. 85) bis hin zu den gefährlichen Einschränkungen der Forschung durch Religion und Theologie (N.O. I, Aph. 89) und Befürchtungen der Politiker vor Unruhe durch die Wissenschaft (N.O. I, Aph. 90).

g. Möglichkeiten und Hoffnungen für einen Neubeginn

Nach dieser Ursachenanalyse, die zur Erkenntniskritik nichts grunsätzlich Neues beiträgt, beginnt Bacon eine Skizze seines eigenen Erkenntnisprogramms, das aus den Irrtümern der Vergangenheit und den bisher begangenen Wegen die Konsequenzen ziehen soll (N.O. I, Aph. 94). In einer seiner prägnanten Metaphern faßt er Irrtümer und Aufgaben zusammen:

„Die, welche die Wissenschaften betrieben haben, sind Empiriker oder Dogmatiker gewesen. Die Empiriker gleichen den Ameisen; sie sammeln und verbrauchen nur. Die Dogmatiker, die die Vernunft überbetonen, gleichen den Spinnen; sie schaffen Netze aus sich selbst. Das Verfahren der Biene aber liegt in der Mitte; sie zieht den Saft aus den Blüten der Gärten und Felder, behandelt und verdaut ihn aber aus eigener Kraft. Dem nicht unähnlich ist nun das Werk der Philosophie; es stützt sich nicht ausschließlich oder hauptsächlich auf die Kräfte des Geistes, und es nimmt den von der Naturlehre und den mechanischen Experimenten dargebotenen Stoff nicht unverändert in das Gedächtnis auf, sondern verändert und verarbeitet ihn im Geist. Daher kann man bei einem engeren und festeren Bündnis dieser Fähigkeiten, der experimentellen und der rationalen, welches bisher noch nicht bestand, bester Hoffnung sein" (N.O. I, Aph. 95).

Der Plan für dieses Bündnis schließt ein:
Begründung einer Naturgeschichte aufgrund von Beobachtungen und Experimenten.

„Auf einen weiteren Fortschritt in den Wissenschaften kann man nur dann mit Recht hoffen, wenn man in die Naturgeschichte eine große Anzahl solcher Experimente aufnimmt und sammelt, die zwar keinen unmittelbaren Nutzen bringen, aber für die Auffindung der Ursachen und Grundsätze von großem Wert sind: Ich pflege sie als die lichtbringenden Versuche im Unterschied zu den fruchtbringenden zu bezeichnen (Experimenta lucifera, Experimenta fructifera). Jene haben in sich aber eine wunderbare Kraft und Eigenschaft, die nämlich, niemals zu täuschen oder irrezuführen. Da sie nicht zu dem Zweck verwendet werden, irgendein Werk herzustellen, sondern nur um die natürliche Ursache einer Wirkung zu klären, erfüllen sie, mögen sie ausfallen wie sie wollen, immer in gleicher Weise ihren Zweck, denn sie entscheiden die Frage" (N.O. I, Aph. 99).

Dies ist eine tiefgründige Erkenntnis zum wissenschaftlichen Experiment und gibt eine Antwort auf das Problem des Utilitarismus der Baconischen Philosophie: Experimente sind nützlich dazu, Fragen zu entscheiden. Sie sind wertvoll in dem Maße,

wie sie zu dieser Entscheidung beitragen. Für die praktische Orientierung der Wissenschaft ist ein Wissen darüber, was nicht geht, nicht weniger wertvoll, als ein Wissen darüber, was geht.
Entwicklung einer neuen Methode des Experimentierens. Die Erfahrung soll „eindeutig und nach einer sicheren Regel voranschreiten"(N.O. I, Aph. 100).
Schriftliche Darstellung aller Erfindungen und Entdeckungen. Die Forderung soll die allgemeine Benutzbarkeit von Erkenntnissen an anderen Orten und zu anderen Zeiten sichern. Sie ist von außerordentlicher sozialer Bedeutung für den Prozeß der Verwissenschaftlichung praktisch orientierter Forschungsfelder.
Ordnung der Ergebnisse in speziellen Ordnungstafeln (N.O. I, Aph. 102). Diese Ordnungstafeln lösen die Gegenstände aus ihren Alltagskontexten heraus und arrangieren sie nach Erkenntniskriterien, die für weiterführende Endeckungen entscheidend sind.
Erweiterung der erfolgreichen Versuche auch in anderen Gebieten (artes). Bacon nennt diese gezielt betriebene Erfahrungserweiterung „gelehrte Erfahrung" („Experientia literata").[29] Diese sprachliche Wendung ist ein semantisches Dokument für Bacons Ziel, den Gegensatz zwischen Gelehrsamkeit (litera) und Erfahrung (experientia) in eine enge Beziehung zu verwandeln.
Erarbeitung neuer Grundsätze (Axiomata; N.O. I, Aph. 103). Hier hält Bacon es für notwendig, die Generalisierung der Sätze schrittweise vorzunehmen und von jeder Generalisierungsstufe aus neue Experimente zu entwerfen, durch die eine erweiterte Generalisierung auf gesicherter Grundlage möglich ist. An dieser Vorschrift ist ebenfalls häufig Anstoß genommen worden, da viele entscheidende Veränderungen in den Wissenschaften gerade durch riskante Entwürfe, nicht durch schrittweise Abstraktion möglich wurden. Aber Bacon hatte die negativen Beispiele der philosophischen Luftschlösser vor Augen, den Geniekult der Renaissance und sogar die zeitgenössischen Auseinandersetzungen über die Kopernikanische Hypothese. Auf der anderen Seite wäre es falsch, diese spektakulären Ereignisse der

Wissenschaftsgeschichte gegen die Richtigkeit und den Erfolg des Baconischen Vorschlags zu kehren. Das stetige Wachstum der Wissenschaften beruht weitgehend darauf, daß empirische Gesetze begrenzter Reichweite gefunden werden, hinter denen geschickt variierte Versuche stehen, die zu neuen Versuchen Anlaß geben.

Erarbeitung einer Methode für die Erarbeitung von Grundsätzen. Diese Methoden werden wir später analysieren.

Prüfung des Geltungsbereichs von gefundenen Grundsätzen. Der Geltungsbereich solcher empirischen Gesetze kann sowohl weiter sein als die Induktion selbst nahelegt, aber auch enger als eine hypothetische Unterstellung vermuten läßt. Nur das experimentelle Aus- und Eingrenzen von Gegenstandsbereichen kann einigermaßen Sicherheit bei der Absteckung der Geltungsgrenzen gewährleisten.

h. Einführung in die neuen Grundsätze der Interpretation der Natur

Diese Skizze der neuen, durch vergangene Irrtümer belehrten Erkenntnisgewinnung wird von Bacon schließlich noch einmal im Lichte seiner eigenen Erkenntniskritik reflektiert. Ist sein eigenes Vorhaben nicht wiederum nur ein Versuch der philosophischen Systembildung? Gelten seine Verdikte gegen das Aufstellen von Mutmaßungen nicht auch für den eigenen Ansatz? Mit drei Argumenten markiert Bacon die Unterschiede:

– Er will keine neue Sekte gründen, die ihre Mitglieder auf inhaltliche Überzeugungen festzulegen versucht. Im Gegenteil – wie in der Idolenlehre zu sehen war – ist gerade die Bereitschaft, alle inhaltlichen Überzeugungen über die Natur zurückzustellen, eine Bedingung der Anwendung der neuen Methode (N.O. I, Aph. 116).

– Die Sammlungen von wissenschaftlichen Materialien sind nur Anfänge und jederzeit revidierbar. „Sicherlich wird mancher beim Durchlesen meiner Naturgeschichten und der Tafeln der Erfindungen auf Einzelnes nicht ganz Sicheres oder auch Falsches in den Versuchen selbst stoßen. Deshalb wird er vielleicht vermuten, meine Entdeckungen stützten sich auf falsche und schwankende Prinzipien und Grundlagen. Dies besagt aber nichts. Dergleichen ist am Anfang unvermeidlich" (N.O. I, Aph. 118).

– Die Festlegung auf die neue Methode ist ebenfalls keine endgültige. Obwohl der Erfindung dieser Methode Bacons eigentlicher Stolz gilt, ist er bereit, an auffälliger Stelle im letzten Satz des ersten Bandes des „Novum Organum" einzuräumen: „Dabei behaupte ich keineswegs, daß ihnen (den Vorschriften) nichts mehr hinzugefügt werden könne. Im Gegenteil. Da ich ja den Geist nicht bloß in seiner eigenen Fähigkeit, sondern gerade in seiner Verknüpfung mit den Dingen berücksichtige, muß ich einräumen, daß die Kunst des Erfindens mit den Erfindungen erstarken kann" (N.O. I, Aph. 130).

Der erkenntnistheoretische Teil des „Novum Organum" ist hiermit abgeschlossen. Greifen wir nun die zu Beginn aufgeworfene Frage nach der Struktur der „nützlichen Prinzipienwissenschaft" noch einmal auf: Es muß klar geworden sein, daß der Begriff des Nutzens von Bacon auf doppelte Weise verwendet wird: Einmal als Relation zwischen experimentellen „Werken" und „Sätzen" (mittleren oder prinzipiellen). Zum anderen als Relation zwischen Werken der Wissenschaft und Bedürfnissen in der Gesellschaft. Von der zweiten Relation handelt das „Novum Organum" nur am Rande. Wie später bei der Besprechung von „Neu-Atlantis" zu sehen sein wird, war Bacon sich darüber im klaren, daß es keine Möglichkeit gibt, mit erkenntnistheoretischen Mitteln den gesellschaftlichen Nutzen von Erfindungen abzuschätzen. Aber diesem vorgelagert ist der Nutzen von Werken für die Erzeugung wissenschaftlicher Erkenntnis und umgekehrt, der Nutzen von Erkenntnis für die Erzeugung von Werken. Allerdings unterliegt dieses Wechselspiel zwischen theoretischer (Aufstellen von Sätzen) und experimenteller Arbeit (Erzeugung von Effekten) keiner allgemeingültigen Gesetzmäßigkeit. Bacon weiß, daß „das Auge des Geistes über nur sehr wenige Beispiele zu Axiomen gelangen kann" (Sylva Sylvarum" 91, II, 377). Entscheidend ist die Rückbindung: Taugen die Axiome zu neuen Werken? Wenn nein, ist

Verzicht geboten und der Verdacht kommt auf, das Axiom ist unnütz. Auch sind Werke nicht dadurch nützlich, daß sie in immer neuen Varianten Sätze bestätigen, sondern sie müssen Anlaß zu neuen Vermutungen geben. Das ist der Unterschied zwischen blindem Empirismus und angeleitetem Induktionismus. Wissenschaftlicher Nutzen ist also, in einem Satz zusammengefaßt, die Relation zwischen wissenschaftlicher Erkenntnis (die in Sätzen niedergelegt ist) und wissenschaftlichem Handeln (das in Experimenten besteht), so daß eine gegebene Erkenntnis neue Experimente ermöglicht und gegebene Experimente neue Sätze ermöglichen. Ist auch bis heute in der Wissenschaftstheorie die genaue Struktur dieser Relation umstritten, und folgt sie vielleicht überhaupt keinem durchgängig einheitlichen Schema, so ist doch festzuhalten, daß Bacon mit ihr den Nerv neuzeitlicher Wissenschaftlichkeit im Unterschied sowohl zur philosophischen als auch zur bloß technischen Erkenntnisgewinnung getroffen hat.

3. Die Philosophie der Natur

Bacons Philosophie soll dem „commercium mentis et rerum" ein neues Fundament geben. Wir haben bisher den ersten Bezugspunkt, den Geist, diskutiert, jetzt geht es um den anderen, die Natur. Grundsätzlich steht Bacon hier vor demselben Problem wie beim Begriff der Erkenntnis: Kann man von der Natur sprechen, bevor ihre Erforschung gelungen ist? Gibt es wenigstens einen Vorbegriff von Natur, den man für die Grundidee einer Philosophie der Forschung benutzen kann, ohne diese doch wieder mit fragwürdigen ontologischen Vorentscheidungen zu belasten?

Bacons wiederholte Versicherungen, kein neues System aus naturphilosophischen Spekulationen vorlegen zu wollen, zeigen seine Vorsicht. Aber von der Aufgabe, einen Begriff der erforschbaren Natur zu entwerfen, kann er sich nicht entlasten. Vom Intellekt hat er demonstrieren wollen, daß er durch Forschung zur Erkenntnis der Welt fähig ist. Jetzt muß er von der

Welt zeigen, daß sie erforschbar ist, oder – vorsichtiger – welche Ansichten über sie man mitbringen muß, um sie für erforschbar zu halten. Die wichtigsten Texte, in denen er dieser Aufgabe nachkommt, sind die ersten 13 Aphorismen des zweiten Buches des „Novum Organum" sowie einige Abschnitte aus „Advancement of Learning" und „De Augmentis Scientiarum". Die in diesen Abschnitten entfaltete Naturphilosophie hat unter den Interpreten schwerwiegende Meinungsverschiedenheiten hervorgerufen. Einerseits ist Bacons Einsatz für eine Erneuerung der Wissenschaften einfach identifiziert worden mit der mechanistischen und materialistischen Naturphilosophie seiner Nachfolger. Bacon vertrat aber keinen dieser Standpunkte. Im Gegenzug haben ihm Philosophiehistoriker einen scholastischen Aristotelismus angehängt, dem er viel tiefer verhaftet geblieben sei, als er selbst wahrhaben wollte. In neuerer Zeit ist bemerkt worden, daß er mehr noch von den alchimistischen und magischen Systemen der Renaissance beeinflußt war, die weder dem Aristotelismus noch der neuzeitlichen Philosophie zugerechnet werden können.[1]

Eine der Hauptschwierigkeiten für die Interpretation ist Bacons Sprachgebrauch. Er bezeichnet mit Begriffen der Neuzeit klassisches Gedankengut, aber benutzt auch alte Begriffe zur Beschreibung neuer Ideen. So spricht er von „Gesetzen der Natur" und führt damit den Begriff ein, der im 17. Jahrhundert leitend wird, um den Begriff der Aristotelischen „Form" abzulösen. Aber andererseits erläutert Bacon seinen Gesetzesbegriff durch den der Form. Form wiederum definiert er nicht mehr aristotelisch, sondern alchimistisch. So ähnlich geht es mit Begriffen wie „Mechanik", „Kausalität", „Korpuskel". Er selbst war sich des Problems des historischen Bedeutungswandels von Begriffen bewußt. Nach seiner Ansicht geht es hier ähnlich zu wie in der Gesellschaft: Die Veränderungen finden häufig *in* den Institutionen statt, deren Namen ändern sich aber nicht.[2] Unvermeidlich mußte sich an diesen Mehrdeutigkeiten der Streit der Interpreten entfachen. Insgesamt dürfte heute allerdings die Frage nach der Modernität oder dem Traditionalismus der Baconischen Philosophie überholt sein. Mehr als diese Alternative interessiert heute der soziale und intellektuelle Prozeß des Wandels selbst. Gerade dafür ist Bacons Naturphilosophie ein Beispiel.

Unter den ersten Aphorismen des ersten Buches enthält der vierte einen ebenso zentralen wie unverständlichen Hinweis auf die Natur: „Für seine Werke kann der Mensch nichts weiter, als die natürlichen Körper zusammen- oder auseinanderzubringen; das übrige bewirkt die Natur im Inneren". Der Aphorismus ist ein Beispiel für die Ambivalenz Bacons: Auf der einen Seite steht die Behauptung, daß die Handlungen des Menschen gegenüber der Natur letztlich immer mechanisch sind: Körper trennen und zusammenfügen. Auf der anderen Seite steht die Annahme von einer Fähigkeit der Natur, „im Innern" etwas zu „übertragen" (intus transigere), die wohl kaum mechanisch sein dürfte. Das Thema blieb aber dann im ersten Buch liegen. Schon der erste Aphorismus des zweiten Buches greift es auf, aber in Wendungen, die nicht adäquat in eine moderne Sprache übersetzt werden können:

„Werk und Absicht menschlicher Macht ist es, in einem gegebenen Körper eine neue Natur (nova natura) oder neue Eigenschaften zu erzeugen und einzuführen (generare et superinducere). Werk und Absicht menschlicher Wissenschaft ist es, die Form einer gegebenen Natur oder ihre wahre Differenz (differentia vera) oder ihre naturschaffende Natur (natura naturans) oder die Quelle der Emanation (fons emanationis) zu finden – dieses Vokabular steht uns nämlich zur Verfügung, um die Sache ungefähr zu bezeichnen. Diesen Hauptaufgaben sind zwei andere untergeordnet: Der ersten die Umformung konkreter Körper von einem in den anderen innerhalb der Grenzen des Möglichen; der zweiten die Entdeckung des verborgenen Prozesses (latentus processus), der bei jeder Zeugung und Bewegung sich von dem manifest Wirkenden und der manifesten Materie erstreckt bis zu der eingegebenen Form; und in ähnlicher Weise die Entdeckung der verborgenen Struktur (latentus schematismus) nicht bewegter Körper" (N.O. II, Aph. 1).

Der Text gibt dem modernen Leser eine Reihe von Rätseln auf: Was bedeuten
– die Absicht menschlicher Macht, „eine neue Natur (...) zu erzeugen und einzuführen"?
– die Absicht menschlicher Wissenschaft, die „Form einer gege-

benen Natur", die „naturschaffende Natur", die „Quelle der Emanation" zu erkennen?
– die „Transformation konkreter Körper von einem in den anderen" und die begrenzenden „Möglichkeiten" dieser Umformung?
– die „verborgenen Prozesse" des Entstehens und Bewegens, die sich von der „manifesten Wirkung und Materie" bis zur „Form" erstrecken?
– die „latenten Schematismen" ruhender Körper, die es zu untersuchen gilt?

Mit den Mitteln der neuzeitlichen Naturwissenschaften ist hier nicht viel auszurichten und mit denen des scholastischen Aristotelismus wohl auch nicht. Dieser eine Aphorismus würde genügen, die immense Bedeutung der alchimistischen und magischen Literatur der Renaissance für Bacons Denken und damit für die Entstehung der neuzeitlichen Wissenschaft zu demonstrieren. Bevor wir dort Rat suchen, wollen wir dennoch versuchen, soweit es geht durch Bacons eigene Texte Aufklärung zu erhalten. Ein Schlüssel für einige der Fragen bietet uns seine Lehre von der Einteilung der Philosophie und der Wissenschaften.

„Die Untersuchung der Formen, die in bestimmter Weise und nach ihrem Gesetz ewig und unveränderlich sind, geschieht in der Metaphysik; die Untersuchung des Wirkenden, der Materie, des verborgenen Prozesses und der verborgenen Struktur – die alle den gemeinen und gewöhnlichen Lauf der Natur, nicht aber die fundamentalen und ewigen Gesetze betreffen – gehört zur Physik; und ihnen sind in gleicher Weise zwei praktische Wissenschaften untergeordnet: der Physik die Mechanik, der Metaphysik die Magie..." (N.O. II, Aph. 9).

Das Grundschema dieser Einteilung ist also:

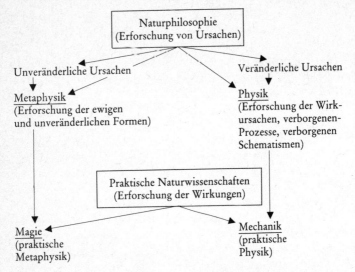

Metaphysik ist für Bacon, in Abweichung vom traditionellen Sprachgebrauch, ein Teil der Naturwissenschaften. Ihr Gegenstand ist der hervorragendste Teil der Natur: Die Erforschung ihrer konstanten Formen. Zunächst ist die Unterscheidung zwischen Metaphysik/Physik einerseits und Magie/Mechanik andererseits einfach: Die ersten befassen sich mit *Ursachen*, die zweiten mit *Wirkungen;* die ersten analysieren, die zweiten produzieren. Hier erkennt man die im ersten Buch des „Novum Organum" gemachten Unterschiede zwischen Kontemplation und Operation wieder. Bacon betont auch, daß es zwischen dem oberen und unteren Bereich keine strikte Hierarchie gibt, sondern ein ständiges Auf- und Absteigen zwischen Ursachenerkenntnis und Wirkungserzeugung. Für den Naturbegriff ist wichtig, daß Bacon Ursache und Wirkung jedenfalls für die analytischen Grundbegriffe hält, nach denen jede Naturerkenntnis einzuteilen ist.

Die Unterscheidung zwischen Metaphysik und Physik führt uns in die Feinheiten der Kategorie der Ursache. Bacon gibt in

„De Augmentis" dieses Beispiel:³ Feuer ist sowohl die Ursache des *Aushärtens* von Lehm als auch des *Weichwerdens* von Wachs. Die Erkenntnis dieses variablen und relativen Teils der Ursachen, so führt er dann aus, ist physikalisch; diejenige, die deren konstanten und absoluten Teil verfolgt, ist metaphysisch. Es handelt sich dabei, wenn man sich an den Wortlaut hält, nicht um zwei Klassen von Ursachen, sondern um zwei Aspekte, zwischen denen es keinen absoluten Unterschied gibt. Die Aspekte unterscheiden sich wie die Wesensfrage: „Was ist Feuer?" von der weniger grundsätzlichen, aber zugänglicheren: „Wie wirkt Feuer?". Aber beide Fragen gehören der Kategorie der Ursache an. In Anlehnung an die Aristotelische Terminologie wird diese in zweimal zwei Bestandteile zerlegt: Die Metaphysik hat es mit der „causa formalis" und „causa finalis" zu tun, die Physik mit der „causa efficiens" und „causa materialis". Um allerdings der Baconischen Bedeutung dieser Begriffe auf den Grund zu kommen, ist es nötig, noch einige Stufen weiter in seine Klassifikation der Wissenschaften, besonders in die Unterteilung der Physik, hinabzusteigen. Wir halten uns an „De Augmentis Scientiarum".⁴ Einen Überblick gibt das beigefügte Schema; die Beispiele in dem Schema sind dem Text entnommen.

Wir betrachten zunächst die Physik der Einheit nicht, die in der obersten Einteilung von der Physik der Vielheit abzweigt. Sie führt in die Prinzipien und übersteigt die direkten Möglichkeiten der Kausalanalyse. Die Welt, die uns über Sinne und Handlungen zugänglich ist, ist immer eine der Vielheit, eine der Einzeldinge. Zu deren Charakterisierung benutzt Bacon das Begriffspaar Substanz und Akzidenz, Ding und Eigenschaft. Auf der nächsten Stufe der Einteilung unterscheidet er die „physica concretis" oder „creaturis", die sich mit Dingen befaßt, von der „physica abstractis" oder „naturis", die sich mit Akzidenzien beschäftigt. Zwischen beiden besteht kein prinzipieller Unterschied. Man kann Einzeldinge auf all ihre Eigenschaften untersuchen, oder Eigenschaften in verschiedenen Dingen verfolgen. Ein gradueller Unterschied ist dagegen wichtig: Die Physik des Konkreten steht der Naturgeschichte nahe,

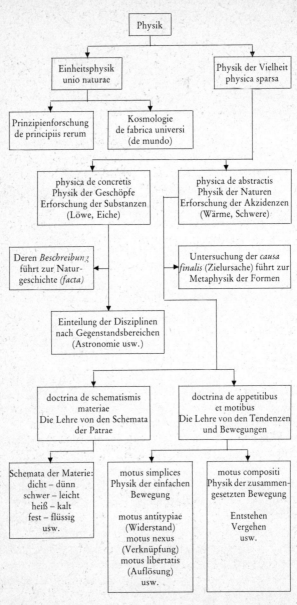

in der nur Tatsachen, keine Ursachen gesammelt werden. Anders gesagt, Tatsachen und Ursachen liegen hier auf derselben Ebene: Eine Tatsache ist die Ursache einer anderen Tatsache. Die Physik des Abstrakten oder der Naturen tendiert dagegen zur Metaphysik: Je abstrakter die Ursachen, desto näher kommen sie den Formen, die in der Metaphysik untersucht werden. Hier sind Formen die Ursachen von Tatsachen. Die Physik des Konkreten deckt die Reichhaltigkeit der Welt der Dinge auf, die Physik des Abstrakten entdeckt die Gleichheiten in den Eigenschaften der Dinge.

Der Erkenntnisfortschritt hinsichtlich der Axiome des Wissens kann allerdings nur über die Physik des Abstrakten verlaufen. Diese unterteilt Bacon nun weiter in die Analyse der Schematismen oder Konfigurationen der Materie und in die ihrer Bewegungen. Struktur und Prozeß wären die modernen Ausdrücke. Für die Bewegungen gibt es dann noch eine weitere Unterteilung in einfache und zusammengesetzte Bewegungen. Für die Schematismen und die beiden Gruppen der Bewegungen gibt Bacon Beispiellisten, die zu verstehen heute schwerfällt. Seine Anschauungen über die Einfachheit der Bewegungen verfügen noch nicht über die Kategorien der klassischen Mechanik. Ebenso ist die bipolare Anordnung der Schematismen (heiß-kalt, schwer-leicht) Traditionsgut, das im 17. Jahrhundert weitgehend aufgegeben wurde. Andererseits muß Bacon sich für diese Beispiele nicht verbürgen, sondern nur vertreten, daß es in der Physik um die Entdeckung solcher Schematismen und Bewegungen geht. Sie sind die Ursachen, nach denen in der Physik der Vielfalt gesucht werden muß.

Diese physikalische Kausalanalyse hat also einerseits die materielle Konfiguration eines Vorgangs aufzuklären (causa materialis) als auch dessen entscheidende Bewegungsarten (causa efficiens). Worauf ist die Suche nach der materiellen Konfiguration genau gerichtet? Bacon spricht davon, daß die physikalischen Ursachen neue Erfindungen in jeweils material-ähnlichen Sachverhalten (in simili materia) ans Licht bringen (I, 568). Daraus ist zu schließen, daß die Suche nach der „causa materialis" auf die Entdeckung von Ähnlichkeitsklassen von Stoffen gerichtet ist: z. B. die Entdeckung aller Wachse, aller Metalle oder Farbstoffe. Die Formanalyse, so stellt Bacon an derselben Stelle fest, bringt gegenüber dieser materiellen Basis (basis materiae) und ihrer Bewegungsbedingung (conditio efficiens) mehr Freiheit des Handelns, da mit ihr nicht nur über die Wachse, sondern die Form des Wachses, die Form des Metalls und die Form der Farbe verfügt wird.

Die Physik der Bewegungen ist ebenfalls eine Kausalanalyse. Die einfachen Bewegungen sind Ursprung aller natürlichen Bewegung, und jede zusammengesetzte Bewegung sollte in die einfache auflösbar sein. Obwohl Bacon dies nirgends explizit sagt, müßte jede Analyse der Wirkursachen in eine Analyse dieser Bewegungen münden.

Damit sind die Begriffe der „verborgenen Prozesse" und der „latenten Schematismen" aufgeklärt. Auf ihre Erkenntnis zielt die Analyse der Wirkursachen und Materialursachen. Darüber hinaus bilden sie die erste Grundlage der metaphysischen Naturerkenntnis: der Erkenntnis der Formen der Natur. Bacon nennt die Schematismen die Formen der ersten Klasse oder die einfachen Formen der Dinge (I, 568). Aus seiner Studie über die Bewegung[5] sowie aus der über die Wärme im „Novum Organum" (N. O. II, Aph. 18ff.) geht hervor, daß auch die Bewegungen Formen sind. Über die Formen der zweiten oder noch höheren Klassen läßt Bacon sich explizit nirgends aus. Vermutlich sind sie auf jeweils höheren Abstraktionsebenen in Richtung auf die „prima philosophia" angesiedelt, die in der höchsten Form, „dem obersten Gesetz der Natur" (summaria naturae lex) gipfelt (I, 567). Die Metaphysik ist keine grundsätzlich andere Wissenschaft als die Physik, sondern nur deren Fortsetzung mit jeweils weiter vorangetriebenen Abstraktionsleistungen. Bacon gebraucht an mehreren Stellen[6] die Wendung, daß die „causa efficiens" nur das Vehikel der Form (vehiculum formae) sei. Die Erkenntnis der Formen befähigt dazu, durch die Einrichtung bestimmter Vorkehrungen, nämlich der Wirkursachen, die Natur in den Körpern in Tätigkeit zu setzen. Er geht dabei von der Grundvorstellung aus, daß die Formen im Vergleich zu den Körpern wenige sind, ähnlich wie die Buchstaben im Vergleich zu den Worten. Daher ist die Transformation der Form von einem Körper in einen anderen genau die Leistung, zu der uns die Ursachenkenntnis der Form befähigt.

Das alles klingt geheimnisvoll und fremd, auch wenn eine interne Zuordnung der Begriffe gelingt. Während wir in Bacons Philosophie der Erkenntnis einige charakteristische Züge des modernen Denkens gefunden haben, scheint die Vertiefung in seine Naturphilosophie weit fort zu führen. Kann sie wirklich ein Bestandteil einer neuen Philosophie der Forschung sein, die sich in ihren Ansprüchen scharf von allen Traditionen abhebt? Wenden wir uns diesem Thema zu und untersuchen nun den Zusammenhang von Ursachenanalyse und Forschung.

Beginnen wir mit der Frage, wo in unserer Analyse die Finalursache geblieben ist, die der Metaphysik ebenso angehören soll wie die Formalursache. Im zweiten Aphorismus des zweiten Buches hat Bacon zwar die schroffe Bemerkung gemacht: Die Finalursache hat nur bei der Analyse menschlicher Handlung ihren Ort. Die Ausführungen in „De Augmentis" sind aber etwas eingehender. Bacon greift Platon, Aristoteles und Galen an, weil ihr Vertrauen in die Finalursachen sie von der Erforschung der physikalischen Ursachen abgehalten habe (I, 569). Als Beispiele führt er die Aussagen an, daß „die Blätter ausschlagen, um die Früchte vor Sonne und Wind zu schützen"; „Wolken in der Höhe entstehen, um die Erde mit Regen zu versorgen." Diese Aussagen geben Antworten auf Absichten (intentiones), lassen aber offen, wie diese in der Natur realisiert werden (ihre consecutio, vgl. I, 570). Alle Forschung hat aber bei dem letzteren, der Realisation, zu beginnen. Bacon glaubte also an Finalursachen, sie sind letztlich die Absichten Gottes. Aber im Forschungsprozeß haben sie keine ausgewiesene Funktion, und die Metaphysik hat, soweit sie zur Forschung zu zählen ist, mit ihnen nichts zu tun. Obwohl die Zuordnung von Finalität und Kausalität bei Bacon letztlich offen bleibt, hat er genau erkannt, daß die beiden Kausalformen auf begrifflich unabhängigen analytischen Ebenen angesiedelt sind. Sie können zueinander nichts beitragen. Die Kenntnis einer Absicht bringt meine Kenntnis eines physikalischen Vorgangs um nichts weiter; aus physischen Vorgängen sind die Absichten der Vorhersehung nicht zu erschließen (I, 570). Streng genommen gilt: Jede Kausalität ist mit jeder Finalität kompatibel; aber keine Finalität ist an irgendeine bestimmte Kausalität gebunden. Und daraus folgt, daß *Naturforschung die Finalität weder bestätigen noch widerlegen kann*. Genau bis zu diesem Punkt wird das grundsätzliche Thema von Finalität und Kausalität verfolgt. Weltdeutungen außerhalb des Forschungsprozesses bleiben davon unberührt, wie man etwa in dem Prometheus-Mythos in „De Sapientia Veterum" nachlesen kann (VI, 668ff.). Die Abgrenzung des Forschungsprozesses ist allerdings unzweideutig und entschieden.

Alle Kausalerkenntnis zielt, so kann jetzt formuliert werden, auf Erkenntnis der Formen, auch wenn ihr Ansatz die Erforschung der Wirk- und Materialursachen ist. Der Zusammenhang zwischen diesen Grundbegriffen der Baconischen Naturphilosophie und dem Forschungsprozeß wird von Bacon mit einiger Sorgfalt in den Aphorismen 3 bis 9 des zweiten Buches entwickelt. Er gehört zu den wichtigsten Teilen seiner gesamten Philosophie und verlangt die Darstellung einiger Details.

Im Aphorismus 2 betont Bacon, daß die Erforschung der Formen vergeblich ist, wenn man davon ausgeht, daß diese auf irgendeine Weise anders existieren als in den Körpern und ihren Bewegungen. Im Rahmen der Idolenlehre im Aphorismus 51 des ersten Buches hatte Bacon die Formen als Erdichtungen des menschlichen Geistes bezeichnet, außer man versteht sie als „die Gesetze der Bewegung der Materie selbst". Hier im zweiten Buch heißt es jetzt: „In der Natur existiert nichts in Wahrheit außer die einzelnen Körper, die einzelne reine Handlungen nach dem Gesetz (ex legi) hervorbringen. In den Wissenschaften ist dieses Gesetz selbst, seine Erforschung, Auffindung und Erklärung das Fundament des Wissens und des Handelns (ille ipsa lex, ejusque inquisitio et inventio atque explicatio, pro fundamento est tam ad sciendum quam ad operandum). Dieses Gesetz und seine Paragraphen verstehe ich unter dem Namen Form" (N.O. II, Aph. 2). Der Begriff ‚Gesetz' bleibt auch an dieser Stelle noch undeutlich. Er wird später wieder aufgegriffen. Der wichtigste Punkt ist, daß die Untersuchung der Formen an die Körper und ihre Bewegungen gebunden bleiben muß. Diese Bindung soll aber nicht besagen, daß die Formen einzelnen Körpern oder Körperklassen jeweils ausschließlich zugeordnet sind. Im Gegenteil: Die Forschung muß eben darauf gerichtet sein, „die Einheit der Natur in den unähnlichsten Dingen" (N.O. II, Aph. 3) zu entdecken. Die jeweilige Einheit stiftet die Form. Zur Erklärung kann man wieder Bacons Analogie des Alphabets zu Rate ziehen. Die Worte „Buchseite" und „Metaphysik" sind verschieden, haben aber die Form „i" gemeinsam, ohne daß diese Form ein Drittes außerhalb der Worte wäre. So sind Glas und Wasser verschieden, haben aber die Form der Transparenz gemeinsam (vgl. N.O. II, Aph. 23). Nun ist es zwar leicht, die Transparenz als etwas Gleichartiges zwischen Glas und Wasser zu benennen. Aber damit hat man nur bezeichnet, was es zu erkennen gilt, erkannt hat man noch gar nichts. Wenn man die Form erkannt hat, dann kann man nach Bacons Überzeugung „facta" hervorbringen, die bisher nicht erzeugt worden sind und die weder der Wechsel in der Natur, noch die Bemühungen in Experimenten, noch der Zufall selbst jemals verwirklicht hätten und auf die auch das menschliche Denken nicht verfallen wäre. Daher erfolgt aus der Auffindung der Formen die wahre Erkenntnis und die freie Operation (ex Formarum inventione sequitur Contemplatio vera et Operatio libera) (N.O. II, Aph. 3). Man muß also in dem genannten Beispiel die Form der Transparenz so kennen, daß sie unabhängig von den Körpern, an denen sie bekannterweise auftritt, gehandhabt werden kann; dann hat man ihre Natur erkannt; dann ist man in der Lage, sie im Rahmen des Möglichen auf andere Körper zu übertragen. Man könnte vielleicht transparente Metalle, oder, wenn man noch weitere Formen beherrscht, transparente Kunststoffe herstellen. In der Analogie zu den Buchstaben und Worten ist alles ganz einfach. Die Kenntnis der Buchstaben (Formen) ermöglicht die Bildung beliebiger Worte. Aber in der empirischen Forschung gibt es Schwierigkeiten: Wo ist die Grenze zwischen Formen und Erdichtungen? Wann kann man sicher sein, eine Form getroffen zu haben? Wie groß ist ihre Zahl? Wie ist ihre Relation zueinander?

Man sieht, daß die Reflexion auf den Ansatz der Formerkenntnis sofort in weitreichende ontologische Fragen führt, von denen man einigermaßen sicher sein kann, daß sie durch Spekulationen nicht befriedigend beantwortet werden können. Als Philosoph unter Philosophen wäre Bacon vor die Alternative gestellt, zuzugeben, daß die Konsistenz seines Ansatzes offen ist, er sich also für die Durchführung nicht verbürgen kann; oder aber einen begrifflichen Aufwand zur Absicherung seiner Vorstellungen zu treiben, der ihn genau zu dem gemacht hätte, was er absolut nicht sein wollte: zum Vertreter eines neuen spekulativen Systems. In dieser mißlichen Lage greift Bacon zu dem Ausweg, der seinem Werk insgesamt historische Bedeutung gegeben hat: Er antizipiert die Ergebnisse nicht, aber er weist auf, wie man anfangen kann. Dies geschieht im Aphorismus 3, der eine zentrale Drehscheibe seiner Philosophie ist. Thema ist die Erkenntnis von Formen. Auf die Gefahr der „eingewurzelten schädlichen Gewohnheit, sich im Abstrakten zu bewegen", weist er gleich zu Anfang hin. Obwohl „die Wege zu menschlicher Macht und menschlichem Wissen aufs engste verbunden sind", sagt er deshalb, „ist es entschieden sicherer, die Wissenschaften auf denjenigen Grundlagen zu beginnen und aufzurichten, die im Bereich des tätigen Teils (pars activa) liegen, und dann diesen Teil selbst den kontemplativen bezeichnen und bestimmen zu lassen" (N.O. II, Aph. 4). Das hieße in unserem Beispiel, man soll nicht spekulieren, was Transparenz ist, sondern mit transparenten Gegenständen umgehen, um herauszufinden, was für eine Theorie der Transparenz wichtig ist.

Aber wie? „Es ist daher zu betrachten, was für eine Vorschrift (praeceptum) oder welche Anweisung (directio) oder was für eine Leitung (deductio) jemand am meisten wünschen würde, der in einem gegebenen Körper eine bestimmte Eigenschaft erzeugen oder auf ihn übertragen will" (N.O. II, Aph. 4). Es werden dann die Forderungen spezifiziert, die an solche Vorschriften, Anweisungen und Leitungen zu stellen sind:

„Erstens wird er zweifellos wünschen, daß ihm etwas gezeigt werde durch das sein Werk nicht mißlingen noch das Experiment scheitern würde. Zweitens wird er wünschen, eine solche Vorschrift zu erhalten, die ihn nicht auf ganz bestimmte Mittel einschränkt und zu ganz besonderen Vorgehensweisen zwingt... Drittens wünscht er, daß ihm etwas gezeigt werde, das nicht ebenso schwer zu vollbringen ist, wie das Werk (operatio), das es zu erforschen gilt, sondern daß der Prozeß zugänglicher ist" (N.O. II, Aph. 4).

Die Erkenntnis der Formen wird in dieser Überlegung vollständig an der Praxis des materiellen Umgangs mit Formen orientiert: Sie muß erstens im Experiment Erfolg versprechen, zweitens soll sie möglichst allgemein sein, drittens soll sie weniger voraussetzungsreich sein als die schon verfügbare Praxis. Die Anweisungen sollen also so beschaffen sein, daß sie, nach Bacons eigenen Worten, die Operation certum (sicher), liberum (frei), disponens ad actionem (handhabbar) machen (N.O. II, Aph. 4). Bei diesen Forderungen handelt es sich nicht um absolute Forderungen: Es gibt ein Mehr oder Weniger an Sicherheit, Freiheit und Handhabbarkeit. Das Ideal der Erkenntnis der reinen Formen muß nicht erreicht sein, bevor es irgendwelche Fortschritte gibt, sondern andersherum: Jeder Fortschritt nach den genannten Merkmalen weist in die Richtung des Ideals. Das ist die Begründung für die heute fremd klingende Steigerung des Begriffs der Wahrheit im abschließenden Satz dieses Aphorismus: „Was in den Operationen am nützlichsten ist, ist im Wissen am wahrsten (quod in operando utilissimum, id in sciendo verissimum)" (N.O. II, Aph. 4). Die Vorschriften des Operierens sind auf der Ebene der Erkenntnis gleichbedeutend mit den Axiomen, also den Grundsätzen der Naturerkenntnis (praeceptum sive axioma) (N.O. II, Aph. 5). Diese Axiome sind entsprechend der Unterteilung in die Physik des Abstrakten (das ist die der Naturen oder Eigenschaften) und die des Konkreten (der Kreaturen oder Substanzen) von zweierlei Art: Im Sinne der abstrakten Physik werden die Körper als eine „Konjugation einfacher Naturen" betrachtet (Aph. 5), als eine Verbindung aus den Elementen der Natur. In der Alphabetmetapher: als ein Aggregat von Buchstaben. Im Sinne der konkreten

Physik sind Körper von der Natur vorgegebene Gewebe (fabrica). In diesen Geweben sind zwar nicht die grundlegenden Gesetze der Natur zu entdecken (leges fundamentales), aber dafür sind sie der Untersuchung zugänglicher. Die ersteren dagegen würden – einmal erlangt – Axiome zu erkennen geben, die aufweisen, „was in der Natur beständig, ewig und allgemein ist und der menschlichen Macht verborgene Wege eröffnet, die das menschliche Denken bei der gegenwärtigen Lage der Dinge kaum fassen und sich vorstellen kann" (Aph. 5). „Denn die tieferen radikalen Operationen gegenüber Naturen hängen von den obersten Axiomen ab" (N.O. II, Aph. 5).

In den folgenden Aphorismen konkretisiert Bacon dieses Ergebnis für die latenten Prozesse (N.O. II, Aph. 4) und Schemata (N.O. II, Aph. 7). Bei den latenten Prozessen kommt es darauf an, sie durch Experimente schrittweise bis in die Welt der Mikroprozesse hinein zu verfolgen, die sich einer direkten Beobachtung entziehen, durch die gleichwohl alle Tätigkeiten in der Natur sich letztlich vollziehen. Die Experimente, die er vorschlägt, um diesen Vorgängen auf die Spur zu kommen, beruhen auf der Annahme gewisser Erhaltungsprinzipien, über die die Meßergebnisse Rückschlüsse auf die Ursachen der Umwandlungen erlauben: „So ist beispielsweise bei allen Prozessen der Erzeugung und Transformation der Körper zu untersuchen, was verloren geht und sich verflüchtigt, was verbleibt, hinzutritt, sich ausdehnt und zusammenzieht..." (N.O. II, Aph. 6). Die Idee ist, durch Vergleiche zwischen Anfangs- und Endwerten die spezifische Leistung der Kausalität zu erschließen, die die „Quelle der Emanation" und die „natura naturans" ist.

Auch bei der Untersuchung der verborgenen Schemata der Körper kommt es darauf an, Experimente so zu entwerfen, daß Rückschlüsse auf das „wahre Gewebe der Körper (vera corporum textura)" möglich sind. Aus deren Kenntnis erst ergeben sich die Gesetze (norma) für alle Möglichkeiten von Veränderungen.

Wenn man Bacons Vorstellungen von den latenten Prozessen und Schemata in die klassischen Positionen der Naturphilosophie einreiht, wo etwa hätte man sie zu plazieren? Der Aphorismus 8 gibt darauf Auskunft:

„Die Sache kann nicht auf das Atom zurückgeführt werden, welches ja einen leeren Raum und eine nicht wandelbare Materie voraussetzt, was beides falsch wäre, sondern auf seine wahren kleinsten Teile, wie sie vorgefunden werden. Niemand soll vor dieser Feinheit (subtilitas) als vor einer unerklärlichen Sache zurückschrecken. Im Gegenteil, je mehr die Forschung zu den einfachen Eigenschaften vordringt, desto klarer und durchsichtiger wird alles" (N.O. II, Aph. 8).

Bacon lehnt also den Atomismus Demokrits aufgrund eigener Hypothesen – Wandelbarkeit der Materie und Erfülltheit des Raumes – ab und fällt damit hinter seine eigenen Grundsätze zurück. Dies muß befremdlich wirken, angesichts der Tatsache, daß ca. 20 Jahre später die Existenz des Vakuums aus Experimenten geschlossen wurde, die genau von der Art waren, die Bacon verlangte. Die berühmten Untersuchungen zum Saugpumpeneffekt und zum Luftdruck von Galilei und seinen Schülern Torricelli und Viviani sowie von Pascal leiteten den Siegeszug der atomistischen Hypothese ein.[7] Fällt Bacon hier also in einen von ihm selbst bekämpften Dogmatismus zurück? Einerseits offensichtlich; aber man sollte das Beispiel zugleich als einen Beleg dafür in Erinnerung behalten, daß Bacon der Bildung von riskanten Hypothesen in seiner eigenen philosophischen Praxis nicht abgeneigt war. Dieser Tatbestand wird später ein neues Licht auf seine Methodenlehre werfen.

Auch ist es wichtig, die Stoßrichtung seiner Argumentation im Auge zu behalten: Die letzten Einheiten der Materie, die Bacon als kleine Partikel unterstellt, sollen keine hypothetischen Konstrukte sein sondern wirklich handhabbare, operativ zugängliche Elemente. Die Partikel selbst sind bestimmt durch ihre Gleichförmigkeit, durch die gleiche Form. Insoweit besteht enge Ähnlichkeit zu Demokrits Definition der Atome und scharfer Gegensatz zur Platonischen und Aristotelischen Definition der Materie als formlosem Stoff. Warum aber denkt Bacon sich im Gegensatz zu Demokrit die Formen als ineinander überführbar? Die sicherste Position wäre doch wohl, das eine und das andere für möglich zu halten. Bacon lehnt sich dagegen an die Auffassung der Alchimisten an, die von der Transmutabilität aller Elemente ineinander ausging. Was bewirkt die Veränderung der Formen ineinander? Im „Novum Organum" setzt Bacon (wohlweislich) seine Spekulationen nicht fort. In anderen Schriften, besonders in der Untersuchung über Leben und Tod (Historia vitae et mortis) entwirft er Vermutungen über das Wechselspiel zwischen berührbaren und sehr viel feineren Partikeln, die er „spiritus" (Geister) nennt. Diese Vermutungen sind so in den alchimistischen Konzepten der Renaissance verwurzelt, daß es nicht möglich ist, sie in Kürze darzustellen.[8] Sie sind hypothetische Konstrukte zur Erklärung all der Naturvorgänge, die wir zwar nicht bestreiten, die sich aber unseren Sinnesorganen und unserem Handlungszugriff entziehen oder zur Zeit Bacons entzogen. In seiner Untersuchung über „Leben und Tod", „Historia Vitae et Mortis" (II, 101–226 = V, 213–335) stellt Bacon fest: „Der spiritus, über den ich spreche, ist nicht irgendeine Fähigkeit (virtus) oder Wirkung (energia) oder zielstrebige Kraft (entelechia) oder ein sonstiges Windei (nugae), sondern ein Körper, dünn und unsichtbar; dennoch mit einem Ort, mit Ausdehnung, real..." (II, 213 = V, 321). Kurz: Man kann den „spiritus" auf die Spur kommen; sie entziehen sich nicht schon durch ihre begriffliche Konstruktion der Erkennbarkeit.

Das Beispiel dieser submechanischen Geister ruft hinlänglich in Erinnerung, daß Bacon kein Philosoph der neuzeitlichen Wissenschaft ist. Seine inhaltlichen Überzeugungen sind die des 16. Jahrhunderts. Seine Erneuerungen setzen nicht bei diesen *Überzeugungen* an, sondern bei den *Verfahren* zum Erkenntnisgewinn. Dennoch wäre es zu eng, seinen Naturbegriff nur rückwärts gewandt zu interpretieren. Seine Auffassung von den „realen Partikeln" steht in einer Entwicklungslinie hin zu den Korpuskulartheorien von Descartes und Newton. Die Lehre von den materiellen Geistern begegnet uns fast unverändert wieder in Descartes' „Traktat über den Menschen".[9] Sie dienen dort dazu, eine (fast) vollständige mechanistische Erklärung der physiologischen und psychischen Vorgänge zu geben. Es darf auch als sicher gelten, daß Descartes bei Bacon die entscheidenden Anregungen gewonnen hat. Die Gedanken über die Natur sind also in Fluß, und ihre Kennzeichnung als entweder alt oder neu bringt wenig. Bacons Angriffe auf Philosophen, die ungeprüft spekulative Ideen über die Wirklichkeit vortragen, treffen ihn hier sicherlich zum Teil selbst. Aber ein wichtiger Unterschied besteht doch: Seine Vermutungen sind Antizipationen, die durch einen geregelten Forschungsprozeß eingeholt werden oder aber aufgegeben werden müssen. Das Ziel seiner Spekulationen ist es, die Natur als erforschbar aufzuweisen. Denn dies ist die Vorbedingung der erfolgreichen Anwendung seiner neuen Methode. Wieweit es legitim, ja unvermeidlich ist, auch in der Verwendung dieser Methode solche Antizipationen vorzunehmen, werden wir im nächsten Kapitel erörtern.

Wir wenden uns nun noch einmal dem Begriff des Naturgesetzes zu. Auch er hat eine janusköpfige Gestalt zwischen Renaissance und Neuzeit. Die Bindung an die Form ist aristotelisch, die Bindung an die Regel ist modern. Warum aber hat Bacon der Gesetzesmetapher überhaupt diese zentrale Stelle eingeräumt? Erst einmal: Er ist nicht der erste Autor, der sie benutzt. Man hat sie bis in babylonische Texte zurückverfolgt; sie wird auch im Alten Testament, bei den Vorsokratikern, bei einigen Scholastikern, Neuplatonikern, ja selbst bei Leonardo da Vinci benutzt[10]. Aber der Kontext ist bis auf wenige Ausnahmen moralisch oder religiös: Gott gebietet der Natur und diese muß sich trotz gelegentlicher Übertretungen fügen. Bei Bacon dagegen hat der Begriff zum ersten Mal eine handgreifliche, pragmatische Funktion; er ist nicht metaphorisch, sondern als Grundbegriff eingeführt.

Es liegt nahe, bei dem Juristen Bacon eine Antwort zu suchen.

In der Tat wird man hier fündig. In seiner Schrift „Maxims of the Law", die in Teilen schon zur Regierungszeit Elisabeths verfaßt wurde, gibt es einige Parallelen zwischen den Maximen des Rechts, die er „regulae" nennt, und den Axiomen der Wissenschaft. Beide werden konstruiert durch Rücksicht auf die *nächsten* Ursachen, aus denen sie generalisiert werden. Die Rechtsregeln werden, obwohl sie „allgemeine Vorschriften der

Vernunft (dictamina generalia rationis)" sind (De Augmentis I, 823 = V, 106), aus dem Vergleich konkreter Fallentscheidungen und einzelner Gesetze gewonnen. Bacon nennt die Maximen auch „legum leges", „Gesetze der Gesetze" (VII, 320; I, 805 = V, 89), die letztlich bestimmen sollen, was in einzelnen Gesetzen „gut oder schlecht eingerichtet ist". Ähnlich entscheiden die Axiome der Wissenschaft darüber, ob einzelne Propositionen richtig oder falsch sind. Aber diese „Diktate der Vernunft" sind dennoch aus den Einzelheiten gewonnen. „Es ist richtig geurteilt, daß das Recht nicht aus den Regeln hergeleitet, sondern daß aus dem existierenden Recht die Regel gewonnen wird. Denn der Beweis (probatio) ist nicht aus den Worten der Regel hervorzuholen, als ob sie ein Textbuch des Gesetzes sei. Die Regel zeigt das Gesetz an (wie der Kompaß zur See die Polrichtungen), aber sie errichtet es nicht" (I, 823 = V, 106).

Die Parallelität zwischen der Theorie der Rechtsmaximen und der der Naturgesetze ist deutlich: Beide gewinnen ihre Bedeutung aus Verfahren der Verallgemeinerung und haben ihre Berechtigung nicht „in Worten", sondern in ihren „Hinweisen" auf Einzelheiten. Man kann die These vertreten, daß Bacons juristischer Hintergrund ihm die Analogie zwischen Axiom und Gesetz nahegelegt hat. Dennoch spricht einiges dagegen, zu der Behauptung weiterzugehen, daß seine Konzeption der Naturerkenntnis aus dieser Analogie gewonnen sei.[11] Wahrscheinlicher ist, daß er vielmehr seine Grundidee der Verknüpfung der empirischen und rationalen Fakultät auf beiden Feldern, dem des Rechts und dem der Natur, hat umsetzen wollen. Denn Bacon ist auf dem Boden des Rechts in seiner Zeit ebenfalls Außenseiter: Er versuchte, zwischen Rechtspositivismus, für den nur einzelne, zufällige Entscheidungen bestehen, und spekulativer Rechtstheorie, die vergeblich verbindliches Recht aus allgemeinen Prinzipien herleiten will, einen neuen Weg einzuschlagen. Wenn diese Vermutung richtig ist, dann brauchen wir an dieser Stelle nicht Rat in den juristischen Abhandlungen zu suchen, sondern können unterstellen, daß vielmehr deren Analysen von derselben neuen Methode getragen sein müssen, der wir uns gleich zuwenden.

Ein Punkt der Diskussion verbleibt. Wie eng ist Bacons Begriff des Naturgesetzes mit dem der Neuzeit verwandt? Die Antwort ist nicht leicht zu geben. Der Begriff ist trotz seiner zentralen Stellung mehrdeutig und unterliegt seiner eigenen geschichtlichen Veränderung. Man kann schon im 17. Jahrhundert mehrere Bedeutungen unterscheiden. Dennoch, wenn man davon ausgeht, daß der Aristotelische Formbegriff und der neuzeitliche Gesetzesbegriff ganz unvereinbare Grundbegriffe der Naturerkenntnis darstellen, dann sind Bacons Gedanken die Naht, die die alte und die neue Konzeption noch zusammenhält. Vielleicht bieten sie aber auch ein Beispiel dafür, wie Überzeugungen, die später als unvereinbar gelten, nicht nur einmal zusammenhingen, sondern auseinander hervorgingen. Die wichtigsten Kennzeichen des Baconischen Gesetzesbegriffs sind die folgenden:

– *Die Beziehung von Gesetzmäßigkeit und Kausalität:* Formen sind Ursachen, die etwas bewirken. Etwas geschieht, weil es durch die Bewegung einer Form oder durch eine Transformation hervorgebracht wird.
– *Die Beziehung von Gesetzmäßigkeit und Notwendigkeit:* Wenn die Ursache gesetzt ist, geschieht die Wirkung unweigerlich. Die Geltung der Gesetze ist unverbrüchlich.
– *Die Beziehung von Gesetzmäßigkeit und Determination der Natur:* Sieht man von Gottes Vorrechten ab, dann ist alles Geschehen durch Gesetze bestimmt, denn alle Körper und Prozesse sind wie die Worte der Sprache durch das Alphabet der Formen bestimmt.
– *Die innere Ordnung der Gesetze:* Bacon war nicht nur der Ansicht, daß es gegenüber der Vielfalt der Dinge nur wenig Gesetze gibt, sondern auch, daß sie eine hierarchische Ordnung bilden, an deren „oberster Spitze und vertikalem Punkt das höchste Gesetz der Natur steht" (summaria naturae lex). (I. 567)
– *Die Beziehung von Gesetz und Regel oder Handlungsanweisung:* Bacons Formen sind keine „Wesensbestimmungen", sondern tatsächlich wirkende Elemente der Natur. Deswegen ist die Erkenntnis der Gesetze gleichbedeutend mit der Erkenntnis von Regeln im Umgang mit der Natur. Gesetze stiften die Äquivalenz von Erkenntnis und Handlungen (contemplatio und operatio).

Trotz der Fremdheit seiner Grundbegriffe über die Natur weist Bacon mit ihnen auf Wege, die in die Wissenschaft des 17. Jahrhunderts gehören. Allerdings soll es nicht darum gehen,

Bacon zu modernisieren. Seine neuen Ideen zur Erkenntnis als Forschung und zur Natur als erforschbarer Natur sind ja gerade deswegen faszinierend, weil sie formuliert werden auf dem Kenntnisstand einer Epoche, die weder den Begriff der Naturwissenschaft des 17. Jahrhunderts, noch deren erfolgreiche Methoden kannte.

4. Bacons Ideen zu einer Methode der Forschung

Bacon war davon überzeugt, eine universelle Methode der Forschung gefunden zu haben. Er machte aber eine wesentliche Einschränkung: Er sah ihre Abhängigkeit von den Fortschritten der Wissenschaften. Dies drückt der allerletzte Satz des ersten Buches aus: „Da ich den Geist nicht bloß in seiner Fähigkeit, sondern gerade in seiner Verknüpfung mit den Dingen berücksichtige, muß ich einräumen, daß die Kunst des Erfindens (ars inveniendi) mit den Erfindungen wachsen kann" (N.O. I, Aph. 130). Die Methode dient der Absicht, das „Alphabet der Natur" zu entziffern. Hat die Natur ein Alphabet? Ist die Anzahl der Buchstaben überschaubar? Eine Methodologie kann diese Fragen nicht beantworten, sondern setzt ihre Behandlung voraus. Bacon hat dargelegt, daß Forschung Formen freisetzen soll. Die naturphilosophischen Ansichten über Formen hängen aber von den Forschungsergebnissen ab. Änderungen dieser Ansichten ziehen gegebenenfalls Änderungen der Methode nach sich. Auf der anderen Seite hat Bacon auch betont, daß die Methode wie eine „Maschine" konstruiert sei (vgl. III, 640),[1] und gemeint, daß zu ihrer Handhabung wissenschaftliche Genialität weniger wichtig ist als solide Routine. Ist also doch die Methode ein Algorithmus, ein automatisches Verfahren des Erkenntnisgewinns? Schwächer als der Ausdruck Maschine ist der Begriff des „Organum", des Werkzeugs, der ja dem Werk den Namen gegeben hat. Aber vielleicht ist dieser Begriff wieder nicht stark genug. Denn über den bloßen Werkzeuggebrauch hinaus hat Bacon von seiner Methode erhofft, daß sie Suchstrategien bereitstellt, daß sie eine Art Gebrauchsanweisung für

Forschung ist. Seine Methode soll ein Werkzeug sein, das man nicht nur benutzen kann, sondern auf das man sich einlassen und verlassen können muß. Insoweit ist der Begriff der methodischen „Maschine", die eigene Funktionsgesetze hat, berechtigt. Fügt man die erste Auffassung Bacons, daß die Methode durch ihre Ergebnisse sich verändert, mit der zweiten zusammen, daß sie nach ihrer inneren Mechanik funktioniert, dann wäre die Rede von einer Methode, die in Abhängigkeit von ihren Erfolgen zur Veränderung ihrer eigenen Funktionsweise fähig ist. Diese Lesart wollen wir zur These unserer Interpretation machen.

Ein genaues Studium der *neuen* Methode wird durch zwei ungleiche Umstände erschwert. Der erste liegt in Bacons Darstellungstechnik. Bacon geht exemplarisch oder paradigmatisch zu Werke. Als Beispiel wählt er eine Untersuchung der Wärme, also die Erforschung der Form der Wärme, also (nach unserer Interpretation) eine Analyse der Ursache der Wärmeerzeugung, oder (ebenfalls nach unserer Interpretation) die Erfindung einer Regel, Wärme in einem beliebigen Körper zu erzeugen. Dabei führt er den Leser durch Beispiele aus allen möglichen Wissensbereichen. Man neigt dazu, diese zu überspringen, wenn man sich nur für die Umrisse der Methode interessiert. Man überprüft dann aber nicht ihre Leistungskraft für die empirische Feinarbeit. Wir werden versuchen, durch eine Auswahl der empirischen Materialien davon wenigstens einen Eindruck zu vermitteln.

Die zweite Erschwernis ist ungleich gewichtiger: Bacon stellt seine Methode nur fragmentarisch dar. Die Interpreten haben dazu hauptsächlich zwei Vermutungen geäußert (die sich nicht ausschließen): Entweder stand Bacon unter Zeitdruck und wollte die Gunst der Stunde seines hohen Amtes nutzen. Er hat sich vielleicht entschlossen, lieber ein Fragment zu publizieren, als auf öffentliche Wirkung zu verzichten;[2] oder aber Bacon hatte seine Meinung über die Relevanz der Methode geändert. Gegen Ende seines Lebens erschienen ihm die Tatsachensammlungen der Naturgeschichten wichtiger als das Spinngewebe einer Methode, die unter der Hand zu einer mächtigen Wortwissenschaft klassischen Musters auszuufern drohte.³ Ich möchte mit einer anderen Vermutung arbeiten: Die Darstellung der Methode ist mit Absicht und guten Gründen als Fragment geplant gewesen.

Äußerlich kann sich diese Vermutung auf die parallele Konstruktion der „Instauratio Magna" stützen.⁴ Wie wir bereits analysiert haben, ist diese so als Fragment konzipiert, daß im Kern nur das „Novum Organum" ausgeführt wurde (so wie der vorhergehende Teil über die Einteilung der Wissenschaften indirekt durch das zweite Buch von „Advancement of Learning"). Alles übrige an der großen Erneuerung kann nicht durch Gedanken eines Buches, sondern nur durch kooperative Forschung erreicht werden. Die Konstruktion des „Novum Organum" ist zur fragmentarischen Gestaltung des ganzen Werkes eine stilistische Parallele. Wir haben es also mit einem Fragment in einem Fragment zu tun. Bacons Gründe für dieses Vorgehen sind an dieser Stelle von strukturell ähnlicher Art.

Die Methode dient der Auffindung der Formen. Aber um auch nur zur Erkenntnis einer einzigen Form vorzustoßen (wenn eine Form überhaupt einzeln erkannt werden kann), ist eine Stufenleiter von Experimenten und Interpretationen zu ersteigen, die nicht antizipierbar ist. Wie also nach einigen Schritten die Methode sachlich zu verfahren hätte, ist unbekannt. Jedenfalls könnte dies an keinem einzigen Beispiel vorgeführt werden, es sei denn, man sei bereits im Besitz der empirischen Kenntnis. Die induktive Methode kann also nur so weit erklärt werden, wie der tatsächliche Wissensstand annähernd reicht und aus diesem die Fortsetzung der Forschung entworfen werden kann. Alles darüber hinaus ist Spekulation und verfällt dem Verdikt, das im ersten Buch des „Novum Organum" gefällt wurde. Dieses Verdikt gilt aber nicht für die Möglichkeiten der universellen Verwendung der unteren Stufen der Leiter. Im Gegenteil: Hier können – nach Bacon – die Forschungen überall und von jedem sofort aufgenommen werden. Aber die höheren Stufen können noch nicht benutzt werden, weil sie noch gar nicht konstruiert worden sind. Sie sind erst mit den Fortschritten der Erkenntnis konstruierbar.⁵ Im übrigen ist der Begriff der Stufenleiter eine vereinfachende Hilfsvorstellung, die wir am Ende des Kapitels aufgeben werden.

Prüfen wir nun diese Fragment-im-Fragment-Interpretation im einzelnen. Zunächst zu einigen halbversteckten Hinweisen, die Bacon selbst gibt: Bacon beginnt mit einer Aufstellung von Tafeln des Auftretens und Nichtauftretens der Wärmeeigenschaften, die auf Tatsachensammlungen der Alltagsbeobachtung einzelner Wissenschaften und Techniken zurückgeht. Er kommt schließlich zu einer Tafel der Ausschließungen, die lehrt, was für die anstehende Untersuchung der Wärme entgegen dem Anschein nicht zur Sache gehört (vgl. N.O. II, Aph. 8). Zumindest bis hierher müßte jede experimentelle Forschung mit einiger Sicherheit gelangen. An eben dieser Stelle gibt Bacon nun den aufschlußreichen Kommentar:

„Grundlegend für echte Induktion sind diese Ausschließungen, aber sie wird erst in einer Bejahung vollendet. Weder ist diese Ausschließung selbst auf irgendeine Weise vollständig, noch kann sie dieses zu Anfang sein. Denn offenbar ist die Ausschließung die Zurückweisung einfacher Naturen; aber wenn wir bis jetzt keine guten und wahren Begriffe der einfachen Naturen haben, wie kann dann der Prozeß der Ausschließung richtiggehend durchgeführt werden? Nun sind nicht wenige der genannten Begriffe (die Natur des Elementaren, die Natur des Himmlischen, die der Dünnheit) vage und schlecht definiert. Ich will aber eingedenk der Größe meiner Aufgabe, den menschlichen Geist mit den Dingen und der Natur in Einklang zu bringen, mich nicht mit dem beruhigen, was wir bisher erreicht haben, sondern die Sache eine Stufe weitertreiben und stärkere Hilfsmittel für den Gebrauch des Verstandes konstruieren und anbieten (machinare et ministrare). Dies soll nun folgen. Und insgesamt muß ganz sicher der Geist bei der Interpretation der Natur darauf vorbereitet sein, daß er sich sowohl innerhalb der gebotenen Grade der Gewißheit bewegt, als auch dennoch damit rechnet (besonders am Anfang), daß das Vorliegende vielfach von dem abhängt, was noch darüberhinaus liegt" (N.O. II, Aph. 19).

Zwei Dinge wollen wir dem entnehmen: Erstens, die Vorsicht, mit der der nächste Schritt angekündigt wird; und zweitens, die Einschränkung des letzten Satzes, daß die ersten Stufen der Erkenntnis der Reinterpretation durch spätere Forschung zugänglich bleiben müssen. Bacons Methode ist also nicht linear, sondern retroaktiv: Man muß die Anfangsschritte, die vermeintlich auf einfachen Tatsachen beruhen, noch einmal durchlaufen und mit Revisionen *gerade dann* rechnen, wenn die Methode zu Erfolgen führt. Denn man muß zu Beginn seine Beobachtungen mit zwar verständlichen, aber systematisch noch ungeklärten Begriffen beginnen, gelangt dann aber zu Interpretationen, die die Ausgangsbeobachtungen in einem neuen Licht erscheinen lassen, usw. Diese Bindung der Methode an die Forschung macht es also unmöglich, die Methode in ihrer Arbeitsweise exemplarisch über die Stufe hinaus vorzuführen, die die Wissenschaft erreicht hat. Die Stufen, die es insgesamt zu durchschreiten gilt, bis man zur Formulierung der Grundsätze in ihrer vollen Allgemeinheit gelangt, werden im Aphorismus 21 aufgezählt. Es sind im Anschluß an die „erste Lese", bis zu der Bacons angeführtes Beispiel reicht, neun Stufen. Zusammen mit den schon durchlaufenen vier Stufen, die wir gleich besprechen werden, kommt man so auf dreizehn Stufen. Aber von den verbleibenden neun Stufen hat Bacon im „Novum Organum" nur noch die erste der „vorrangigen Fälle" ausgeführt. Diese Ausführung nimmt fast den gesamten Rest des zweiten Buches ein. Im letzten Aphorismus (52) kommt er auf die Aufzählung des 21. Aphorismus zurück. „Jetzt ist zu den Hilfen und Berichtigungen der Induktion überzugehen, dann zu den Konkreta, zu den verborgenen Prozessen und verborgenen Schemata und den übrigen Punkten". Aus der Darstellung der Naturphilosophie wissen wir, daß diese Prozesse und Schemata der unmittelbaren Erfahrung nicht mehr zugänglich sind, sondern erst durch Forschung erschlossen werden können. Bacon jedenfalls kennt sie nicht. Die Darstellung der Methode würde also von dieser Stelle ab völlig fiktiv werden. Deswegen bricht Bacon ab. Der Abbruch wird mit den Worten eingeleitet: „Damit übergebe ich – wie ein rechtschaffener und treuer Sachwalter – den Menschen ihr Geschick/ihre Schätze (fortuna), nachdem ihr Geist befreit und gleichsam erwachsen geworden ist" (N.O. II, Aph. 52). Die Darstellung geht in Arbeit über. Und dies drückt der allerletzte Satz des „Novum Organum" aus: „Kraft jenes Machtspruchs: ‚Im Schweiße deines Angesichts sollst du dein Brot essen' wird sie (d.i. die Schöpfung) durch verschiedene Arbeiten – gewiß nicht durch Disputationen oder nutzlose magische Zeremonien – dahin gebracht, schließlich und einigermaßen dem Menschen sein Brot zu gewähren, d. h., dem Nutzen des menschlichen Lebens unterworfen zu werden" (N.O. II, Aph. 52).

Soweit zu den expliziten Hinweisen, die die Fragment-im-Fragment-Lesart stützen. Es ist übrigens nicht auszuschließen, daß Bacon diese Konzeption erst relativ spät entwickelt hat. In früheren Werken hat er stärker an eine algorithmische Konstruktion einer Von-unten-nach-oben-Methode geglaubt, in der die späteren Ergebnisse die früheren weder technisch noch konzeptuell in Frage stellen. In dem gegen 1606/1607 geschriebenen Entwurf des „Novum Organum", „Delineatio et Argumentum" (III, 543–557), erschien Bacon ein unmittelbarer Zugang zu einem „guten Begriff" (bona notio) auf der Basis sorgfältiger sinnlicher Wahrnehmung noch möglich (III, 552). Vielleicht hat ihn erst sein eigener sorgfältiger Versuch, seine Methode an einem Beispiel durchzuführen, eines Besseren belehrt.[6]

Schwierigkeiten für die vorgeschlagene Interpretation bereiten einige Hinweise im zweiten Buch des „Organum", die auf die Durchführung späterer Stufen durch Bacons eigene Hand verweisen. So spricht Bacon z. B. im Aphorismus 32 davon, die Bedeutung einiger Forschungsmethoden „später bei der Erörterung der Deduktion zur Praxis darzulegen" (I, 287). Vermutlich sind Hinweise dieser Art Ausdruck der Hoffnung, später weitere Teile des Werkes vollenden zu können, wenn der von ihm erhoffte Forschungsprozeß angelaufen ist.

Jetzt wenden wir uns dem inneren Aufbau der Methode zu und suchen zusätzlich zu den literarischen Hinweisen weitere sachliche Bestätigung. Die Grundsätze des induktiven Verfahrens werden im Aphorismus 10 entwickelt. Zunächst wird das bekannte Wechselspiel von Erfahrungen, die zu Grundsätzen (erster Teil), und Grundsätzen, die zu neuen Versuchen führen (zweiter Teil), genannt. Dieses Wechselspiel kann sich mehrfach vollziehen, da von weniger allgemeinen zu allgemeineren Grundsätzen fortgeschritten wird. Der erste Teil wird dann wiederum dreigeteilt: in Hilfen (ministrationes) für die Sinne, für das Gedächtnis und für den Verstand. Diese Unterteilung entspricht einer Konzeption, die Bacon bereits 1606/1607 in der „Delineatio" entwickelt hat (vgl. III, 552), die weitere Zuordnung und Entscheidung über die Reihenfolge der Bearbeitung ist aber neu. Die Hilfe für die Sinne wird präzisiert als Natur- und Experimentalgeschichte (Historia Naturalis et Experimentalis), die die Erkenntnisse darüber enthalten soll, was die Natur tun könnte oder vollbringt (quid natura faciat aut ferat). Was die Natur tut, kann man beobachten, was sie tun könnte, kann man durch Experimente hervorrufen.

Der Hilfe des Gedächtnisses dienen die Tafeln (tabulae), die die Beispiele koordinieren, die in der Natur- und Experimentalgeschichte verstreut vorkommen. Für den Verstand, der sich in diesen Tafeln betätigt, ist schließlich die „wahre und legitime Induktion" (inductio legitima et vera) der Schlüssel der Interpretation der Natur. Am Ende dieser Einteilung und Übersicht steht ein zentraler, aber nicht leicht zu verstehender Satz: „Zu beginnen ist aber am Ende (finis) und von da zum übrigen rückwärts fortzufahren" (N.O. II, Aph. 10). Ist damit die Darstellungstechnik in diesem Buch oder die Forschungstechnik gemeint? Mein Vorschlag ist, „finis" nicht mit Ende, sondern mit Ziel, Absicht zu übersetzen. Man muß wissen, welche Form (Kausalität, Gesetzmäßigkeit) man untersuchen will, diesem Ziel gemäß muß man die Tafeln ordnen und nach dieser Ordnung die Auswahl aus den Tatsachen der Natur- und Experimentalgeschichte treffen. Forschungstechnisch wäre alles andere ja nicht durchführbar: Das Arrangement von Naturbeschreibungen ist unter unendlich vielen Gesichtspunkten möglich. Also muß man mit einer hypothetischen Vermutung über die Existenz einer Form beginnen. Darin kann man sich natürlich täuschen. Aber da es keine Möglichkeit gibt, a priori einfache und vermischte Fälle zu unterscheiden, kann nur die Erforschung einer Form Aufklärung über deren tatsächliche Existenz geben. Erweist sich die Vermutung als Irrtum, so ist ein großer Fortschritt erzielt, denn „die Wahrheit geht eher aus dem Irrtum als aus der Verwirrung hervor" (N.O. II, Aph. 20, Anfang). Der häufig gegen Bacon gekehrte Einwand, sein Induktionismus vernachlässige den hypothetischen Charakter des produktiven Denkens, ist also schon im Ausgangspunkt nicht aufrechtzuerhalten.[7] Auch war sich Bacon darüber im klaren, daß eine grundsätzliche Unterscheidung zwischen Beobachtungs- und Theoriesprache nicht möglich ist. Er warnt nur davor, in die Beschreibungen voreilig Theorien hineinzumischen oder begriffliche Feinheiten, die höheren Stufen entspringen, zu verwenden (vgl. N.O. II, Aph. 11).

Bacons exemplarische Untersuchung der Wärme beginnt mit der Aufstellung dreier Tafeln, der Tafel der positiven Fälle (Tabula Essentiae et Praesentiae), der Tafel der negativen Fälle (Tabula Declinationis sive Absentiae in proximo) und der Tafel der Vergleiche (Tabula Gradum sive Comperativae). Genau besehen handelt es sich bei dieser Darstellung allerdings nicht um eine Untersuchung, sondern um die Beschreibung einer möglichen Untersuchung. Nach Aufstellung der drei Tafeln heißt es im Aphorismus 14: „Wie arm an Naturgeschichte wir sind, wird jeder feststellen, der in diesen Tafeln immer wieder bemerkt, daß ich, statt gesicherter Wahrheit und klare Fälle aufzunehmen, oft gezwungen bin, mich an das zu halten, was Überlieferung und Erzählung bieten, obwohl berechtigte Zweifel an Berichten oder Mitteilungen von mir immer betont worden sind. Oft war ich genötigt, Zusätze von der Art zu machen: ‚Man versuche es, oder man erforsche es weiterhin'" (N.O. II, Aph. 14). Die vorgelegten Tafeln demonstrieren also zugleich den unzulänglichen Stand der gegenwärtigen Kenntnisse schon auf der untersten Untersuchungsebene. Dies sollte skeptisch stimmen gegenüber der häufig geübten Kritik an dem praktischen Forscher Bacon. Dieser war sich der Differenz zwischen der methodisch geforderten Untersuchung und dem hier dargestellten Bild einer solchen durchaus klar.

Die *erste Tafel* zählt 27 Fälle des Auftretens von Wärme auf. Unter anderem kommen vor:
1. Sonnenstrahlen. 2. Durch Brennspiegel reflektierte und gebündelte Sonnenstrahlen. 9. Kochende und erhitzte Flüssigkeiten. 11. Trockene heiße Winde. 13. Alles Haarige. 16. Stark geriebene Körper. 17. Gepreßtes und eingeschlossenes Gras, feuchtes Heu. 18. Ungelöschter Kalk. 22. Schwefel- und Vitriolöl, das Leinwand wie Feuer verbrennt. 25. Gewürze, die im Munde brennen.

Man sieht, worin die Tugend dieser Tafel zu liegen hat: sie darf keine Vorentscheidungen darüber treffen, was „zur Sache" gehört und was nicht. Es läge wohl nahe, elektrische, mechanische, chemische, biologische (und bei dieser noch einmal die physiologische Empfindungs-) Wärme auseinanderzuhalten. Aber dies ginge nur um den Preis weitreichender theoretischer Vorentscheidungen, die der Stand des Wissens nicht verbürgen kann. Außerdem mußte man für eine Reihe von Phänomenen problematische Sortierentscheidungen treffen. Es ist keine Frage, daß heute eine Liste der Wärmephänomene anders aussehen würde. Aber dies wäre so hauptsächlich aufgrund einschlägiger theoretischer Erkenntnisse, deren wir uns so sicher sind, daß wir sie bei der Beschreibung der Phänomene benutzen. Auch hat sich inzwischen unser Alltagsbegriff von „Wärme" unter dem Einfluß der Wissenschaften so gewandelt, daß wir keine einheitliche Form der Wärme für alle gesammelten Fälle annehmen würden. Aber noch heute erfüllt die Tafel den Zweck, die Augen für die Dimension der Probleme zu öffnen, die sich einer allgemeinen Theorie der Wärme stellen.

Die *zweite Tafel* befaßt sich mit negativen Fällen, „die mit denen, in welchen die Eigenschaft sich zeigt, sehr nahe verwandt sind" (N.O. II, Aph. 12), in denen die Eigenschaft selbst aber nicht auftritt. Wieder einige Beispiele:

1. Den Strahlen der Sonne werden die des Mondes, der Sterne und Kometen gegenübergestellt. Selbst bei Vollmond kann die strengste Kälte auftreten.
2. An die Reflexion und Bündelung von Wärme werden eine große Anzahl kontroverser Beobachtungen angeschlossen (Abhängigkeit vom Neigungswinkel in nördlichen Gegenden; Verhalten in hohen Bergregionen, d. h. Abhängigkeit von der Dichte der Luft). Dann werden, gleichsam als Merkpunkte für die Vervollständigung der Tafel, Versuche vorgeschlagen: zur Verminderung der Wärme durch einen „umgekehrten" Brennspiegel, der gleichsam eine „Entbündelung" der Wärme vornehmen müßte; Einfangen des Mondlichts durch die „stärksten und besten Brennspiegel", um zu sehen, ob sie irgendeinen Grad der Wärme abgeben; dazu ist gegebenenfalls ein genau beschriebenes Thermometer zu verwenden. Allein zu dem Punkt 2 werden acht derartige Untersuchungen vorgeschlagen (I, 239–242).
9. Bei den erhitzten Flüssigkeiten wird entgegengesetzt, daß keine Flüssigkeit (einschließlich der chemisch aktiven aus Fall 22) von sich aus über längere Zeit die Hitze hält. „Sie hält nur eine Zeit die Wärme als eine von außen angenommene Eigenschaft" (14. Hinweis, I, 243).
11. Den heißen Winden werden die kalten entgegengestellt.
13. Der Wärme des Haarigen werden die Vermutungen entgegengestellt, daß die Wärme aus dem tierischen Organismus selbst stammt oder von der eingeschlossenen Luft herrührt.

Zu den restlichen Fällen 17 bis 25 werden weitere Versuche vorgeschlagen, die die Phänomene erweitern und eingrenzen helfen sollen.

Die *dritte Tafel* der Grade oder der Vergleichung (N.O. II, Aph. 13) sammelt Fälle, in denen unterschiedliche Grade der Wärme in der Veränderung eines Gegenstandes zu beobachten oder unterschiedliche Grade an verschiedenen Gegenständen zu vergleichen sind. Die Tafel beginnt mit der Aufstellung von Körpern, die selbst nicht warm sind, aber eine Anlage zur Wärme haben. Maßstab ist das menschliche Wärmegefühl selbst. „Merkliche Wärme" entsteht, wenn bei Berührung ein Stoff wärmer erscheint als vorher. Angeführt werden u. a. Pferdemist, Dünger, Faulstoffe. Der unterste Grad warmer Körper wird durch tierische Organismen gebildet. Diese wiederum bilden eine Skala. Nach „der herkömmlichen Meinung sind Fische am kältesten, Vögel am wärmsten" (Nr. 11, I, 250). Außerdem hängt der Wärmegrad von der Intensität der Bewegung ab. Dann kommt die Wärme der Himmelskörper, besonders der Sonne. Es wird die Abhängigkeit des Wärmegrades von Strahlungswinkel, Erdnähe und Gruppierung der Sterne behauptet. Dann folgen Flammen, Blitze, Explosionsstoffe, glühende Körper, unter denen die heißesten glühende Metalle sind. Es folgen einige Beobachtungen zur Addition der Wärmegrade. Bacon beobachtet, daß ein kleines und ein großes Feuer eine Hitze entwickeln, die größer ist, als die des großen Feuers allein, während kaltes und warmes Wasser eine Hitze entwickeln, die geringer ist als die des warmen Wassers. Dann werden die verschiedenen Grade der Empfänglichkeit für die Wärme angesprochen. Luft ist am empfänglichsten; dies wird an einer neuen Thermometerkonstruktion demonstriert, die Bacon vermutlich von Robert Fludd übernommen hat (Nr. 38, I, 255). Es handelt sich um eine einseitig geschlossene Röhre (Reagenzglas, Zylinder), die mit der Öffnung nach unten in einem Wasserglas steckt und oben eine Luftblase hat. Je nach Wärmegrad dehnt diese Blase sich aus. Eine Gradeinteilung für den Wasserspiegel macht den Wärmegrad meßbar.

Dies alles ist von höchst unterschiedlicher Qualität. Aber die Beispiele gehen eben nicht auf eine umfassend durchgeführte Natur- und Experimentalgeschichte zurück, sondern sind aus unzuverlässigen Quellen zusammengemischt und enthalten Zufallskenntnisse und ungeprüfte Einfälle. Sie sind also nur Stellvertreter für die durch Forschung möglichen richtigen Tafeln, die aber kein einzelner leicht erstellen kann.

Nun beginnt die Induktion im engeren Sinne (N.O. II, Aph. 15). Sie besteht in der Suche nach einer „Natur, die mit einer gegebenen Natur immer zugleich da ist oder fehlt, zu- oder abnimmt" (N.O. II, Aph. 15). Das wichtigste Lehrstück ist an dieser Stelle, sich nicht an den positiven, sondern an den negativen Fällen zu orientieren. Jede Fantasie läßt sich durch positive Fälle bestätigen, negative dagegen gefährden ihre Glaubwürdigkeit. Genau aus diesem Grund tendiert die Vernunft dazu, die negativen zu ignorieren, die positiven zu betonen. Man muß aber genau andersherum verfahren. Bekanntlich reichen aber auch nicht ein oder zwei Gegenbeispiele, um einen Satz zu erschüttern; gegen diese werden Erklärungen und Hilfshypothesen mobilisiert. Deswegen stellt Bacon die Forderung auf: „Nur über verneinende Fälle voranzuschreiten, und erst an allerletzter Stelle, nach Ausschluß von allem, was in Frage kommt, zum Affirmativen überzugehen" (N.O. II, Aph. 15). Er räumt ein: „Dies ist leicht gesagt, aber nur auf vielen Umwegen zu erreichen" (N.O. II, Aph. 16).

Man muß beachten, daß diese Modellvorstellung der Induktion sich nicht gegen die Konstruktion von Hypothesen richtet. Das „Zurückweisen und Ausschließen" von Meinungen setzt ja voraus, daß man diese hat. Angriffspunkt ist die Neigung, Meinungen durch Mißachtung entgegenstehender Fälle zu stabilisieren. Im 20. Jahrhundert ist dieses Kernstück der Baconischen Lehre in der Wissenschaftstheorie Karl Poppers wieder aufgegriffen worden: im sogenannten Falsifikationismus. Zwar hat die methodologische und historische Überprüfung ergeben, daß im strikten Sinn das Modell der „negativen Instanzen" nicht haltbar ist.[8] Aber deren produktive Funktion für den Erkenntnisfortschritt ist damit nicht in Frage gestellt.

Der nächste methodische Schritt ist die Aufstellung einer Tafel von „Ausschließungen oder von Naturen, die von der Form des Warmen zurückgewiesen werden" (N.O. II, Aph. 18). Die Tafel umfaßt vierzehn Fälle. Wieder einige Beispiele: „Die Tatsache der Sonnenstrahlen schließt die Natur des Elementaren aus" (d.h. die Form der Wärme kann nicht aus Erde, Wasser oder Luft bestimmt werden) (1). „Das gewöhnliche und erst recht das unterirdische Feuer (das ja gänzlich von den Strahlen der Himmelskörper entfernt ist) schließt die himmlische Natur aus" (d.h. die Form der Wärme ist nicht durch die Sonne bestimmt) (2). Die wichtigsten weiteren Ausschließungen: Da alle Materialien erwärmbar sind, kann kein besonderes Material dafür verantwortlich sein (3). Da keine Gewichtsveränderung bei Wärme zu beobachten ist, kann es keine besondere Wärmesubstanz sein, die aus- und eintritt (4).[9] „Leuchtkraft" ist nicht notwendig mit Wärme verbunden: heißes Wasser leuchtet nicht; der leuchtende Mund heizt nicht (5, 6). Des weiteren wird ausgeschlossen, daß Wärme besonders an einer „Dünnheit" (tenuitas) hängt, mit Ausdehnung verbunden ist (glühendes Eisen hat keine Volumenvergrößerung); dann wird ausgeschlossen, daß Wärme eine besondere Form der Zerstörung ist oder enthält. Der letzte Fall schließlich: „Wegen der Erzeugung von Wärme aus der Reibung der Körper wird die prinzipielle Natur zurückgewiesen. Prinzipielle Natur nenne ich diejenige, die für sich bestehend in der Natur angetroffen wird; nicht aber durch eine vorhergehende verursacht wird" (14). An dieser Stelle wird der moderne Naturwissenschaftler aufhorchen: Exakt die Beziehung von Reibung und Wärme hat im 19. Jahrhundert die Theorie des mechanischen Wärmeäquivalents gestiftet, mit der eingebürgerte Vorstellungen eines speziellen Wärmestoffes (dem sogenannten coloricum) verabschiedet wurden.

Der nächste Schritt der Methode ist die Formulierung einer ersten begründeten, wenn auch vielleicht falschen Hypothese: „Diese Art des Versuchs nenne ich die Erlaubnis für den Verstand oder die beginnende Interpretation oder die erste Lese" (N.O. II, Aph. 20). Diese besteht in einer langwierigen Diskussion verschiedener Beispiele aus den Tafeln. Sie folgt selbst keinem methodischen Muster, sondern es scheint vielmehr darauf anzukommen, auf der erreichten Informationsbasis eine gute Idee zu entwickeln. Bacon beginnt damit, Wärme für eine Sonderform der Bewegung zu halten. „Nicht jede Bewegung ist Wärme, aber jede Wärme ist Bewegung" (N.O. II, Aph. 20). Dann kommt eine Nebenüberlegung, die weitreichend ist: „Die durch die Sinne gefühlte Wärme ist ein relativer Sachverhalt, der sich auf die Ordnung des Menschen, nicht auf die des Universums bezieht; sie ist eigentlich nur als die Wirkung des Warmen auf die des tierischen Empfindens (effectus in spiritum animalem) zu nehmen" (N.O. II, Aph. 20). Damit ist der Weg freigemacht für eine objektive Theorie der Wärme, in der die subjektive Wärmeempfindung miterklärt wird.

Diese Konsequenz ist kaum vermeidlich, wenn mit der Bestimmung der Wärme als einer Art der Bewegung ernst gemacht werden soll. Denn diese Bewegung empfinden wir ja als Bewegung nicht. Die weitere Einkreisung der Form benutzt vier wesentliche Bestimmungen. Erstens: „Wärme ist eine ausdehnende Bewegung". Zweitens: Die ausdehnende Bewegung geschieht „durch die Oberfläche hin und nach dem Gesetz, daß der Körper nach oben bewegt wird". Drittens: „Die Bewegung ist eine Wärme, die den Körper nicht als ganzen gleichmäßig ausdehnt, sondern die kleinen Partikel des Körpers (particula minora corporis), die bei ihren Bewegungen zugleich gehemmt und zurückgestoßen und geschlagen werden." Hier greift Bacon explizit auf seine naturphilosophische Konzeption der korpuskularen Atomistik zurück. Viertens: „Jene Bewegung der Stimulation oder Penetration muß ziemlich heftig und nicht allzu langsam sein; und sie erfolgt mittels der Partikel, die zwar klein sind, aber nicht extrem fein, sondern von gewisser Größe". Man sieht: Die Eingrenzung der Form nimmt an Spekulation zu – offenbar aber in Bacons Augen ganz legitim. Er beendet die erste Lese mit einer zusammenfassenden Definition: „In der Ordnung des Universums, nicht relativ zu den Sinnen, ... ist Wärme eine ausdehnende, gehemmte und sich auf die kleinen Teile stützende Bewegung". Gemäß der inneren Beziehung von Erkenntnis und Operation wird vermutet: „Könnte man in einem natürlichen Körper eine ausdehnende und erweiternde Bewegung hervorrufen und sie so auf sich selbst zurückdrängen und richten, daß jene Ausdehnung nicht gleichförmig vor sich ginge, sondern teils die Oberhand hätte, teils gehemmt würde, würde man gewiß Wärme erzeugen" (Aph. 20).

Wie ist dieses Zwischenergebnis der induktiven Methode einzuschätzen? Man kann der Meinung sein, daß Bacon sich hier entgegen seinen eigenen rigiden Ansichten ziemlich durchgemogelt hat: Er hat nicht sorgfältig alle Bereiche gleichmäßig berücksichtigt (die Reaktionswärme der Chemie und die biologische Körperwärme fallen mehr oder weniger heraus); er greift auf ungeprüfte Termini zurück, die in den Beobachtungen nicht enthalten sind (Partikeln); er ist inkonsequent in der Verwendung der Wärmeempfindung. Anstatt konsequent auf die erwähnte Möglichkeit der Temperaturmessung oder Vergleichung hinzuweisen, beharrt er auf den überkommenen Vorstellungen von heißen und kalten Körpern.[10] Aber man muß den Stellenwert des ganzen Beispiels richtig einschätzen. Wir haben es nicht mit dem Bericht über eine naturwissenschaftliche Untersuchung zu tun, sondern mit dem stellvertretenden Bild einer möglichen Untersuchung, wie sie in Zukunft angestellt werden sollte. Außerdem lehrt das Beispiel gerade etwas, was gerade für das Baconische Modell der induktiven Methode wesentlich ist. Man darf nämlich gerade nicht erwarten, daß das Konstrukt aus den Tafeln „folgen" müsse. Vielmehr ist es, das wird im Aphorismus 20 herausgestellt, dem Verstand „gestattet", an dieser Stelle „Irrtümer" zu begehen, weil diese die Wahrheit fördern. Bacons Methode lehrt, daß an dieser Stelle ein hohes Risiko einzugehen ist. Man muß es eingehen, aber man muß zugleich wissen, daß es ein Risiko ist. Man soll seine Vermutung nicht mit einer Erkenntnis verwechseln. Die Ausgangsbeobachtungen, die in den Tafeln geordnet sind, repräsentieren nicht das Erkenntnisniveau, auf dem die Formen zu entdecken sind. Ein Fortschritt der Erkenntnis kann nur erzielt werden, indem das Risiko einer Interpretation eingegangen wird. Aber, das darf andererseits nicht vergessen werden, die Rückbindung an die Tafeln muß erhalten bleiben. Die Fälle bilden die Einschränkungen, an denen sich die Vermutungen bewähren müssen. Hierdurch sind die Vermutungen der ersten Lese, die durch die Tafeln „erlaubt" werden, unterschieden von unkontrollierten Begriffsbildungen. In Bacons Methode liegt also kein induktionistischer Rigorismus (den er dann nicht einmal selbst einhalten kann). Sie ist im Gegenteil genau von der Fehlerfreundlichkeit, die eine leistungsfähige Methode in nicht-routinisierten Handlungsbereichen besitzen muß, um besser als gar keine Methode zu sein.

Diese erste Lese ist der Ausgangspunkt für die nächsten neun Schritte, die wir zu Anfang erwähnt haben und die in dem folgenden Aphorismus 21 aufgezählt sind. Von diesen führt Bacon nur noch den ersten durch: die sogenannten „vorrangigen Fälle". Sie führen uns zurück in die Welt der Experimente und Beobachtungen. Das Beispiel der Wärme wird nun nicht mehr systematisch verfolgt, sondern nur noch gelegentlich und unter anderen Beispielen. Die vorherrschenden Fälle (instantiae praerogativae) umfassen 27 Fälle. Bacon geht sie der Reihe nach durch, ohne daß ihr systematischer Aufbau deutlich dargelegt wird. Vielleicht gibt es auch gar keine innere Systematik. Vielleicht handelt es sich eher um einen Katalog bevorzugter Experimentalsituationen. In Analogie zum Aristotelischen Organon könnte man von einer Topik reden. Allerdings hätten wir es nicht mit einer Topik der rhetorischen Argumentationsfiguren zu tun, sondern mit einer Topik der Experimentalanordnungen. Bacon muß auf diese ein besonderes Gewicht gelegt haben; denn sie füllt den Rest des zweiten Buches des „Novum Organum". Dies dürfte eigentlich nicht verwundern, denn wir wissen aus dem ersten Buch, daß für Bacon die größte Gefahr der wissenschaftlichen Erkenntnis darin liegt, Interpretationen zu wagen, die nicht zu neuen Operationen zurückführen, sondern in abstrakte Verallgemeinerungen weiterleiten. Seine Topik der vorrangigen Fälle steht dieser Gefahr entgegen. Sie stellt einen kaum erschöpflichen Vorrat der Zurückführung von Interpretationen auf neue Experimente dar. Wir müssen uns mit einigen Einblicken begnügen.

Bacon beginnt mit den *Fällen der Vereinzelung* (instantia solitaria). Darunter versteht er die Untersuchung von Gegenständen, die außer den in Frage stehenden Phänomenen nichts gemein haben. Unter den Beispielen finden sich Farbuntersuchungen an Prismen und Blüten, die zu der Vermutung führen können, daß die Farbe nicht von den inneren Eigenschaften der Körper herrührt, sondern von der „äußeren und gleichsam mechanischen Lage der Teile" (N.O. II, Aph. 22). Als zweite kommen die wandernden Fälle (instantia migrantes), in denen die untersuchte Form als beginnend oder verschwindend auftritt, also, nach Bacons Metaphysik, hineinwandert oder herausgeht. Es leuchtet ein, daß für Kausaluntersuchungen diese Fälle eine bevorzugte Stelle einnehmen (N.O. II, Aph. 23). Auch die nächsten Fälle, die „verdeutlichenden oder klarmachenden", sind experimentaltechnisch wichtig. Sie betreffen möglichst reine, ideale Beispiele des Zusammenhangs von Eigenschaften. Hier kommt Bacon auf die Wärmeuntersuchung zurück und hebt den Fall der im Glaskolben eingeschlossenen Luft hervor: Der Zusammenhang von Bewegung und Wärme könne in aller Klarheit nur mit einer solchen Anordnung bestimmt werden (N.O. II, Aph. 24).

Kurios und methodologisch interessant sind die *abweichenden Fälle* (instantia deviantia) (N.O. II, Aph. 29), die wieder charakteristisch für die Renaissance sind. Es sind die Fälle, in denen „Irrtümer" der Natur vorliegen, „Abenteuer und Monster". Aber anstatt sie als Ausflüchte zur Erklärung von Besonderheiten zu benutzen, wie in der philosophischen Tradition üblich, empfiehlt Bacon ihr genaues Studium, „bis man die Ursachen der Abweichung gefunden hat". Ist man erfolgreich, bietet sich die Chance, von den „Wundern der Natur zu denen der Kunst" überzugehen (N.O. II, Aph. 29). Von der Kunst sprechen weiter die Fälle der Macht, des Ingeniums oder der Hand des Menschen (instantia potesta, ingenia, manus hominis). Diese umfassen alles dasjenige, was in technischen Erfindungen vorliegt und also auch in seinem Konstruktionsverfahren zugänglich ist. Bemerkenswert ist, daß Bacon die Vorstellung abweist, Erfindungen wären durch „kleinliches Nachsinnen und schrittweises Ausdehnen der Kunst" entstanden (N.O. II, Aph. 31). Sie entstammen dem Zufall. Nur die Erforschung der Formen ist in der Lage, es mit dem Zufall aufzunehmen. Zufälle der genannten Art (Bacon diskutiert das Schießpulver, das Papier, die Seide) kommen im Rhythmus von Jahrhunderten vor. Systematische Forschung könnte möglicherweise schneller sein. Aber sicherlich nicht durch biederes Handwerk, sondern durch die Kopplung von riskanten Hypothesen und experimentellen Kontrollen.

Eine weitere Bestätigung für diese Interpretation bieten die *Fälle des „Kreuzes"*, die als „experimentum crucis" oder als Entscheidungsfälle (instantia decisoria) sprichwörtlich geworden sind. Entscheiden kann man nur in bezug auf Vermutungen (ob A oder nicht A; ob A oder B). Wären diese nicht risikoreich, bräuchte man keine Entscheidungsexperimente. Nicht zufällig diskutiert Bacon in dieser Rubrik die heißesten Themen der Zeit: die Theorien über Ebbe und Flut, über die Eigenrotation der Erde (d. i. über die Kopernikanische Hypothese); über die Materialität des Mondes, über die Existenz des Erdmagnetismus; über die Natur der bewegenden Kräfte. In keinem Fall äußert er Bedenken, daß diese Theorien aufgestellt worden sind. In jedem Fall versucht er Entscheidungsexperimente zu entwerfen, die zugunsten der einen oder anderen Alternative sprechen würden. Aber er gibt sich nicht einmal der Illusion hin, daß die Ergebnisse der Experimente alles endgültig entscheiden würden. Bis dahin ist es häufig ein weiter Weg. Die meisten „Fälle des Kreuzes" führen zu weiteren „Fällen des Kreuzes". Zum Schluß dieses bemerkenswerten Aphorismus 36 schreibt Bacon, „soviel sei von den Kreuzfällen gesagt. Ich habe mich hierbei länger aufgehalten, damit die Menschen allmählich lernen, die Natur durch solche Kreuzfälle und lichtbringende Versuche und nicht bloß nach Wahrscheinlichkeitsgründen und Vermutungen zu beurteilen" (N.O. II, Aph. 36).

Unter den weiteren Fällen verdienen noch besondere Beachtung diejenigen, die sich auf die *Unterstützung der Sinne* beziehen (N.O. II, Aph. 39). Hier werden besonders das Mikroskop und das Teleskop diskutiert. Die Erweiterung der anderen Sinnesorgane durch neue Instrumente scheint Bacon nicht besonders zu vermissen.

Weiter sind die *vorladenden Fälle* wichtig, die „instantia citanta", die darauf gerichtet sind, für nicht-sinnliche Eigenschaften sinnliche Repräsentationen oder Indikatoren zu finden (N.O. II, Aph. 40). Hier begegnen wir der naturphilosophischen Lehre von den materiellen Geistern wieder. Wissenschaftstheoretisch ist der Abschnitt interessant, weil er Bacons Umgang mit sogenannten theoretischen Termini zeigt. Theoretische Termini bezeichnen Entitäten, die von Theorien gefordert werden, aber einer direkten operativen Kontrolle nicht zugänglich sind. Weitere Fälle befassen sich besonders mit Messungen. Diskutiert werden Versuchsanordnungen zur Raum-, Zeit-, Massen- und Kraftmessung (N.O. II, Aph. 44). Kräfte gehören ja zu den theoretischen Termini der genannten Art. Sie sind in ihren Wirkungen meßbar, nach Bacon in den „aktiven Bewegungen" (N.O. II, Aph. 48). In einer nicht ermüdenden Sorgfalt unterscheidet Bacon zunächst neunzehn Bewegungsarten oder Elemente der Bewegung, Triebe und aktiven Kräfte. Er räumt sowohl ein, daß es weitere geben kann, wie auch, daß „sie auf eine geringere Zahl zurückgeführt werden können"; aber hierbei hilft nicht das Ausdenken von abstrakten Einteilungen, sondern nur weitere Forschung. Dazu sind besonders geeignet die Versuchsanordnungen, die „Kräfte im Widerstreit" untersuchen. Denn durch die sich hierbei zeigenden Maßverhältnisse, Gleichgewichte und Endzustände sind Rückschlüsse auf die Natur der Kräfte möglich.

Bei den *gemeinnützigen Fällen* (instantia polychresta) kommt Bacon auf einen philosophischen Ausgangspunkt zurück, der zu Beginn des ersten Buches des „Novum Organum" im Aphorismus 4 gesetzt wurde: Das Eingreifen des Menschen in die Natur, das sich letztlich auf das Annähern und Entfernen von Körpern zurückführen läßt. Bacon ist unklar darüber, ob er diese Festlegung jetzt fallenlassen oder spezifizieren will. Der Wortlaut ist: „Der Mensch wirkt (operatur) auf die Naturkörper - abgesehen von dem einfachen Zusammen- oder Auseinanderbringen der Körper selbst – auf sieben hervorstechende Weisen" (N.O. II, Aph. 50). Da alle aufgezählten Weisen letztlich wieder auf manuelle Vorgänge zurückverweisen, ist es sinnvoll, die Klammer nicht als Einschränkung, sondern als Hinweis auf das generisch Allgemeine zu lesen: „abgesehen davon, daß letztlich alle Operationen solche der Ortsbewegung sind." Die sieben Arten der manuellen Betätigung sind

1. durch Ausschluß des Hemmenden und Störenden,
2. durch Druck, Ausdehnung, Schütteln und anderes,
3. durch Wärme und Kälte,
4. durch Verbringen an einen geeigneteren Ort,
5. durch Zügeln und Leiten der Bewegung,
6. durch bestimmte Übereinstimmungen,
7. durch einen sachgemäßen und notwendigen Wechsel der Reihenfolge dieser aller oder einiger von ihnen.

Unter 1. werden dann die Techniken der Isolation dargestellt, die ja für alle quantitativen Versuche wichtig sind (daher „gemeinnützige Fälle"). Unter 2. wird die Handhabung des Druckes gelehrt. „Es wäre kein kleiner Gewinn, wenn durch Gewalt es möglich wäre, den Körpern fixe und dauerhafte Eigenschaften zu verleihen. Dann würde man Luft durch Verdichtung in Wasser verwandeln können und anderes dieser Art. Der Mensch ist nämlich Herr der gewalttätigen Bewegung mehr als alle anderen" (N.O. II, Aph. 50 = I, 353). Natürlich hat Bacon den Druck unterschätzt, der zur Verflüssigung von Luft nötig ist. Aber die Stelle ist ein weiteres Beispiel dafür, daß risikoreiche hypothetische Konstruktionen durch Bacons Methode nicht ausgeschlossen werden. „Die dritte der sieben Arten bezieht sich auf jenes große Werkzeug der Natur und der Kunst, die Wärme und die Kälte. Hier hinkt offenbar die Macht des Menschen, wie auf einem Fuß". Wir verfügen zwar über die Wärme, aber nur ganz unzulänglich über die Kälte. Die weiteren Gesichtspunkte des Tätigwerdens betreffen die Steuerung der Zeiträume der Vorgänge (4), der Abläufe durch Verdichtungen und Erweiterungen der Gefäße (5), die Steuerung durch chemische Bindungen (Sympathien und Antipathien), die allerdings noch völlig im Dunkeln liegen, und schließlich die Variation all dieser Verfahren. Besonders dafür lassen sich keine allgemeinen Regeln aufstellen (vgl. N.O. II, Aph. 50).

Wir beschließen die sporadische Betrachtung der einzelnen Fälle mit Bacons eigenen Worten, die deren Funktion noch einmal zurechtrücken: „Soviel sei über Wert und Vorrangigkeit von Fällen ausgeführt. Es ist aber noch einmal zu erinnern, daß ich in diesem Organum die Logik behandle, nicht die Philosophie. Denn mit dieser Logik wird der Geist unterrichtet und belehrt dazu, daß er nicht mit den Schlüsselchen des Verstandes nur das Abstrakte der Dinge – wie bei der herkömmlichen Logik – erfaßt und festhält, sondern die wirkliche Natur begreifen lernt. So wird er die Kräfte und Wirksamkeiten der Körper und ihre durch die Materie bedingten Gesetze entdecken, so daß die Wissenschaft nicht allein aus der Natur des Geistes, sondern auch aus der Natur der Dinge hervorgeht" (N.O. II, Aph. 52). Obwohl unsere Einblicke in die „vorrangigen Fälle" nicht ausführlich genug für ein abschließendes Urteil sind, dürften die Beispiele die Interpretation stützen, daß die induktive Methode oder das logische „Organum" Bacons weniger rigide und forschungsfremd ist, als häufig behauptet worden ist.

Wir haben bisher drei wichtige Charakteristika der Baconischen Methode herausgestellt.
Erstens: Sie ist nicht als formale Methode konzipiert. Sie ist also nicht von dem Ideal einer inhaltsfreien und universellen Verwendbarkeit geprägt, sondern von Bacons – vielleicht später – Einsicht, daß der induktive Denkweg nur interaktiv mit dem erkannten Objekt angelegt werden kann. Das Ergebnis ist: das Werkzeug, das Bacon übergibt, ist selbst „in Arbeit". Zwar, das ist seine Hoffnung, kann man es verwenden, aber nach einiger

Zeit muß man es aufgrund seiner Ergebnisse verbessern. Deswegen fallen Methode und Erkenntnis aber noch lange nicht zusammen. Das geschärfte Methodenbewußtsein der Renaissance hat es erst ermöglicht, den Erkenntnismitteln das Maß an Aufmerksamkeit zu schenken, das sie bei Bacon für empirische Forschung gewonnen haben. Vertrauen auf die Sinne, auf rationale Schlüsse, auf Traditionen sind mit dem Bann der Naivität belegt, sie zählen nicht mehr gegenüber der Ausschöpfung des experimentellen Instrumentariums.

Zweitens: Die Baconische Methode ist nicht hypothesenfeindlich. Dieses empiristische Vorurteil nährt sich aus verschiedenen Quellen. Die stärksten sind vermutlich Bacons eigene Äußerungen, die er gegen die von ihm bekämpften Traditionen richtet. Dann aber ist diese Auffassung auch durch die Interpretation Bacons durch die Brille der späteren empiristischen Philosophie verursacht. Dazu ist einmal zu sagen, daß Bacon in seinen eigenen Auseinandersetzungen zeigen will, daß auf Hypothesen als freigewählte Prinzipien nur Verlaß ist als Ausgangspunkt für Diskussionen, nicht als Ausgangspunkt für den Umgang mit der Natur. Nähme man sie als das letztere (was nach Bacon nicht in der Absicht ihrer antiken oder scholastischen Erfinder lag), dann sind sie unzuverlässig. Das heißt aber nicht, daß man auf sie verzichten soll. Im Gegenteil: Man muß mit ihnen umgehen, indem man sie in einen empirischen Forschungsprozeß einführt. Dann wird sich ihre Zuverlässigkeit oder Unzuverlässigkeit steigern. Zum zweiten ist zu sagen, daß der spätere Empirismus ganz andere Systemkonsequenzen zu bewältigen hatte als Bacon. Bacons Philosophie wollte nicht lediglich zeigen, was die Vernunft auf sich allein gestellt alles nicht vollbringen kann; sie wollte zeigen, was die Vernunft alles vollbringen kann, wenn sie sich methodisch wappnet. Philosophie zur Forschung zu machen, in der ,,operatio" und ,,contemplatio" ineinandergreifen, das war Bacons Ziel. Wie er zu einer neuen Philosophie gestanden hätte, die sich – wie die späteren Erkenntnistheorien – zutraute, weitgehend unabhängig von der Forschung zu sicheren Aussagen über das Funktionieren des Verstandes und der Sinne zu kommen, ist eine offene

Frage. Vielleicht wäre er Empirist geworden, vielleicht nicht. Jedenfalls ist der Empirismus, als Theorie darüber, wie der Geist Erkenntnisse erzeugt, nicht weniger spekulativ als seine rationalistische Alternative. Deswegen kann die empirische Schule des 17. und 18. Jahrhunderts, die nur wenig Anstrengungen gemacht hat, den Erkenntnisprozeß experimentell zu untersuchen, sich nur in Grenzen auf Bacon berufen.

Drittens: Bacons Methode ist nicht algorithmisch. Sie ist keine Maschinerie, die nach einer inneren Automatik funktioniert. Sachlich ist dies schon dadurch ausgeschlossen, daß die Methode nicht formal durchstrukturierbar ist. Das zweite Buch des „Novum Organum" zeigt aber auch durch seine eigenen Beispiele zur Genüge, daß Bacons Absicht in der Richtung einer methodologischen Topik gelegen haben muß. Es ist nicht auszuschließen, daß er in früheren Schriften eine schärfere oder weiterreichende Ansicht zur Funktion der Methode gehabt hat. Spätestens im „Novum Organum" ist dieses Ziel, wenn es je bestand, aufgegeben worden. Daher kann man Bacons Methode nicht ohne weiteres als Glied der Entwicklungskette der sogenannten induktiven Logik lesen, die durch Namen wie John Stuart Mill, Carnap und Stegmüller repräsentiert ist. Bacons vorrangiges Interesse galt der Forschungstechnik zum Auffinden neuer Tatsachen, nicht der Rechtfertigung von Schlüssen. Zwar kommt es auch auf diese an, aber nur als Mittel. Der Zweck ist, von Interpretationen zu neuen „Werken" geleitet zu werden, und von diesen zu neuen Interpretationen, in einem nicht vorhersehbaren Wechselspiel. Mill, Whewell und die späteren waren dagegen in erster Linie an der Rechtfertigung induktiver Schlüsse, in Bacons Terminologie, an der Rechtfertigung von Interpretationen interessiert. Sie tendierten daher dazu, Bacons Methode auf die Tafeln und die daraus gezogene erste Lese zu beschränken. Bacon denkt aber gar nicht daran, seine erste Lese, also seine Theorie der Wärme, zu rechtfertigen. Vielleicht war ihm die Idee des Wahrscheinlichkeitsschlusses, die ihm als aristotelisches Erbe bekannt war und die bis heute die Theorie der induktiven Schlüsse begleitet, zu suspekt. Näher liegt aber die Vermutung, daß ihm diese Rechtfertigung weniger wichtig war als die Möglichkeit, neue Experimente zu entwerfen, die aufgrund der Interpretationen und der Anwendung der Topik der Experimentalanordnungen in Angriff genommen werden können. Bacons Hoffnung ruht auf der diskriminierenden Kraft der Experimente. Die Logik der Induktion dient dazu, diese Experimente zu entwerfen. Sie hat praktisch nichts zu tun mit der seit Hume zentral gewordenen Frage der Rechtfertigung von generalisierten empirischen Sätzen. Auf einen Punkt zugespitzt ließe sich sagen: Fruchtbarkeit statt Rechtfertigung – oder Rechtfertigung durch Fruchtbarkeit.

Man kann unterstellen, daß Bacon die epistemologischen Probleme, die durch den Anspruch der neuen Wissenschaften, empirisch und zugleich allgemeingültig zu sein, entstanden sind, noch nicht voll überschaut hat. Er steht historisch gesehen vor dieser Problemlage, die wohl erst seit und durch Newton erkenntnistheoretisch zentral wurde. Eben deswegen darf man ihn aber auch nicht an dieser messen. Die Konsistenz und Relevanz seiner Philosophie würden dabei verlorengehen. Bacons Angelpunkt war die experimentelle Philosophie, Philosophie als Forschung. Hierauf ist seine Topik der Instanzen abgestellt. Angewendet auf sein Beispiel der Untersuchung der Wärme käme es also darauf an, auf der Basis der angegebenen riskanten Interpretation neue Experimente zu entwerfen, um den maßgeblichen Axiomen näherzukommen, oder um die Interpretation zu korrigieren. Bacon hat richtig gesehen, daß diese Aufgabe nicht leicht zu lösen ist. In Wirklichkeit ist sie viel diffiziler, als das Philosophieren über die Richtigkeit der Interpretation. Welche Beobachtungen werden jetzt relevant? Was für Indikatoren stehen für die verwendeten theoretischen Begriffe zur Verfügung? Gibt es Meßapparate usw.? Das Überleben von Forschungsprogrammen hängt davon ab, ob es gelingt, „Instanzen" zu finden, mit denen man das Experimentieren fortsetzen kann. Im Falle der Wärmetheorie Bacons könnte man die Vermutung äußern, daß sein Programm bis in das 19. Jahrhundert hinein nicht fortsetzbar war, weil es ihm und seinen Zeitgenossen nicht gelang, Experimente von der Art der „hervorragenden Instanzen" zu entwerfen.

Ich möchte nun zum Abschluß der Diskussion ein *viertes* Merkmal der Methode Bacons hervorheben, muß aber vorweg betonen, daß es interpretativ weniger gut abgesichert ist. Es steht mit der üblichen Bacon-Rezeption noch stärker in Widerspruch. Ich vermute, daß Bacon seine Methode nicht hierarchisch-linear aufgebaut hat. Ein solcher hierarchischer Aufbau würde von unmittelbaren Basiserkenntnissen zu immer allgemeineren bis zu den höchsten Axiomen fortschreiten. Die Unterstellung, daß Bacon so verfährt, unterliegt wahrscheinlich einer Verwechslung seiner Ansichten über den hierarchischen Aufbau der Natur (wie sie durch die Metaphern des Alphabets oder des Gesetzeswerkes angedeutet sind) mit seinen Ansichten über den Aufbau des Forschungsprozesses. Die Frage ist: Forderte Bacon tatsächlich, den Forschungsprozeß bei einfachen, uninterpretierten Beobachtungen einer Natur- und Experimentalgeschichte beginnen zu lassen, dann die Tafeln anzufertigen und schließlich vorläufige Interpretationen zu entwerfen? Keine Frage, daß die Darstellung des „Novum Organum" diesen Weg geht. Aber jeder Praktiker weiß, wie künstlich eine solche Forderung letztlich wäre. Schon in der Experimentalgeschichte geht man mit vielem um, das man nicht kennt, z. B. dem Feuer. Ebenso kennt man einiges in der Naturgeschichte recht gut, das man aber nicht experimentell einsetzen kann, z. B. astronomische Kenntnisse. All diese Kenntnisse und Praktiken sind unzuverlässig. Sofern die Sinne involviert sind, hängen sie von den Verzerrungen und dem begrenzten Auflösungsvermögen der Sinnesorgane ab, die den Menschen ohnehin alles aus seiner Analogie, nicht aus der Analogie des Universums wahrnehmen lassen. Sofern menschliche Denkoperationen eine Rolle spielen, kann deren Zuverlässigkeit eigentlich erst am Ende beurteilt werden. Eine saubere Trennung zwischen theoretischen und umgangssprachlichen Begriffen ist ebenfalls nicht möglich. In Bacons eigenen Beschreibungen finden sich sowohl Begriffe der Aristotelischen Theorie, der alchimistisch-magischen Tradition als auch solche der technisch-mechanischen Sprache und natürlich alltagssprachliche Begriffe. Wo wäre in diesem Durcheinander eine Ausgangsbasis für eine hierarchisch angeordnete induktive Erkenntnis? Formal gesehen müßten Bacons drei Tafeln der Fälle des Vorkommens, des Fehlens und der Grade diese Ausgangsbasis bilden. Man stellt aber fest, daß diese Tafeln inhaltlich aus allen möglichen Quellen gespeist werden: Alltagsbeobachtungen, alchimistische Erkenntnisse, astronomische Berechnungen, Berichte aus fremden Regionen und eigene Experimente – nichts wird übergangen, wenn es nur den Anschein überprüfbarer Gegebenheiten hat. Den Interpreten, die aus der Tradition der induktiven Logik kommen, galt dieser Umstand stets als methodisch-klassifikatorische Schwäche, die man mit Zeitmangel oder Inkonsequenz gegenüber dem eigenen Ansatz entschuldigte. Wählt man aber unseren forschungspragmatischen Interpretationsansatz, dann ist Bacons Ausgangsbasis sehr einfach zu beschreiben: Es ist der gegenwärtige empirische Kenntnisstand, gleichgültig aus welchen Quellen er stammt. Dies wirft natürlich das Problem der Verläßlichkeit auf. Für die von Bacon aufgestellten Tafeln ist nach seiner eigenen Einschätzung diese nicht sehr hoch zu bewerten, könnte aber bei einem sorgfältigen, kooperativen Vorgehen schnell verbessert werden. Zuverlässigkeit *ist* wichtig, aber sie ist kein vorrangiger Ausgangspunkt, sondern ein vorrangiges Ziel.

Noch eine weitere Beobachtung spricht gegen die Interpretation der Methode als linear-hierarchisch: Schon zur Aufstellung der Tafeln ist es zweckmäßig, zu experimentieren. Die Tatsachensammlungen in den Tafeln können also selbst durch Forschungen erweitert werden. Hierzu paßt ebenfalls, daß Bacon auch bei der Aufstellung der vorrangigen Fälle betont, daß diese schon vor der Aufstellung der Tafeln, z. T. sogar ohne Blick auf bestimmte Tafeln, durchgeführt werden sollten (vgl. N.O. II, Aph. 52). Einige gut ausgewählte vorrangige Fälle können, heißt es dort, eine große Anzahl gewöhnlicher Vergleichsfälle überflüssig machen. Nimmt man die Darstellung des „Novum Organum" als Modell, so bleibt letztlich von der linearen Anordnung des Forschungsprozesses nichts übrig. Vermutlich ist Bacons Methode nur angemessen zu verstehen, wenn sie betrachtet wird im Rahmen einer *wissenschaftlichen Arbeitsorga-*

nisation, nicht aber im Rahmen einer *Forschungslogik*. Das Ideal Bacons war vielleicht ein sehr einfaches: An allen Enden zugleich ansetzen: Tatsachen sammeln, geschickte Hypothesen aufstellen, Experimente durchführen und sorgfältige Interpretationen liefern. Alle Bemühungen können sich jederzeit wechselseitig stärken, teils durch Ausschluß und Zurückweisung, teils durch Erfolg und Bestätigung. Eine relative Ordnung zwischen Tatsachen, Hypothesen, Experimenten und Interpretationen ergibt sich immer nur für jedes einzelne Forschungsvorhaben, für das es methodisch geboten ist, daß man das, was man für Interpretationen hält, von dem trennt, was man für Tatsachen hält; daß man nach negativen Beispielen sucht und seine Erfahrungsbasis so breit wie möglich macht. Überall zugleich ansetzen kann natürlich kein einzelner Forscher. Bacon hoffte auf eine Forschungsorganisation gerade deshalb, weil er einsah, daß nur viele das Werk der Interpretation der Natur vollbringen können. Wir werden bei der Interpretation seiner Utopie „Neu-Atlantis" Gelegenheit haben, darauf zurückzukommen.

5. Von einer „neuen Wissenschaft" zu einer „neuen Gesellschaft"

Bacons Erkenntnistheorie, Naturphilosophie und Methodologie sind keine abgeschlossenen Lehren. Sie sollen eine neue wissenschaftliche Praxis initiieren, durch die die neuen Lehren erst entstehen. Als Theorien sind alle Lehrstücke Bacons unfertig, aber sie begründen diese Unfertigkeit theoretisch. Die dementsprechende literarische Form ist das Fragment, das in Bacons Werk nicht Abbruch, sondern Fortsetzbarkeit signalisieren soll. Wir haben sein Hauptwerk eine „Philosophie der Forschung" genannt und damit einen Ausdruck gewählt, der dieser Ambivalenz Rechnung trägt: Es soll *praktisch* der Beginn einer neuen Wissenschaft sein und deren Möglichkeit durch das Vorführen der anfänglichen Schritte demonstrieren; die „Instauratio Magna" *ist* Forschung. Sie soll aber auch *theoretisch* eine Lehre über die Erzeugung von Erkenntnis durch Forschung sein; sie *beschreibt* Forschung. An vielen Stellen hat Bacon darauf verwiesen, daß das Zustandekommen der neuen Wissenschaft von einer neuen gesellschaftlichen Praxis abhängt. Diese Praxis muß zweierlei umfassen: Erstens, die Einrichtung von Forschungsinstitutionen durch die Gesellschaft; zweitens, die Bereitschaft der Gesellschaft, Forschungsergebnisse zu benutzen. Hat Bacon den Versuch unternommen, auch diese Zusammenhänge zu beschreiben?

Man muß seine politische Lage bedenken: Die wichtigsten Schriften, die wir benutzt haben, „Advancement of Learning" und „Instauratio Magna", sind während seiner steilen politischen Karriere in die höchsten Staatsämter verfaßt worden. Wenn sich also die entworfene neue Gesellschaft von der faktischen genauso unterscheidet wie die entworfene neue Wissenschaft von der gegebenen, wäre deren Entwurf nicht ohne große persönliche Gefahren gewesen. Jedenfalls hätte er die politischen Institutionen und Traditionen nicht mit derselben Schärfe angreifen können wie die herrschende Wissenschaft und Bildung. Zudem war zur Zeit Bacons in England die politische Zensur streng. Alle Äußerungen gegen herrschende Moral, Religion und Politik konnten als Hochverrat geahndet werden. Sogar die Schriften Machiavellis waren verboten, weil die Zensurbehörde befürchtete, daß die Veröffentlichung der Analyse politischer Herrschaftsinstrumente diese untauglich machen könnte. Allgemein galt Politik als Geheimkunst (Arcanum imperii), die Auserwählten vorbehalten bleiben müsse. In seinen politischen Tätigkeiten akzeptiert Bacon diese Situation. Trotz des enzyklopädischen Charakters von „Advancement of Learning" entschied er sich für eine sehr knappe Behandlung der Themen Regierung und öffentliche Gesetzgebung, weil sie entweder geheim seien oder nicht für öffentliche Äußerungen geeignet (vgl. III, 474). Ausdrücklich stellt er fest, „daß ich, der ich an einen König schreibe, der ein Meister dieser Wissenschaft ist und in ihr sehr gute Beratung genießt, diesen Teil lieber in Schweigen übergehen sollte" (III, 474).

Diese Rücksichtnahme wurde nach seinem Sturz gegenstandslos. So ist es zu verstehen, daß Bacon diese Zeit nutzte, um seine Vorstellungen von einer neuen Gesellschaft, die die Wissenschaft fördert und sich auf Wissenschaft stützt, zu entwerfen. Bezeichnenderweise haben wir es wieder mit einem Fragment zu tun. Ob dahinter ebenfalls ein Plan steckt, oder ob es diesmal Zufall ist, ist schwieriger zu beantworten. Wir werden es versuchen.

Das Fragment ist die Utopie „Neu-Atlantis", geschrieben 1623. Rawley, der die Schrift als erster herausgab und sicherlich bester Zeuge ihrer Entstehung war, meinte, Bacon hätte die Arbeit liegenlassen, weil die Naturgeschichte ihm vordringlicher war. Obwohl dieses Zeugnis schwer wiegt, will ich von Rawley abweichen und einige Gründe anführen, die dafür sprechen, daß auch diesmal der fragmentarische Charakter beabsichtigt ist und als literarische Stilform dem Inhalt entspricht. Bevor wir in die Einzelheiten gehen, betrachten wir die äußerlichen Anknüpfungen an die „Instauratio Magna".

„Neu-Atlantis" erzählt von einer Reise durch die Südsee, die in Peru beginnt und nach China führen soll. Schon diese Rahmenhandlung erinnert an die „Schicksalssäulen der Wissenschaften", durch die hinaus zu segeln, nach der Vorrede der „Instauratio Magna", das Ziel der Erneuerung sein soll (vgl. I, 125). In der „Distributio Operis" gibt Bacon folgenden Hinweis zur Aufgabe des „Novum Organum": „... nachdem ich so an den alten Küsten entlanggesegelt bin, werde ich nun den menschlichen Intellekt für die Fahrt ins offene Meer vorbereiten" (I, 134). Die Entdeckungsreise übers offene Meer, deren Risiko durch gute Ausrüstung („Novum Organum") kalkulierbar werden soll – diese Metapher bildet die Rahmenhandlung von „Neu-Atlantis". „Neu-Atlantis" ist eine Insel, die die Seefahrer nicht durch eigene Leistung, sondern durch Glück im Unglück nach einem Sturm erreichen. Eben deswegen ist die Darstellung eine Utopie: die wirkliche neue Gesellschaft läßt sich ebensowenig antizipieren wie die neue Wissenschaft. Und warum nicht? Dafür gibt das „Novum Organum" einen Hinweis: Im Aphorismus 127 des ersten Buches wirft Bacon die Frage auf, ob seine Erneuerung auf die Naturwissenschaften beschränkt sei. Die Antwort ist: Nein, auch die übrigen Wissenschaften, Logik, Ethik, Politik, seien einbegriffen. Die Methoden der Tatsachensammlung (historia) und der Tafeln des Erfindens (tabulae inveniendi) müssen im Bereich von Gesellschaft und Politik (de exemplis rerum civilium) nicht minder angewendet werden.[1]

Eine weitere Parallele der Utopie zum „Novum Organum" ist erwähnenswert: Das „Novum Organum" soll das alte „Organum" des Aristoteles ablösen. „Neu-Atlantis" ist die Utopie, die das alte „Atlantis" von Platon ersetzen soll. Platons Insel Atlantis ist freilich schon 9000 Jahre vor Platons Zeit durch ein Beben im Meer versunken, während Bacons „Neu-Atlantis" ein Ideal der Zukunft ist, verborgen angelegt in der Gegenwart. Auch Platons Darstellung ist jedoch Fragment. Zeus will gerade zu einer Mahnrede an alle Götter anheben, mit der der Entartung des Herrschergeschlechts von Atlantis Einhalt geboten werden soll, da bricht der Dialog ab. Ganz anders bei Bacon: Die Reisenden werden von einem Weisen der Insel mit den Worten entlassen, das, was sie erfahren haben, in anderen Ländern zu verkünden. Bei Platon wird der Verfall eines vergangenen Ideals beklagt, bei Bacon ein gänzlich Neues erwartet. Ob der Abbruch bei Platon Zufall oder Absicht ist, wissen wir nicht. Unwahrscheinlich aber ist, daß er bei Bacon Zufall ist[2].

Betrachten wir einige Grundzüge der Handlung von „Neu-Atlantis": Der glücklich geretteten Schiffsmannschaft wird erst nach langen Prüfungen ihrer Religion, ihrer Absichten und ihres Gesundheitszustandes der Gang an Land gewährt. Bensalem, wie sich der Staat auf der Insel „Neu-Atlantis" (von immerhin 5600 Meilen Umfang; das dürfte in der Größenordnung der britischen Insel liegen) selbst nennt, hütet das Geheimnis seiner Existenz sorgfältig, während ihm selbst alle Teile der Welt bekannt sind. Als die Fremden dann an Land dürfen, werden sie zunächst in einem Gästehaus einquartiert, das den Gastgebern noch einmal die Gelegenheit bietet, ihre Sitten und Absichten zu kontrollieren. Am ersten Tag der Unterhaltungen wird den Besuchern erklärt: Die christliche Religion ist Bensalem durch ein Naturwunder zuteil geworden, das von einem Gelehrten der „Gesellschaft des Hauses Salomon" – „the very eye of this kingdom" – mit wissenschaftlicher Analyse als göttliche Offenbarung gedeutet wurde. Zur Bestätigung ließ Gott daraufhin aus einer Palme eine wertvolle Pergamentausgabe der Bibel wachsen (vgl. III, 137f.).

Der zweite Tag der Unterhaltung bringt nähere Information über Salomons Haus, das auch das Kolleg des Sechs-Tage-Werkes (College of the Six Days Work), Orden und Bruderschaft genannt wird. Es ist vor langer Zeit von dem Stifter der Verfassung des Landes, Solamona, eingerichtet worden, den man sich nach Beschreibung und Namen als Vereinigung der Tugenden von Solon und Salomon vorzustellen hat (III, 144). Salomons Haus erweist sich in den weiteren Gesprächen als gesellschaftliche Institution von größtem Einfluß. Die erste Funktion, die den Gästen erklärt wird, besteht darin, Bensalem mit allem Wissen der Welt zu versorgen, ohne die Insel im Ausland bekannt zu machen. Das Mittel ist einfach: Industriespionage jeder Art. Für jeweils 12 Jahre werden Mitglieder des Hauses in geheimer Mission und reichlich mit Finanzmitteln versehen in fremden Ländern ausgesetzt, um „Kenntnisse zu besorgen über die Angelegenheiten und den Zustand der Länder ... und besonders der Wissenschaften, Künste, Manufakturen und Erfindungen aus aller Welt" (III, 146). Bensalem entzieht sich selbst der Entdeckung dadurch, daß es den seltenen Besuchern Gelegenheit gibt, Land und Leute gründlich kennenzulernen und sich freiwillig zum Bleiben zu entscheiden. Die wenigen, die ausschlagen, werden – so vermutet man – in ihrer Heimat nicht ganz für voll genommen. Auch den Gästen aus England wird diese Möglichkeit nahegelegt.

Die Verknüpfung von strengen Regeln mit persönlichen Anreizen scheint für die Rechtsauffassung in Bensalem charakteristisch zu sein: Individueller Nutzen und staatliche Wohlfahrt arbeiten füreinander, wenn auch an dem Vorrang der Zentralgewalt kein Zweifel besteht. Die Einwohner selbst nennen dies den Wunsch, „Humanität und Politik zusammenzufügen" („to join humanity and politics together", III, 144). Dieser Wunsch ist seit der Staatsgründung durch Solamona lebendig geblieben.

Es ist nicht einfach, Bensalem in die gesellschaftstheoretischen Vorstellungen der Zeit Bacons einzuordnen.[4] Einerseits ist Bensalem noch kein Modell der bürgerlichen Gesellschaft; aber ebensowenig werden die Ideale der agrarisch-feudalen Gesellschaft zurückersehnt. Viele Züge sind Idealisierungen der Tudorzeit selbst, erweitert nur um die Gedankenwelt des wissenschaftlich-technischen Fortschritts. Die große Bedeutung humanistischer Gesichtspunkte gemahnt jedoch eher an den bürgerlichen Humanismus der Stadtstaaten der Renaissance.

Einige weitere Züge der Gesellschaft sind zu erkennen, wenn wir uns den Gästen bei den Besuchen von Land und Leuten anschließen, die ihnen schließlich ohne Einschränkungen genehmigt werden. Unter anderem nehmen sie an einem großen „Fest der Familie" teil. Dieses Fest macht deutlich, daß die gesellschaftlichen Einheiten Bensalems die großen, hierarchisch organisierten Verwandtschaftssysteme sind, die unter Aufsicht der Regierung eine eigene, innere Handlungsvollmacht für Rechtsstreitigkeiten und soziale Unterstützungsmaßnahmen besitzen. Das Fest selbst ist eine Mischung aus einem großen endlosen Gelage und einem Gottesdienst. Es wird zu Ehren eines Familienoberhauptes gegeben, dem es gelungen ist, dreißig lebende Nachkommen zu besitzen, die alle das dritte Lebensjahr überschritten haben. Hervorgehoben wird die „Natürlichkeit" dieser Sozialordnung. Die Berichte, die über Ehe und Sittenleben sowie über religiöse Toleranz eingeholt werden, deuten in dieselbe Richtung einer zwar strengen, aber als „natürlich" und „humanitär" ausgegebenen Gesetzgebung. Beispielsweise sind Bordelle, Mätressen usw. nicht zugelassen, ebensowenig die Vielweiberei; aber auch nicht die Zwangsehe ohne Einwilligung der Beteiligten. Liebesehen, auch ohne Einwilligung der Eltern, sind möglich, wenn auch den Eltern das Recht der Erbeinschränkung zusteht. Außerehelicher Geschlechtsverkehr ist verpönt, aber es ist Vorsorge getroffen, von den körperlichen Vor- und Nachteilen des Partners vor der Ehe Kenntnis zu nehmen: „In der Nähe jeder Stadt gibt es zwei Teiche, die sich Teiche Adams und Evas nennen, wo es einem von den Freunden des Mannes und ebenso einer von den Freundinnen der Frau erlaubt ist, diese allein im Bade zu betrachten" (III. 154).

Nach einigen Tagen erhält ein Besucher eine Audienz bei einem der „Väter des Hauses Salomons" (III, 154). Nach einem „Gott segne dich mein Sohn!" wird ihm versprochen: die vorzüglichsten Schätze von allen, die ich besitze, will ich dir zuteilwerden lassen. Ich werde nämlich nicht anstehen, dir, um der Liebe Gottes und der Menschen willen, die wahre Verfassung des Hauses Salomons zu eröffnen" (356). Gleich als erstes wird der Zweck des Hauses benannt: „Der Zweck unserer Gründung ist die Erkenntnis der Ursachen und Bewegungen, sowie der verborgenen Kräfte in der Natur; und die Erweiterung der Grenzen der menschlichen Herrschaft bis an die Grenzen des überhaupt Möglichen (and the enlarging of the bounds of Human Empire, to the effecting of all things possible)" (III, 156). Man fragt sofort, wie der Universalismus dieser Zielsetzung mit der Isolationspolitik der Insel übereinstimmen kann. Auch alles Weitere ist auf das Wohlergehen Bensalems bezogen, nicht auf das der Menschheit. Wie wir später sehen werden, ist das Haus Salomon aber keine untergeordnete Behörde des Staates, sondern eine unabhängig wirkende Institution. Dieser Hinweis beseitigt nicht die Spannung zwischen dem Human Empire und dem Nationalstaat Bensalem, sondern zeigt nur, daß Bacon sich dieser Spannung bewußt war. Die nun folgende Darstellung beginnt mit einer umfassenden Auflistung aller Forschungslaboratorien und -anlagen, über die das Haus Salomon verfügt. Es werden über zwanzig verschiedene Institutionen vorgeführt.

Die folgende Liste vermittelt einen Eindruck von deren Vielfalt, Zielen und Ergebnissen:

Unterschiedliche Labors bis 500 Meter Tiefe und auf Bergen angelegt (Materialforschung für künstliche Stoffe, Dünger und Treibstoffe)
Forschungstürme bis 800 Meter hoch und auf Bergen errichtet (Meteorologie, Astronomie)
Forschungen einschließlich künstlicher Strömungen und Wasserfälle, Brunnen und Quellen sowie eine mechanische Windanlage (Materialforschung, Lebensmittelforschung, Strömungsforschung, Meeresentsalzung, medizinische Forschung [Heilbäder])
Großraumlabors (Wetterkunde, künstlicher Regen, Erzeugung von Lebewesen [Insekten])
Gesundheitslabors, Chambers of Health (Luftuntersuchungen)
Medizinische Bäder
Baumschulen und Versuchsgärten (Züchtungsforschung, Bodenkunde)
Zoologische Gärten (Züchtungsforschung, Untersuchung von Giften)
Fischteiche
Kleintierlabors (Züchtung von speziell nützlichen Tieren von der Art der Seidenraupe oder Honigbiene)
Ernährungswissenschaftliche Labors: Brauerei, Backhaus, Küchenlabor etc.
Pharmakologische Labors
Labor für Materialforschung (Künstliche Materialien, Papiere, Garn, Farben)
Labor für Wärmeforschung (Hochtemperaturforschung, biologische Wärme, künstliche Strahlung)
Optische Werkstätten, perspective houses (Lichtausbreitung, -bündelung, kohärentes Licht, Spektralfarben, künstliches Licht, optische Instrumente)
Akustische Werkstätten, sound-houses (Musikinstrumente, künstliche Sprache, Tiersprachen, akustische Instrumente und Fernleitung)
Geschmackslabor, perfume-house (Geruchs- und Geschmacksforschung für Ernährung und Delikatessen)
Mechanische Werkstätten, engine-houses (Triebwerke, Übersetzungen, Kriegsgerät, Flugzeuge, Unterwasserschiffe, Uhren, Roboter und Automaten)
Mathematisches Institut, mathematical house (Mathematische Instrumente, Geometrie, Astronomie)
Betrugslabor, house of deceits (Sinnestäuschungen)

Für einen Leser des 17. Jahrhunderts muß dies eine Wunderwelt des Unerreichbaren gewesen sein. Aus der Perspektive des 20. Jahrhunderts ist festzustellen, daß fast alle Forschungsstätten in vielfältigen Varianten existieren (und natürlich viele weitere). Von den entworfenen Möglichkeiten einer technischen

Welt ist bisher eine einzige nicht realisiert, die künstliche Erzeugung von Lebewesen, und eine andere, die lebensverlängernde Wirkung von Medikamenten, ist fragwürdig. Auch die Typologie von Forschungsinstitutionen ist nicht grundsätzlich von derjenigen verschieden, die man heute für die Industrielabors, öffentlichen Forschungsanstalten und Universitätseinrichtungen entwerfen würde, sieht man davon ab, daß die Vielfalt noch ungleich größer ist als die, mit der Bacon seinen Zeitgenossen imponieren wollte.

Auf allen Gebieten und in allen Institutionen besteht eine enge Verbindung zwischen Wissenschaft und Technik. Auch sind die Labors nicht nach Disziplinen gegliedert, sondern nach Lebensbereichen, Stoffklassen und Apparaturen, also nach Einteilungsgesichtspunkten, die sich aus den Verwendungen der Erkenntnisse ergeben.

Ein Wort noch zum Betrugslabor: Dieses hat Bacon entworfen, weil er die Gefahr sah, daß wendige Wissenschaftler sich mit Gauklerkunststücken als Wundermänner bei Regierungen und im Volk einschleichen könnten. Nach Beispielen brauchte er zu seiner Zeit nicht lange zu suchen: Magier und Hexen, Goldmacher und Wunderdoktoren gab es überall und wurden überall vermutet. Die Mitglieder des Hauses Salomons lehnen Praktiken des Betrugs und der Vortäuschung von Wundern natürlich ab; um sie aber bei andern entlarven zu können, muß man auf derselben Höhe sein wie diese. Daher werden die Praktiken erforscht. Wie wenig Bacon daran gelegen ist, die Reputation der Wissenschaft mit solchen Mitteln zu heben, sagen diese Schlußsätze der Darstellung der Forschungsinstitutionen: „Wir haben allen Brüdern unter Geld- und Ehrenstrafen untersagt, etwas Natürliches durch künstliche Zurüstung als wunderbar vorzuführen, sondern rein wie es ist und ohne jeden Schein einer Wunderhaftigkeit." (III, 165). Die Umgruppierung der philosophischen Grundbegriffe ist hier vollendet: Das Technische wird als „Natürliches" vorgeführt; das Künstliche ist Betrug.

Wichtig für die Stellung des Hauses Salomon in der Gesellschaft ist die abschließende Darstellung der Organisation, ihrer Ämter und Dienste. Neun Funktionsgruppen werden voneinander unterschieden:

(1) Zwölf *Merchants of Light, Händler des Lichts,* die aus fremden Ländern Bücher und Experimentalanordnungen („patterns of experiment") heimbringen.
(2) Drei *Depredators, Beutesammler,* die „alle Versuche, die es in Büchern gibt, sammeln" (III, 165).
(3) Drei *Mystery-men, Geheimnisjäger,* die in allen freien und mechanischen Künsten und anderen Praxisbereichen Experimente sammeln.
(4) Drei *Pioneers or Miners, Pioniere oder Grubenarbeiter,* die neue Experimente ausprobieren.
(5) Drei *Compilers, Zusammenfüger,* die die Versuchsergebnisse ordnen und in Tabellen bringen, „um aus ihnen besser Beobachtungsschlüsse und Axiome ziehen zu können."
(6) Drei *Dowry-men or Benefactors, Mitgift-Ausstatter oder Wohltäter,* die analysieren, was von den Ergebnissen der täglichen Praxis und den Wissenschaften als Ausgangspunkt für Schlüsse auf Ursachen dient.
(7) Drei *Lamps, Leuchter,* die „nach vielen Zusammenkünften und Beratungen aller von uns die bisherigen Arbeiten und Ergebnisse begutachten, um neue Experimente festzulegen, von höherem Licht, um tiefer als bisher in die Natur einzudringen" (III, 165).
(8) Drei *Inoculators, Propfer,* die diese Experimente ausführen und darüber berichten.
(9) Drei *Interpreters of Nature, Interpreten der Natur,* „die die bisherigen experimentellen Entdeckungen in weitläufigere Beobachtungen, Axiome und Aphorismen bringen" (III, 165).

Diese insgesamt sechsunddreißig Mitarbeiter sind die Brüder des Hauses Salomon, zu denen noch Novizen und Lehrlinge hinzukommen wie auch eine „große Zahl" von Fachkräften, männliche und weibliche, wie Bacon betont (III, 165), für die Labors. Die Differenzierung der Arbeiten der Wissenschaftler erfolgt nicht nach Sachgebieten oder Disziplinen, sondern nach Arbeitsschritten, die dem Erkenntnisprozeß zuzuordnen sind, wie Bacon ihn im zweiten Band des „Novum Organum" entworfen hat.

Interpreten haben häufig bemerkt, daß hiermit die Arbeitsweise der Manufaktur auf die Wissenschaft angewendet worden sei. Aber es fällt auf, daß von einer betrieblichen Herrschaftsstruktur nichts erwähnt wird; stattdessen wird die Fortsetzung der Arbeit in „verschiedenen Zusammenkünften und Beratungen aller Mitarbeiter beschlossen", die über *alle* Ergebnisse beratschlagen (III, 164). Das ist wenig Manufaktur und mehr Demokratie als selbst heute in den Forschungseinrichtungen besteht. Andere haben betont, Bacon habe die Geheimbünde der Freimaurer und Rosenkreuzer zum Modell genommen. Dafür spricht neben der Ausdrucksweise von Brüdern und Orden die

Praxis der Geheimhaltung der Ergebnisse; dagegen jedoch die durchstrukturierte, sachlich organisierte Arbeitsteilung. Bacon hat sowohl Elemente der Manufaktur wie auch der Geheimbünde benutzt, aber doch versucht, eine seinen Zielen angemessene neue Organisationsform darzustellen. Von heute aus betrachtet ist die Aufteilung nach Funktionen im Erkenntnisprozeß unbefriedigend. Das Sammeln von Tatsachen, Experimentieren, Aufstellung von Theorien usw. – dies alles kann zwar unterschieden und phasenweise in der Arbeit getrennt, muß aber häufig genug vermischt werden und kann nicht einmal immer begrifflich gegeneinander abgegrenzt werden. Auf der anderen Seite ist nicht zu verkennen, daß einige der von Bacon unterschiedenen Aspekte in der späteren Entwicklung tatsächlich institutionell voneinander getrennt wurden. In diesem Sinne spricht man von Forschungs- im Unterschied zu Entwicklungsabteilungen, von Dokumentationszentren u. a., wie auch von Experimentalphysikern, theoretischen Physikern, Ingenieuren und Technikern. Viele der von Bacon gemachten Annahmen wurden genau dann Realität, als die Wissenschaft in die Nutzenfunktionen hineinwuchs, die Bacon ihr von Anfang an zugedacht hatte. Im übrigen ist diese berufliche Differenzierung ein Beleg für die oben gewählte Interpretation des „Novum Organum", nach der die verschiedenen Stufen des Erkenntnisprozesses nicht als eine zeitliche Reihenfolge, sondern als eine gleichzeitige, wenn auch analytisch trennbare Differenzierung der Tätigkeiten zu sehen sind. Im Grunde haben wir hier dieselbe Differenzierung, die im „Novum Organum" erkenntnistheoretisch vorgetragen wurde, als berufliche Arbeitsteilung dargestellt. Wie schon häufig zu beobachten war, ist für Bacon die Beziehung zwischen philosophischen und soziologischen Fragestellungen eine innere und wechselseitige. Ideen benötigen den Beweis ihrer Durchführbarkeit, sonst sind sie selbst mangelhaft. Auch deswegen gehören das „Novum Organum" und „Neu-Atlantis" eng zusammen.

Im Anschluß an die Darstellung der beruflichen Arbeitsteilung wirft das Mitglied des Hauses ein Problem auf, das unlösbar mit „Wissen und Macht" verbunden ist: „Wir haben Konsultationen darüber, welche der Erfindungen und Experimente, die wir entdeckt haben, veröffentlicht werden sollen und welche nicht: Und wir leisten alle einen Eid der Geheimhaltung (oath of secrecy), um dasjenige zu verbergen, was uns geheim zu halten wichtig erscheint, obwohl wir einiges davon mitunter dem Staat offenbaren, anderes nicht" (III, 165). Die Praxis der Geheimhaltung der Ergebnisse erinnert auch wieder an Geheimbünde und Zünfte. Aber der soziale Kontext ist doch ein neuer. Es geht hier ja weder darum, den Bund als solchen geheimzuhalten, noch die Arbeit mit geheimen Kräften zu verbergen. Es ist genau anders herum: Gerade weil die Organisation berechtigt ist, die Forschungsziele zu bestimmen, muß die Verträglichkeit der Erkenntnisse mit den Staatszielen geprüft werden. Eine durch die politische Zentralgewalt nicht gesteuerte Forschung verlangt nach einer besonderen Gestaltung der gesellschaftlichen Einbindung, nach einer professionellen Ethik. Bacon stellt deren Recht unzweideutig über die Staatsräson. Wissenschaftliche Verantwortung ist für ihn nicht delegierbar, weil das erzeugte Wissen als solches seine Verwendungskontexte entwirft. Wissen ist Macht – da hilft kein mit Unschuldsmiene vorgetragenes Argument, daß Wissen „als solches" immer nur hypothetisch sei und ethisch neutral. Bacon sah weiter und wich dem Problem nicht aus. Schon Spedding hatte diesen Punkt aufmerksam verfolgt und nicht weniger als zehn Textstellen zur Geheimhaltung zusammengetragen (I, 107ff.). Es war also kein nebensächlicher Punkt. Er hängt damit zusammen, daß nützliches Wissen, insofern es dispositional oder *nur* Macht ist, keinem Regulativ einer normativen Nützlichkeit unterliegt. Normative Nützlichkeit kann nur institutionell realisiert werden als die rechtmäßige Entscheidung über die gesellschaftliche Zulässigkeit der Erzeugung und Verwendung von Wissen. Die wichtigsten Instrumente sind dabei finanzielle Unterstützung auf der einen Seite und gesetzliches Verbot auf der anderen.

Daß Bacon an die erste Stelle die professionelle Verantwortung und diese deutlich über das Recht des Staates stellte, ist im Zeitalter des Absolutismus und angesichts seiner positiven Einstellung zur Zentralgewalt bemerkenswert. Allerdings wird das Mittel der Geheimhaltung heute weder ethisch noch funktionell noch wissenschaftstheoretisch überzeugen. Wissenschaftler sind weder als einzelne noch als Gruppe vertrauenswürdiger als andere Menschen; Geheimhaltung wäre eine Einladung, ihre Sonderposition auszubauen. Sie wäre außerdem allenfalls in der isolierten Welt Bensalems zuverlässig zu garantieren. Schließlich unterstellt das Prinzip, daß Wissenschaft eine besondere Kompetenz für die Entscheidung ethischer Fragen hat, die sie selbst aufwirft. Wir vertrauen heute weitaus eher dem gegenläufigen Prinzip der Öffentlichkeit und Kontrolle. Aber wir müssen einräumen, daß das Problem selbst an Schärfe zugenommen hat und gesellschaftlich unbewältigt ist.

In den Schlußabschnitten des Werkes erfahren wir weitere Einzelheiten zur gesellschaftlichen Einbindung der Wissenschaften. Eine große Rolle spielt die Verehrung von Erfindern und Entdeckern. Es gibt zwei große Galerien: eine dient der Ausstellung der Erfindungen, in der anderen sind die Standbilder hervorragender Forscher. Auch lebende Erfinder, die Bedeutendes geleistet haben, werden mit Standbildern geehrt. Sie erhalten auch eine „großzügige und ehrenhafte Belohnung (liberal and honourable reward)" (III, 166). Dann werden religiöse Rituale erwähnt, die der Bewunderung der Werke Gottes dienen und in denen um Gottes „Hilfe und Segen" gebetet wird „zur Erleuchtung unserer Arbeiten und darum, diese zu Gutem und Heiligem zu kehren" (III, 166).

Die Galerien dienen dazu, in der Bevölkerung Verehrung und Zutrauen zur Wissenschaft zu wecken. Und sie bieten den Wissenschaftlern Aussicht auf persönlichen Ruhm als Anreiz für die Erfindungstätigkeit. Auch hier ist zu beobachten, wie Bacon zwei Interessenlagen zu verknüpfen versucht: Zum einen das neuzeitliche System funktionaler Arbeitsteilung, zum anderen das Glorien- und Genieideal der Renaissance, das sich bis heute in Preisverleihungen und anderen Ehrungen erhalten hat. Der religiöse Kultus, den die Wissenschaftler betreiben, ist das Gegenstück zur Geheimhaltung: Er soll dafür sorgen, daß für alle Wissenschaftler der Orientierungsrahmen der allgemeinen

Wohlfahrt verbindlich bleibt. Auch ist hiermit ein zur Arbeitsteilung gegenläufiges Element von Bacon eingeführt: Die Verantwortung des Wissenschaftlers für den gesellschaftlichen Nutzen der Wissenschaft wird unabhängig von seinen konkret zu bearbeitenden Aufgaben in gemeinsamer Besinnung ernst genommen.

Weiter wird erwähnt, daß die Wissenschaftler Rundreisen durch die Städte der Insel machen, auf denen nach eigener Einschätzung neue Erfindungen veröffentlicht werden (vgl. III, 165). Die Wissenschaftler tragen also auch die Verantwortung dafür, daß der Bevölkerung neue Erfindungen vorgeführt und erklärt werden. Noch wichtiger als diese Übergabe von Neuerungen sind die regelmäßigen öffentlichen Dienstleistungen der Wissenschaften. Es werden, so heißt es, „natürliche Vorhersagen" gegeben von „Krankheiten, Seuchen, Schwärmen gefährlicher Tiere, Hungersnöten, Unwettern und Stürmen, Erdbeben, Überschwemmungen, Kometen, jahreszeitlichen Temperaturen und anderem mehr. Und wir geben Ratschläge, was das Volk am besten tut, um vorzubeugen und abzuhelfen" (III, 166). Nach heutigen Maßstäben setzen solche Leistungen eine großflächige Organisation von Erhebungs- und Dienststellen voraus. Man denke an den öffentlichen Gesundheitsdienst, den Wetterdienst oder den Pflanzenschutz. Wir wissen nicht, wie Bacon sich eine solche Ausweitung des Hauses Salomon vorgestellt hat. Wenn man aber an den Anfang der Utopie zurückkehrt, erhält man einen Hinweis: Die Reisenden wurden bei ihrer Ankunft durch einen „Konservator der Gesundheit" kontrolliert, der auch den Kontaktpersonen gewisse Vorsichtsmaßregeln auferlegte. Dieser war zwar ein höherer Beamter, aber kein Mitglied des Hauses Salomon. Hieraus kann man schließen, daß die Beamtenschaft der Träger der wissenschaftlichen Dienstleistungen ist, die die Erkenntnisse des Hauses Salomon in gesellschaftliche Praxis überführen. Auf dieser Beamtenschaft ruht offenbar die politische Kultur in Bensalem. Wir erfahren zwar wenig über die Verfassung des Staates, über Vertretungsorgane, Gewaltenteilung usw. Aber immer sind es hochstehende Verwaltungsbeamte, die sich um die Gäste kümmern. Mehrfach wird ihre Unbestechlichkeit herausgestellt. Sie lehnen Geldgeschenke mit der Redewendung ab: „Not twice paid for one labour!" (III, 132). Bacon selbst wurde die englische Gepflogenheit des „twice paid" zum Fallstrick seiner Karriere. Die Beamten Bensalems sind hoch angesehen und wohlgestellt.

Die Utopie bricht gleich nach dem großen Bericht über das Haus Salomon ab. Die Gäste werden beschenkt und mit der Erlaubnis entlassen, die erworbenen Kenntnisse „zum Wohl der anderen Nationen zu veröffentlichen" (III, 166). Trotz des Abbruchs reichen die Informationen hin, um ein zusammenfassendes Bild des Idealstaates zu erhalten: Bacon hat ein Staatswesen entworfen, das vor allem paternalistisch-absolutistische Züge hat. Die Feudalordnung des Ständesystems ist abgeschafft, aber Unterschiede zwischen arm und reich, hoher und niedriger Stellung im Staatswesen sind ausgeprägt. Das Gesetzgebungswerk fußt nur subsidiär auf Strafen; es gewinnt seine Legitimation durchgängig durch die Orientierung an Gemeinwohl und Humanität. Nach außen tritt der Staat nicht als Machtstaat auf; er pflegt seine Isolation, kann sich im Notfall aber auf seinen überwältigenden Vorsprung in der Kriegstechnologie verlassen. Religion spielt eine wichtige Rolle, aber von ganz wenigen christlichen Grundannahmen abgesehen nicht als Lehrgebäude, sondern als Kultus, der Zusammengehörigkeit und Fürsorge festigen soll. Religiöse Toleranz wird betont, sogar gegenüber Juden, und es existiert keine mächtige Priesterschaft. Die Ordnung des Gemeinwesens wird von unbestechlichen Beamten aufrechterhalten. Die Sozialstruktur knüpft an die „natürlichen" Bande der Familie an.

Diese Utopie ist insgesamt nicht radikal ausgefallen. Insbesondere wird von den einzelnen Menschen nichts Ungewöhnliches verlangt: Keine Gleichheitsideale werden aufgestellt, keine Umverteilung von Land und Gut, keine Verherrlichung des einfachen Lebens ohne Luxus, keine Unterwerfung unter eine despotische Gerechtigkeit. Dies alles ist nicht nötig, weil es *eine* utopische Quelle gibt, die ungleich ergiebiger fließt: Fortschritt durch Wissenschaft und Technik. An die Stelle der Umverteilung und Beaufsichtigung knapper Güter tritt die Erzeugung neuer Güter, deren Verteilung nach verschiedenen Gesichtspunkten möglich ist. Man kann den in Not Geratenen helfen, Erfinder belohnen, Beamte in Amt und Würden gut bezahlen. Alles trägt in Bensalem zur Integration des Gemeinwesens bei und vielleicht auch dazu, Humanität und Politik zu verknüpfen. Man könnte fast paradox formulieren: Das Utopische an Bacons Utopie ist ihr nicht-utopischer Charakter. Es werden angenehme und sichere Zustände garantiert, ohne daß an die Mitglieder sozial oder psychisch schwer erfüllbare Forderungen gestellt werden. Daher sind große Umerziehungsprogramme, drakonische Gesetze, Inquisition, Polizeigewalt und was immer sich in Theorie und Praxis der Weltverbesserer zur Verfolgung von Außenseitern und Andersdenkenden findet entbehrlich. Der archimedische Punkt der Baconischen Konstruktion ist ein anderer: Das Haus Salomon. Dieses Haus ist keiner Weisung unterworfen und es kann Geheimhaltung sogar gegenüber dem König üben. Zwar ist auch diese Geheimhaltung ein eingeräumtes Vorrecht. Aber de facto ist damit das wichtigste Element der Gesellschaft Bensalems dem direkten politischen Zugriff entzogen. Oder genauer: Es ist der „politischen Politik" entzogen und einer „wissenschaftlichen Politik" unterstellt. Von dieser wird dargestellt, daß sie demokratisch und konsensuell verfahre. Was aber sollte das Haus Salomon davon abhalten, die Macht an sich zu reißen und ihren eigenen ausgefächerten Apparat zum Instrument der politischen Herrschaft zu machen? Selbst die Einbindung der Wissenschaft in den religiösen Kultus kann nicht davor schützen. Denn die Gemeinwohlorientierung könnte ja gerade die ideologische Basis sein, auf die die Wissenschaft die Berufung zur Machtaneignung gründen könnte. Die ohnehin bestehenden Möglichkeiten der Geheimhaltung bieten alle Voraussetzungen dafür, die besondere Verantwortung des Hauses Salomon in besondere Unterdrückung zu verwandeln, wie sie ja gerade von den bezeichnenderweise so genannten „Erkennungs- und Geheimdiensten" des modernen Staates bekannt ist. Der archimedische Punkt der Gestaltung der Beziehung von Wissenschaft und Gesellschaft ist also nicht ohne prekäre Aspekte. Hätte Bacon die von ihm entwickelte Ideologiekritik konsequent auf die eigenen Ideen angewendet, hätte er wohl darauf stoßen müssen.

Auf der anderen Seite muß man zweierlei anfügen, um die historische Situation nicht zu verzeichnen: Erstens waren Wissenschaft und Technik zu jener Zeit nur eine kleine Nebenbühne im Theater der Gesellschaft. Amateure, Abenteurer, Künstler und philosophische Außenseiter agierten auf ihr. Ein Leben lang hatte Bacon vergeblich versucht, öffentliche Unterstützung zu mobilisieren. Die Befürchtung einer Usurpation der Macht wäre da wenig motiviert gewesen. Schon deswegen spielt sie in dem Fragment keine besondere Rolle.

Zweitens ist es für Bacon als Anhänger eines monarchischen Absolutismus bemerkenswert genug, daß er eine so weitgehende Einschränkung der zentralen politischen Gewalt zuläßt. England hatte im 16. Jahrhundert einen beispiellosen Aufschwung erlebt, gerade durch die weitgehende Entmachtung des Parlaments und die Stärkung der Zentralgewalt. Das Parlament bestand aus den Vertretern der Feudalherren, die in den Rosenkriegen sich selbst zerfleischt und England als politische Einheit fast aufgelöst hatten. Bis in die Zeit Heinrichs VIII. hinein gab es Bauernaufstände und frühproletarische Bewegungen als Folge der eigennützigen Politik des Landadels. Aber in dieses 16. Jahrhundert fällt der Aufstieg Englands zu einem innenpolitisch wie außenpolitisch gestärkten Staat, gerade durch die Einrichtung eines starken Absolutismus. Die parlamentarisch-ständischen Rechte wurden beschnitten, der Bruch mit der katholischen Kirche vollzogen und der stärkste außenpolitische Gegner entscheidend geschlagen. Bacon war ein Vertreter dieser Politik, ein Anhänger des Prinzips des Nationalstaats, der durch gemeinsame Ziele, nicht durch partikuläre Interessen geprägt ist. Auf diesem Hintergrund muß seine Idee betrachtet werden, die politische Zentralmacht durch eine nicht-politische Instanz einzuschränken, die dennoch nicht ständisch, sondern zentralistisch ist. Vielleicht war diese Idee von der Vermutung getragen, daß die Vereinigung von Politik und Humanität nicht von einer politischen Zentralgewalt allein erwartet werden kann, die nach den Erfahrungen des 16. Jahrhunderts – und nach den Lehren Machiavellis, denen Bacon weitgehend zustimmte – alle Mittel der Macht einzusetzen bereit sein muß. Daß der Wissenschaft im Hause Salomon die Vorsorge gerade auch für die Humanität der Politik zufallen sollte, ist eine Illusion gewesen – aber doch eine ehrenhafte.

III. Bacon und die Neuzeit

Bacon gilt als der erste Philosoph der Neuzeit. Damit ist ihm eine Ehre zuteil geworden, auf die er nicht hoffen konnte, als er am Ende seines Lebens politisch einflußlos, finanziell am Ende und ohne Kontakt zu den intellektuellen Zirkeln Englands und Frankreichs mühsam Tatsachensammlungen verfertigte, um ein letztes Zeichen zu setzen. Ist diese Ehre berechtigt? Darüber geht ein langer Streit. Dies liegt nicht allein daran, daß einige Historiker gern Denkmäler errichten, während andere an diesen rütteln. Bacon stellt uns vor besondere Probleme.

Das erste Problem ist die Zwischenstellung seiner Philosophie zwischen Renaissance und Neuzeit. Seine Experimente mit literarischen Stilen und seine Umdeutungen traditioneller Begriffe rühren daher, daß er Formen der Mitteilung finden mußte für Gedanken, für die keine Denkgewohnheiten bestanden. Dies ist Merkmal der Renaissance. Andrerseits hat er diese Experimente nicht veröffentlicht, sondern in der Schublade gelassen. Ihn trieb nicht der literarische Ehrgeiz, sondern die Suche nach der authentischen Form. Das zweite Problem wirft seine aphoristische und fragmentarische Schreibweise auf. Obzwar diese – wie dargestellt – nicht ohne innere Konsistenz ist, half dem Einfluß seiner Philosophie gerade die interpretationsoffene Darstellungsweise, die die Vielfalt der Gesichtspunkte über deren Einheit stellt. Man muß einräumen, daß Bacon mit dieser Art Wirkung gerechnet hat; denn absichtlich hat er in Aphorismen geschrieben, „die Menschen einladen, das abzuwägen, was aufgefunden wurde, als auch etwas hinzuzufügen und weiterzubringen" (III, 498). Aber andrerseits hat er auch erwartet, daß diese Abwägung seine „Große Erneuerung" voranbringen würde. Seine Philosophie arbeitet auf zwei Ebenen – auf der Ebene der systematisch abgesteckten Ziele (Instauratio Magna) und auf der der systematischen Selbstrelativierung (Wahrheit als Tochter der Zeit).

Mit welchen „Abwägungen" konnte man an Bacon anknüpfen? Was hatte er „aufgefunden", dem etwas „hinzuzufügen" war? Er hatte weder einen Beitrag zur Wissenschaft geleistet, noch eine Entdeckung, eine Erfindung gemacht, ein Gesetz, eine Theorie geschaffen, die hätten fortgesetzt werden können; er hatte auch keine metaphysisch-theologischen Grundüberzeugungen formuliert, an denen die Geister sich hätten entzünden können. Es nimmt daher nicht wunder, daß es kein einigendes Band zwischen den Forschern gibt, die sich auf Bacon beriefen: Descartes, Mersenne, Boyle, Hooke, Gassendi, Newton, Leibniz, Bayle, Comenius, Hartlib, Huyghens, Boerhaave, Vico, Locke, Voltaire, d' Alembert, Kant, um nur einige zu nennen;[1] – kein Philosoph hatte je eine buntere Anhängerschaft.[2] Und kaum einer aus dieser Anhängerschaft hat sich die Mühe gegeben, Bacons Ideen zu interpretieren, ihre Konsistenz und Konsequenz zu prüfen. Jeder benutzte, was er brauchte, und schied leichten Herzens aus, was hinderlich war: der eine den vermeintlichen Empirismus (Descartes), der andere den methodischen Rigorismus (Hooke), der dritte den Utilitarismus (Newton), ein vierter die Trennung von Religion und Wissenschaft (Boyle). Man muß sich also die Wirkung oder den Einfluß seiner Philosophie anders vorstellen als bei anderen Philosophen.

Bacon hat es verstanden, die verschiedenen Strömungen der Spätrenaissance so zu kartografieren, daß ein mächtiger, in eine Richtung fließender Strom sichtbar wurde: Fortschritt der Gesellschaft durch Fortschritt der Wissenschaft. Seine Stellung als Lord-Kanzler und Viscount St. Alban gab dieser Landkarte der Zukunft politische Autorität gerade auch gegenüber den Regierungen, denen die Privilegien für eine unabhängige Forschung erst abgerungen werden mußten. Seine entschiedene, aber wenig dogmatische Religiosität wies dem Puritanismus einen Ausweg aus dem blinden Glauben an Gnade und Erlösung. Er öffnete dem Bekenntnis des Gewissens die Augen für Beobachtung und Experiment und überführte den überall in Europa schwelenden Konflikt zwischen Religion und Erkenntnis in eine heilige Allianz zwischen Kirchenleuten und Wissenschaftlern. Die literarische Brillanz seiner Schriften trug dazu bei, die Idee der experimentellen Philosophie in der außerwissenschaftlichen Kultur populär zu machen. Bacon lehrte nicht die „experimentierenden Philosophen" das Forschen, viele waren ihm hierin überlegen. Er gab aber den Politikern, Theologen und Literaten einen Begriff von dem kulturellen Sinn und Wert der Forschung. Und da es ein Kernstück seiner Lehre ist, daß nicht die Überlieferung von Doktrinen, sondern die Methoden der Erkenntnis zählen, konnte sie zur Plattform der pädagogischen Reformen werden, die im 17. Jahrhundert allenthalben unternommen wurden.

Der Radius seiner Wirkung bestreicht also noch ganz andere Kreise als nur die von Philosophie und Wissenschaft: Politik, Religion, Literatur, Pädagogik. Zwar kann man durchaus fragen: Wer setzte seine Erkenntnistheorie fort? Wer seine Ideologiekritik, seine Methodologie, seine Natur- und Experimentalgeschichte und seine Enzyklopädie? Es ist kaum eine Übertreibung, festzustellen, daß er der einzige Philosoph der Renaissance ist – und eben deswegen der erste der Neuzeit –, für den es solche Anknüpfungen gibt. Aber sie sind weitgehend eine Folge der symbolischen Bedeutung, die seine Schriften außerhalb der Philosophie erlangt und in einem gewissen Sinn bis in die heutigen Auseinandersetzungen über Wissenschaft und Gesellschaft behalten haben. Bacons Philosophie wirkte, weil sie zum Symbol des modernen Geistes wurde. In dieser epochalen Funktion löste Bacon Platon und Aristoteles ab. Diese symbolische Bedeutung konnte sein Werk erlangen, weil es in ihm um die Formulierung eines neuen Weltbildes ging, das nicht nur Naturerkenntnis und Naturbeherrschung, sondern auch Religion und Politik umfaßte. Es konnte sie aber auch deswegen erlangen, weil die doktrinären Verpflichtungen, die ein Anhänger einging, gering waren: Man mußte sich nicht für oder gegen den Stillstand der Sonne (Copernicus, Galilei), die Existenz des Blutkreislaufs (Harvey), die magnetische Kraft des Himmels (Gilbert, Kepler) entscheiden und konnte doch Anhänger des Baconischen Fortschrittsideals sein. Man konnte in hohem Maß skeptisch gegenüber neuen und alten Theorien sein, und dennoch daran glauben, daß eine Wissenschaft, die auf Werke drängt, dem Wohl der Menschheit dienen werde. Man mußte schließlich kein Anhänger einer extremen Sekte sein, um Bacons Glaubensbekenntnis am Ende des „Novum Organum" zu teilen, daß es Gottes Ratschluß gewesen ist, den Menschen nach dem Sündenfall einen Weg zur Erkenntnis der Werke Gottes zu weisen, der über „mancherlei Arbeit (per labores varios) – gewiß nicht über Disputationen oder müßige magische Zeremonien" geht, um „Gottes Schöpfung dahin zu bringen, schließlich einigermaßen dem Menschen sein Brot zu gewähren" (N.O. II, 52). Kurz: Bacons Philosophie wirkte integrativ, weil sie Zukunftswege wies, ohne radikale Opfer des Geistes oder der Politik zu fordern.

Es ist also lohnend, die Wirkungsgeschichte Bacons umgekehrt zu sehen: er wurde nicht populär, weil die philosophische oder wissenschaftliche Fachwelt seine Lehre vermittelte, sondern weil intellektuelle Kreise anderer Provenienz (Religion, Pädagogik, Politik, Literatur) in Bacons Schriften einen umfassenden Ausdruck ihrer diffusen Vorstellungen einer geistigen und sozialen Erneuerung fanden. Bacons berühmte Sätze aus der Einleitung in die „Instauratio Magna", die Kant zum Motto seiner „Kritik der reinen Vernunft" gewählt hatte, überzeugten durch ihr apodiktisches Pathos die intellektuelle Öffentlichkeit des 17. Jahrhunderts: „daß die Menschen bedenken ... daß es sich hierbei (bei der Erneuerung) nicht um eine Meinung (Opinio), sondern um eine Aufgabe (Opus) handelt; und daß sie sicher sein können, daß wir die Fundamente nicht irgendeiner Sekte oder Schule schaffen, sondern des Nutzens und der Größe der Menschen ... Weiterhin, daß man guter Hoffnung sein kann und unsere Erneuerung nicht als eine unendliche und übermenschliche Sache ansehen oder vorstellen solle, sondern umgekehrt als das Ende und die rechtmäßige Grenze eines unendlichen Irrtums (infiniti erroris finis et terminus legitimus)" (I, 133).[3]

Das einfachste Instrument für die Analyse der Ausbreitung der Baconischen Ideen nach seinem Tode gewährt uns der Buchmarkt des 17. Jahrhunderts. Obwohl die maßgeblichen Wissenschaftler in der ersten Hälfte dieses

Jahrhunderts (Galilei, Kepler, Harvey, Descartes) Bacons Namen gar nicht oder nur am Rande erwähnen,[4] ist die Ausbreitung seiner Schriften in England und über den Kontinent nicht nur für damalige Zeiten ungewöhnlich. Den größten Erfolg hatten, wie schon zu seinen Lebzeiten, die „Essays". Seit ihrem ersten Erscheinen im Jahre 1597 bis 1750 zählen wir 76 Editionen, davon 45 englische, 11 italienische, 7 französische, 7 lateinische, 4 holländische, eine deutsche (Nürnberg 1654) und eine schwedische. In die zwei Jahrzehnte nach seinem Tod fallen davon allein 26 Editionen. Bacon wurde also in erster Linie als Moralphilosoph berühmt. Der zweitgrößte Erfolg war „Sylva Sylvarum", jene Kompilation von Naturbeschreibungen aus späten Jahren, die den modernen Leser am wenigsten unter allen seinen Schriften beeindruckt. Sie hatte zwischen 1626 und 1685 20 Auflagen, davon 16 englische, 3 lateinische und eine französische. Rawley, der Herausgeber der Schrift, hatte ihr 1626 im Anhang die Utopie „Neu-Atlantis" beigefügt. Dadurch erzeugte er den Eindruck eines engen Zusammenhangs zwischen der neuen experimentellen Philosophie und dem Aufbau neuer Forschungsinstitutionen mit der Gestaltung einer humanitären Gesellschaft. Dies mag zu dem Erfolg der Schrift beigetragen haben. Aber man darf nicht die wegweisende Funktion unterschätzen, die sie ganz einfach auch für die experimentelle Forschung hatte, die nach dem Sieg der Puritaner über die Krone überall im Lande von Leuten aus allen Schichten und Berufsständen betrieben wurde. Dafür spricht auch, daß die verwandten Schriften „Historia Vitae et Mortis" und „Historia Ventorum" es auf 10 beziehungsweise 9 Auflagen zwischen 1620 und 1650 brachten. Bemerkenswert sind weiterhin die 17 Auflagen von „De Sapientia Veterum" zwischen 1609 und 1654 und die 15 Auflagen der „History of Henry VII.". Insgesamt 21 Auflagen und Übersetzungen hatte „De Augmentis Scientiarum", zwischen 1623 und 1736.[5] Vergleichsweise bescheiden nimmt sich die Wirkung des Werkes aus, das wir heute als sein Hauptwerk betrachten: Das „Novum Organum" erreichte 6 Ausgaben. Dies unterstützt die Vermutung, daß Bacon nicht in erster Linie als Methodologe rezipiert wurde, sondern als jemand, der einem neuen epochalen Geist Ausdruck verliehen hatte. Addiert man sämtliche Editionen seiner Werke im 17. Jahrhundert, kommt man auf ca. 300 Ausgaben. Eine ungewöhnliche Zahl.

Dieser literarische Ruhm setzte zu einer Zeit ein, die für die Verwirklichung seiner Ideen wenig günstig war. Der Nachfolger von James I., Charles I. (1625–1649), errichtete eine absolutistische Herrschaft ohne Parlament mit verschärfter Zensur, politischer Verfolgung und religiöser Unterdrückung. Als der König zur Niederschlagung schottischer Aufständischer auf Geldmittel angewiesen war, konnte er nicht umhin, ein neues Parlament einzuberufen, in dem zwangsläufig die Puritaner die

Mehrheit hatten. Es kam zu keiner Einigung, dafür aber, nach erneuter Auflösung und Einberufung des Parlaments und nach der Verhaftung seines puritanischen Wortführers John Pym 1642, zum Bürgerkrieg. Unter Oliver Cromwell wurde die „New Modell Army" der „Ironsides" unbesiegbar. 1648 wurde Charles unter Anklage gestellt, 1649 hingerichtet. England wurde – bis 1660 – Republik.

Dies war die Zeit, in der die Baconische Philosophie politisches Programm wurde und Bestandteil der Synthese von Religion, Ökonomie, Politik und Wissenschaft, die grundlegend für die Entwicklung der kognitiven und normativen Orientierungen der bürgerlich-kapitalistischen Gesellschaft geworden ist. Seitdem Max Weber in seinen Schriften über die protestantische Ethik[6] die Bedeutung dieser Konvergenz und wechselseitigen Formung von Wertmustern, Einstellungen und Überzeugungen dargelegt hatte, ist sie in vielen historischen Studien fortgeführt und in ihrem Grundbestand bestätigt worden.[7] Jede dieser Studien weist den Einfluß Baconischen Gedankenguts nach: den Beginn des *Baconismus,* die Verknüpfung von experimenteller Philosophie, gesellschaftlicher Reform und Erziehungsprogramm.

In diesem Klima des Aufbruchs reiften auch die Pläne für die Errichtung eines „Hauses Salomon". Bacons lebenslanger, aber einsamer Einsatz für neue Forschungsinstitutionen wurde in den vierziger Jahren von vielen Wissenschaftlern aufgegriffen. 1645 entstand in London ein intellektuelles Zentrum, initiiert von dem deutschen Exilanten Theodor Haak, dem unter anderem die Mathematiker John Wallis (der im Bürgerkrieg Geheimcodes der Royalisten dechiffrierte), der Naturphilosoph und Mathematiker John Wilkins, Cromwells Schwager, und Jonathan Goddard, Cromwells Leibarzt, angehörten. Nach dem Zeugnis von Wallis bestand die Gruppe aus mindestens neun Wissenschaftlern, vielen von ihnen zugleich Parlamentarier und Puritaner, einige auch Royalisten und Katholiken, so daß die Diskussion theologischer und politischer Fragen ausgeschlossen wurde. Aber alle waren Baconianer. Dieser Kreis wird als Keimzelle der späteren Royal Society angesehen, wenn auch die Entwicklung nicht geradlinig verlief. 1648 wurde eine Reihe royalistischer Professoren aus Oxford vertrieben und durch die Baconianer Wallis, Wilkins und Goddard und andere ersetzt.[8] Neben diesem Kreis gab es einige weitere Zirkel, die um Bacons Vorstellungen herum die neue oder experimentelle Philosophie praktizierten. Robert Boyle war um 1647 Initiator und Mitglied eines wenig greifbaren Zirkels, der sich „Invisible College" nannte und sich vor allem der Nützlichkeit des Neuen Wissens verschrieben hatte. Ein anderer Kreis bildete sich um Samuel Hartlib, der um 1646 ein „Office of Address" gründete, um in Anlehnung an Marin Mersenne in Paris die Kommunikation unter den Wissenschaftlern zu verbessern. Es sollte ein staatlich getragenes Büro sein, zu dessen Aufgaben auch die Information der Öffentlichkeit über praktisch verwendbare Entdeckungen und Erfindungen gehören sollte.[9] Hartlib beabsichtigte „to put in Practice the Lord Verulam's Designations". Daher plante er eine öffentliche und umfassende Institution. Er kämpfte über zehn Jahre um die Verwirklichung seiner Pläne, und es gelang ihm, immer mehr Wissenschaftler, unter anderem Boyle, zu gewinnen und eine starke parlamentarische Fraktion aufzubauen; aber es kam nicht zu der erhofften Gründung.

Das Ende der Republik war nicht das Ende dieser Initiativen. 1660 wurde Charles II. inthronisiert, der trotz – oder vielleicht auch wegen – seiner absolutistischen Tendenzen zügig für die Unterstützung gewonnen werden konnte. 1662 wurde die erste königliche Charta erlassen, die der Gesellschaft die ersehnten Privilegien gewährte. Die wichtigsten: das Druckprivileg, die Gründung eines Colleges als Versammlungs- und Arbeitsort, freie Korrespondenz auch mit dem Ausland und Zugang zu Leichen für anatomische Studien. Die rechtliche Anerkennung der Gesellschaft und die Möglichkeit, ungehindert die „Philosophical Transactions" herauszugeben, waren auf der anderen Seite an einige einschneidende Kompromisse gekoppelt. Das gesellschaftliche Reformprogramm ebenso wie die Erziehungspläne mußten preisgegeben und Wohlverhalten in allen theologischen und politischen Fragen zugesichert werden. Die restaurative Politik dominierte die progressive wissenschaftliche In-

Abb. 4: Titelblatt der „History of the Royal Society" von Sprat (1667). Charles II. in der Mitte, rechts Bacon als „Erneuerer der Wissenschaften", links der erste Präsident der Gesellschaft

stitution. Obwohl sich Bacon das ganz anders ausgemalt hatte, ist doch genügend von seiner Handschrift in diese Institution eingedrungen, um in ihr den Beginn der Verwirklichung seiner Ideen zu sehen.[10]

Die weiteren Gründungen, unter denen die „Académie des Sciences" (1666) in Paris und die „Preußische Akademie der Wissenschaften" (1700) in Berlin herausragen, sind in ihren Grundchartas und in ihrem institutionellen Aufbau nicht weniger dem „Haus Salomon" verpflichtet als die Royal Society, wenn auch je nach den politischen Randbedingungen und dem Naturell der Gründungsinitiatoren andere Schwerpunkte gesetzt wurden. Einiges allerdings bleibt anzumerken: Die für politische Zwecke immer wieder geforderte und versprochene Kopplung von neuem Wissen und Nützlichkeit erwies sich als eine schwerwiegende Vereinfachung. Wissenschaft und Technik wurden zwar nie wieder Gegensätze im aristotelischen Sinn; aber ihre wechselseitige Befruchtung war ungleich komplexer und langwieriger, als Bacon und alle Wissenschaftler des 17. Jhs. vorausgesehen hatten.[11] Fast 200 Jahre sollte es dauern, bis wissenschaftliche und technische Forschung nicht nur mehr oder weniger nebeneinander herliefen. Bis in das 19. Jahrhundert hinein war das wichtigste verbindende Glied der Geist der Forschung selbst, dann die Übernahme von Instrumenten und gelegentlich von Rechnungsarten. Alle Basiserfindungen, die am Ende des 18. Jahrhunderts der „industriellen Revolution" zugrunde lagen, waren ohne den Einfluß wissenschaftlicher Theorien gemacht worden. Eine Entwicklungssymbiose der Baconischen Art, in der „Kontemplation" und „Operation" gemeinsam prinzipielles *und* nützliches Wissen erarbeiteten, entstand erst im 19. Jahrhundert, um seitdem für immer mehr Forschungsfelder Wirklichkeit zu werden. Bacons Zeithorizont stimmte hier so wenig wie der aller anderen an reformatorischen Hoffnungen orientierten Philosophen und Theologen des 17. Jahrhunderts; aber in der Sache hatte er sich nicht getäuscht.

Korrekturen waren auch an dem Baconischen Programm selbst notwendig. Sehr früh haben seine Anhänger und Gegner erkannt, daß Bacon die Bedeutung der Mathematik in einigen

Wissenszweigen entscheidend unterschätzt hatte; und schon bald wurde klar, daß sein Insistieren auf der Sammlung praktischer Kenntnisse, auf die noch viele Akademien sich satzungsmäßig festlegten, wenig ergiebig für den Fortschritt der Erkenntnis war. Aber solche Aufrechnungen sind insgesamt von untergeordneter Bedeutung; denn es entspricht völlig dem Geist der Baconischen Philosophie, Erfahrungen dieser Art aufzunehmen und umzusetzen. Die Renaissance war fasziniert von der Idee eines methodologisch gebahnten Königswegs für die Erkenntnis. Es hat lange – genaugenommen bis in unsere Zeit hinein – gedauert, zu erkennen, daß die hierarchische Zuordnung von Methode und Erkenntnis schwerlich durchführbar ist und die Methode dabei eher zum Hemmschuh als zum Vehikel neuer Fragestellungen wird. Ich habe darzustellen versucht, daß Bacon dies selbst gesehen und in seine Konzeption eingebaut hat. Aber die Möglichkeit und Unvermeidlichkeit einer Vielzahl von Methoden wären ihm und seiner Zeit fremd gewesen.

Die historische Entwicklung hat schließlich auch die ethisch-sozialen Aspekte der Baconischen Philosophie in Frage gestellt. Bacon war sich der Ambivalenz der Kategorie der Nützlichkeit bewußt. Seine Modellvorstellungen zur institutionellen und normativen Regulation dieser Ambivalenz sollten die Koinzidenz zwischen Erkenntnisfortschritt und sozialem Fortschritt gewährleisten. Aber das Risiko der Erkenntnis ist nicht durch eine normativ geschlossene Gesellschaft aufzufangen. Auch hier ist die Entwicklung offener, komplexer, ja widersprüchlicher verlaufen, als jeder Denker des 17. Jahrhunderts es sich hätte vorstellen können.

Anhang

1. Anmerkungen

Die Buchstaben im Anschluß an die Jahreszahlen beziehen sich auf die Sachgruppen des Literaturverzeichnisses, in denen das angeführte Werk aufgefunden werden kann.

Einleitung

1 Vgl. Nef (1957), L.
2 Vgl. Mommsen (1942), K.
3 Vgl. zur Analyse und für Nachweise Keller (1970), K.
4 Vgl. Perrault (1964), N.
5 Geäußert gegenüber Aubrey, in Aubrey's Lives, II, 281.
6 Vgl. Liebig (1863), F.
7 Vgl. „General Preface to the Philosophical Works" (I, 21–67), bs. 28 ff.

I. Bacons Leben zwischen Politik und Philosophie

1 Vgl. Gilbert (1869), F, und Woodward (1906), bes. 295 ff., K.
2 Vgl. Fuller (1981), C.
3 Vgl. Palissy (1880), S. 166, K.
4 Vgl. Epstein (1977), S. 25 ff., C.
5 In einem Brief an Fulgenzio, 1625 (XIV, 531 f.).
6 Nach Spedding (XIV, 532 f.), A.
7 Vgl. das Vorwort von Heath zu den Professional Works (VII, 303–323), S. 310, A.
8 Vgl. De augmentis, Buch VII, I (I, 714 = V, 4).
9 Dokumente bei Fuller (1961), S. 161 f., C.
10 Vgl. etwa die Position von L. Schücking in der Ausgabe der Essays (1970), A.
11 „Valerius Terminus", herausgegeben von Träger (1984), A.
12 Vgl. Brandt (1976), S. 54. Eine wunderbare Interpretation schlug Lalande (1900) vor: Er fand in „Valerius Terminus" das Anagramm „Verulamius naturae minister". Da Bacon erst 1618 zum Baron von Verulam

ernannt wurde, müßte man bei dieser Lösung eine spätere Titelgebung für das Manuskript unterstellen. Die Manuskriptlage läßt dies nach Lalande zu. Vgl. das Faksimile des Titelblattes (III, iii), E.

13 Vgl. bes. die Fabel „Cupido sive Atomus" in „De Sapientia Veterum" (VI, 654–657) und die Ausweitung in „De Principiis atque Originibus" (III, 79–118) mit dem historisch aufschlußreichen Vorwort von Ellis (III, 65–77). Siehe auch Kapitel II. 3, S. 114 f.
14 Siehe Kapitel II. 4.
15 Vgl. Ornstein (1938), L; Hahn (1971), M; Harnack (1900), M; van den Daele (1977), L; Webster (1967), L.
16 Nach Griffith (1974), S. 200, L.
17 Nach Kingsbury (1915), S. 363, L.
18 Essay 33 (VI, 457–459), A.
19 Vgl. Rossi (1968), S. 73 ff., D.
20 Vgl. hierzu Bacon an Buckingham (XIV, 145 ff.) und Speddings Erläuterung (XIV, 183), A.
21 Vgl. das kritische Vorwort der Ausgabe von Levy (1972), A.
22 Vgl. VI, 267 ff.
23 Vgl. „Kritik der reinen Vernunft", Vorrede B, XIII.
24 Vgl. die Darstellung von Sprat (1958), M, der Arbeiten der ersten fünf Jahre der Royal Society, sowie die thematische Analyse von Merton (1938), L, speziell für Akustik Gouk (1982), M.
25 Kapitel II. 3, S. 114 f.
26 „Apothegmes, New and Old" (VII, 121–195); „Psalms" (VII, 273–286).

II. Bacons Werk: Die große Erneuerung

1 Dieser Text darf nicht verwechselt werden mit „Filum labyrinthi sive Formula Inquisitionis", der eine frühe englischsprachige Version der „Cogitata et Visa" ist (III, 494–504). Zum möglichen Zusammenhang siehe Spedding (III, 495), A.
2 Siehe die Wiedergabe S. 65. Die Küstenmetaphorik ist schon römischen Ursprungs (Quintilian). Lorenzo Valla wendet sie auf den Gegensatz zwischen risikoloser scholastischer Dialektik und risikoreicher humanistischer Rhetorik an: „Die Dialektik aber, die Freundin der Sicherheit, die Begleiterin an den Küsten, rudert nahe bei den Ufern und Felsen, wobei sie mehr aufs Land als auf die Meere hinausblickt." – Aufs Meer hinaus segelt dagegen die Rhetorik Vallas (1540), I, S. 693.

1. Das „Novum Organum" als Philosophie der Forschung

1 Vgl. „Commentarius solutus" (XI, 67).
2 Die Wendung gebraucht Bacon seit 1606 (XI, 61).
3 Vgl. „Distributio operis" (I, 141); „De Augmentis Scientiarum" (I, 496).

4 Vasari, G: Le Vite. Ed. Bettarini-Barocchi, Sansoni Editore Firenze, 1966, S. 31, K.

5 Hierzu Rossi (1970), K, Zilsel (1976), N.

6 Biringuccio, Pirotechnia, Buch IX, Kap. 1 Ende, K.

7 Dürer (1978), S. 222, K.

8 Stevin (1634), II, 111f., N.

2. Eine dynamische Theorie der Erkenntnis

1 Die Diskussion beginnt mit Petrarca. Die vita activa findet ihre eloquenten Vertreter in Salutati und Bruni, beide Kanzler von Florenz. Vgl. Garin (1947), 24ff. und 211 ff. Bacons Fortführung der Diskussion findet sich in „De Augmentis Scientiarum", Buch 7, Kap. 1 (I, 718). „Die Menschen müssen wissen, daß in diesem Theater des menschlichen Lebens es allein Gott und den Engeln zukommt, Zuschauer zu sein." Die Streitfrage (vita contemplativa oder vita activa) ist eindeutig „gegen den Satz des Aristoteles entschieden".

2 Siehe Kessler (1971), K.

3 Gemeint sind in erster Linie „Il principe" (1513) und die „Discorsi" (1518).

4 Siehe Vasoli (1968), I, Rossi (1968), 135ff., D.

5 Garin (1947), 80ff., K.

6 Vgl. Gille (1968), K.

7 Bei Aristoteles vgl. Physik, Buch 3.

8 So jedenfalls ist seine Darstellung der fertigen Theorie im Dritten Tag der Nuove Scienze. Der Denkweg dorthin ist dargestellt bei Drake (1978), N.

9 Gilbert (1963), F.

10 Vgl. Edgerton (1975), K.

11 Unter diesem Titel wurde 1475 die Logik des Raimundus Lullus veröffentlicht; andere Bezeichnungen waren „ars magna; ars generalis et ultima, logica abreviate". Siehe Risse (1964), Bd. 1, S. 534f., F.

12 Vgl. Lalande (1911), M; Milhaud (1977), M.

13 Vgl. bei Aristoteles, Topik 101a 25, Platon, Staat 533c. Allgemein Gilbert (1963), F.

14 Vgl. Aristoteles, Metaphysik, Buch 2, Kap. 2, 982a ff.

15 Für die Zusammenstellung weiterer ambivalenter Stellen siehe Webster (1975), S. 336ff., L.

16 Siehe das Kapitel II. 3, 114ff.

17 Hippokrates nennt den Arzt physeos hyperetes vgl. Bacon (I, 157) Anm. 1.

18 Vgl. Kapp (1965), N.

19 Zur Genese der Idolenlehre siehe Rossi (1968), D; zur historischen Herkunft bei Roger Bacon siehe Ellis (I, 90f.), A.

20 Siehe die Analyse der Wärme im zweiten Teil des „Novum Organum" (N.O. II, Aph. 11–13), A.

21 Popper, K.R.: Logik der Forschung. 1982, F.
22 Vgl. KdrV, Vorrede B XII ff.
23 Merton (1985), 147 ff., N.
24 Zur Deutung im Anschluß an Aristoteles und Cicero siehe Rossi (1968), S. 165, D: Es entstehen Phantasiebegriffe, wenn wir die Höhle verlassen.
25 Siehe zum Überblick Lenk (1976), N.
26 Vgl. Wieland (1962), N, der seine Aristotelesanalyse konsequent unter dieses Motto gestellt hat.
27 Spedding (I, 183 f.), A, bemerkt, daß Celsus diese Auffassung als die der Empiristen zitiert, ohne sie zu übernehmen.
28 Ein zutreffendes Urteil. Die besten Texte dieses Gebietes sind sachlich gehaltene „Rezeptbücher", die in vielen Fällen später durch platonische und kabbalistische Einflüsse philosophisch durchsetzt wurden.
29 Der Ausdruck wird ähnlich verwendet in „De Augmentis Scientiarum", Buch V, 2 (I, 623 ff.), A.

3. Die Philosophie der Natur

1 Vgl. Yates (1964), M; Rattansi (1972), L; Rees (1975), E.
2 Siehe „De Augmentis Scientiarum", Buch III, 4 (I, 548), A.
3 „De Augmentis Scientiarum", Buch III, 4 (I, 550), A.
4 Buch III, 4 (I, 548 ff.).
5 „Filum labyrinthi sive inquisitio legitima de motu" (III, 632–640), bes. S. 634.
6 „De Augmentis Scientiarum" III, 4 (I, 566), N.O. I, Aph. 23.
7 Zu den Unklarheiten vgl. Hesse (1968), S. 134 ff., E.
8 Siehe zur Rekonstruktion die Arbeiten von Rees (1975, 1977), E.
9 Vgl. Descartes (1969), N.
10 Siehe Zilsel (1976), 66 ff., N; Krohn (1977), 86 ff., K.
11 Siehe aber die sehr aufschlußreichen Arbeiten von Kocher (1968), H; Cohen (1977), F, und Wheeler (1983), E.

4. Bacons Ideen zu einer Methode der Forschung

1 Vgl. auch „Filum labyrinthi" (III, 638–640).
2 So Spedding (I, 381 ff.), A, und Farrington (1953), D.
3 Diese Interpretation schlägt Spedding vor (I, 383), A. Ihr folgen die meisten Interpreten, besonders auch Farrington.
4 Siehe oben Kapitel II. S. 60 f.
5 Wir werden dieses Stufenschema später durch ein komplexeres ersetzen, siehe S. 154 ff.
6 Das vermerkt Ellis, General Preface (I, 39), A.
7 Den Einwand hat besonders Ellis erhoben (I, 61), A.
8 Siehe Lakatos-Musgrave (1974), S. 89 ff., N.
9 Man vergleiche dieses Ergebnis mit der späteren Phlogistontheorie!
10 Vgl. die kritischen Anmerkungen von Ellis (I, 266), A.

5. Von einer „neuen Wissenschaft" zu einer „neuen Gesellschaft"

1 Siehe Bock (1937), H, und Richter (1928), H, die beide den engen Zusammenhang mit Machiavelli herausarbeiten, aber die methodologische Differenz unterschätzen, die sich aus der Theorieorientierung des Baconischen Pragmatismus ergibt.
2 Wiener (1971), G, der eine interessante literaturwissenschaftliche Ausdeutung versucht, argumentiert sogar, daß „Neu-Atlantis" vollständig und abgeschlossen ist. Ich halte dagegen den systematischen Sinn des Fragmentarischen auch hier für ein bewußt eingesetztes Stilmittel Bacons.
3 Siehe die Darstellung von Heinisch in „Der utopische Staat" (1962), 216 ff., A.
4 Vgl. das Vorwort von Kogan-Bernstein zu „Neu-Atlantis" (1959), A.

III. Bacon und die Neuzeit

1 Das vollständige Verzeichnis entsprechender Zeugnisse findet sich in Fowlers Ausgabe des „Novum Organum"; Einleitung, § 14, A.
2 Spricht man ein solches Urteil ernsthaft aus, muß man wohl Aristoteles für einen möglichen Konkurrenten halten.
3 Umfangreiche Zeugnisse dieser Wirkung finden sich bei Webster (1975), S. 100 ff., L; Jones (1961), S. 87 ff., L.
4 Dies hat untersucht Pelseneer (1932), C.
5 Alle Angaben nach Gibson (1950), B.
6 Weber (1972), L.
7 Vgl. Merton (1938), L; Stimson (1935), L; Jones (1961), L; Hill (1958), L.
8 Siehe Webster (1975), S. 54 ff., L; Hill (1961), S. 180, L.
9 Siehe Webster (1975), S. 67 ff., L.
10 Vgl. van den Daele (1977), 156 ff., L.
11 Vgl. Böhme, van den Daele, Krohn (1978), K.

2. Literaturverzeichnis

A. Werke

Francis Bacon: The works of Francis Bacon, coll. and ed. by Spedding, Ellis und Heath, London, 1857–74; Faksimile Nachdruck, Bd. 1–14, Fromann, Stuttgart 1961–1963.
– Philosophical works of Francis Bacon, ed. with an introd. by John M. Robertson (1905), Freeport, N.Y. Nachdruck 1970.

- Das neue Organon übers. von R. Hoffmann, hg. von M. Buhr, Akademie-Verlag, Berlin (DDR), 1962.
- Franz Bacon's Neues Organon, übers. und hg. von J. H. von Kirchmann, Leipzig, 1870.
- Neues Organ der Wissenschaften, übers. und hg. v. Anton T. Brück, 1830; Nachdruck: Darmstadt, 1971.
- Novum Organum, ed. by Th. Fowler, Oxford, 1878.
- The New Organon and related writings, ed. by F. Anderson, Bobbs-Merril, Indianapolis, 1979.
- Über die Würde und den Fortgang der Wissenschaften, übers. und mit dem Leben des Verfassers und einigen historischen Anmerkungen hg. v. Johann H. Pfingsten, 1783; Nachdruck: Darmstadt, 1966.
- Kleinere Schriften, übers. und erl. von J. Fürstenhagen, Frankfurt/M o. J.; Nachdruck der Ausgabe Leipzig, 1884.
- Der utopische Staat. Utopia – Sonnenstaat – Neu-Atlantis, hg. von J. Heinisch, Rowohlt, Reinbek, 1960.
- Neu-Atlantis. Eingeleitet und mit Anmerkungen versehen von F. A. Kogan-Bernstein, Berlin (DDR), 1959.
- Valerius Terminus (engl.-dt.), übers. von F. Traeger und H. Traeger, Koenigshausen u. Neumann, Würzburg, 1984.
- Essays: oder praktische und moralische Ratschläge, übers. von E. Schükking, hg. von L. Schücking, Reclam, Stuttgart, 1970.
- Essays, and Colours of Good and Evil, ed. W. A. Wright, 1862, Repr. Libraries Press, New York, 1972.
- The essayes or counsels, civil and morall, ... Newly enlarged 1625, Repr. Scholar Press, Menston, 1971.
- Aus der Staats- und Lebensweisheit des Baco von Verulam: aus dessen Schrift „Fideles sermones etc." übers. von Bone, Herder, Freiburg, 1877.
- The History of the Reign of King Henry the Seventh. Ed. F. J. Levy, Bobbs-Merrill, Indianapolis, 1972.

B. Hilfsmittel

Gibson, R. W.: Francis Bacon: a bibliography of his works and of Baconia to the year 1750, Oxford, 1950.

Rossi, P.: Per una bibliografia degli scritti su F. Bacone, Rivista critica di storia della filosofia, 76–89, 1957.

Schneiders, W.: Einige Bemerkungen zum gegenwärtigen Stand der Bacon-Forschung, Zeitschrift für philosophische Forschung, Bd. 16, S. 450 ff.

C. Biographisches

Abbott, E. A.: Bacon and Essex. A sketch of Bacon's earlier life, London, 1877.

Anderson, F. H.: Francis Bacon: his career and his thought, University of Southern California Press, Los Angeles, 1962.

Audrey, J.: Brief Lives, Ed. O. L. Dick, London, 1968.
Boas, M.: Bacon and Gilbert, Journal of the History of Ideas, 12, 3, 466–67, 1950.
Bowen, C. D.: Francis Bacon, the Temper of a Man, Hamish Hamilton, 1963.
Crowther, J. G.: Francis Bacon. The first statesman of science, Cresset Press, London, 1977.
Epstein, J. J.: Francis Bacon. A political biography, Ohio University Press, Athens, 1977.
Fuller, J. O.: Francis Bacon: A Biography, East-West Publ., London, 1981.
Gilbert, H.: Queen Elizabethes Academy, ed. F. J. Furnivall, English Text Society, extra series VIII, 1869.
Hanschmann, A. B.: B. Palissy und F. Bacon, Leipzig, 1903.
Kocher, P.: Bacon and his Father, Huntington Library Quarterly, Vol. 21, 133–58, 1957.
Levine, I.: F. Bacon. Viscount of St. Albans, London, 1925.
Lewalter, E.: Francis Bacon, Berlin, 1939.
Macaulay, Th. B.: Lord Bacon, The Edinburgh Review, 1–104, 1837.
du Maurier, D.: Golden Lads, a study of Anthony Bacon, Francis and their friends, Gollancz, 1975.
Montagu, B.: The life of F. Bacon, London, 1833.
Napier, M.: Lord Bacon and Sir Walter Raleigh, Cambridge, 1853.
Negri, L.: Bacone, Campanella e i primi Lincei, La cultura, nn. 2, 7, 8, 1929.
Pelseneer, J.: Gilbert, Bacon, Galilee, Kepler, Harvey et Descartes: leurs relations, ISIS, Vol. XVII, 171–207, 1932.
Quinton, A.: Francis Bacon, Oxford University Press, Oxford, 1980.
Rossi, P.: Bacone e la Bibbia, Archiwum Historii Filozofii, Warsaw, 1966.
Spedding, J.: An account of the life and times of F. Bacon, 2 Bände, London, 1879.
– Evenings with a reviewer, or Macaulay and Bacon, 2 Bände, London, 1848, 1881.
Sturt, M.: Francis Bacon, a biography, London, 1932.
White, Sir W. H.: Bacon, Gilbert and Harvey, London 1927.

D. Philosophische Gesamtdarstellungen

Adam, Ch.: La philosophie de F. Bacon, Paris, 1890.
Anderson, F. H.: The philosophy of Francis Bacon, Chicago, University of Chicago Press, 1948; Nachdruck: Octagon, New York, 1971, 1975.
Broad, C. D.: The Philosophy of Francis Bacon, Cambridge, 1926.
De Luc, J. A.: Precis de la philosophie de Bacon, 2 Bände, Paris, 1802.
De Maistre, J.: Examen de la philosophie de Bacon, ou l'on traite differents questions de philosophie rationelle, Paris-Lyon, 1836.
Ducasse, C. J.: Francis Bacon's Philosophy of Science, Structure, Method and Meaning, 115–44, 1951.

Eisely, L.: Francis Bacon and the modern dilemma, University of Nebraska Press, Lincoln, 1962.
Farrington, B.: Francis Bacon, Philosopher of industrial Science, Schumann, New York, 1949; Nachdruck: Octagon, New York, 1979.
- On Misunderstanding the Philosophy of Francis Bacon, Festschrift für Charles Singer: Science, Medicine and History, Vol. 1, 439–50, 1953.
- The philosophy of Francis Bacon: an essay on its development from 1603 to 1609, University Press, Liverpool, 1964, 1970.
Fazio-Allmayer, V.: Saggio su F. Bacone, Palermo, 1938.
Fischer, K.: Francis Bacon und seine Schule, Bd. X der Gesch. d. neueren Philosophie, Heidelberg, 1904 (Erstaufl. 1856).
Fowler, Th.: F. Bacon, London, 1881.
Hall, R. A.: The Scientific Revolution 1500–1800, Boston, 1966.
Heussler, H.: Francis Bacon und seine geschichtliche Stellung, Verlag W. Koebner, Breslau, 1889.
Lasson, A.: Über Bacons von Verulam wissenschaftliche Prinzipien, Berlin, 1860.
Levi, A.: Il pensiero di F. Bacone considerato in relazione con le filosofie della natura del Rinascimento e col razionalismo cartesiano, Turin, 1925.
Lippmann, E. O. von: Bacon von Verulam, Halle, 1898.
Rossi, M. M.: Saggio su F. Bacone, Neapel, 1935.
Rossi, P.: Francesco Bacone. Dalla magia alla scienza, 1957, 1974.
- Francis Bacon: from magic to science. Aus dem Italienischen, University Press, Chicago, 1968.
Schuhl, P.-M.: La Pensee de Bacon, Paris, 1949.
Vickers, B. W. (Hg.): Essential articles for the study of Francis Bacon, Archon Books, Hamden (Conn.), 1968.

E. Naturphilosophie

Allbutt, C.: Palissy, Bacon and the Revival of Natural Science, Proceedings of the British Academy, VI, 223 ff., 1913–14.
Amboise, P.: Histoire Naturelle de Francois Bacon, Baron de Verulam, Vicomte de Saint Alban et Chancelier d'Angleterre, Antoine de Somaville et Andre Sombron, Paris, 1631.
Bamberger, H. von: Über Bacon von Verulam. besonders vom medicinischen Standpunkte, Würzburg, 1865.
Barthelemy Saint-Hilaire, J.: Etude sur F. Bacon, suivie du rapport a l'Academie des sciences morales et politiques sur le concours ouvert par le prix Bordin, Paris, 1890.
Bowers, R. H.: Bacon's Spider Simile, Journal of history of ideas, 1956, I.
Brandt, R.: Über die vielfältige Bedeutung der Baconschen Idole, Philosophisches Jahrbuch, 83. Jg., München/Freiburg, 1976, insb. S. 46–48.
Crane, R. S.: The relation of Bacon's Essays to his programme for the advancement of learning, Schelling Anniversary Papers, 87–105, 1923;

reprinted in Vickers ed., Essential Articles for the study of Francis Bacon, 272–92, Connecticut, 1968.

Fisch, H.: Bacon and Paracelsus, Cambridge Journal, Vol. 5, S. 752–8, 1952.

Frost, W.: Bacon und die Naturphilosophie, München, 1927.

Hesse, M. B.: Francis Bacon's philosophy of science, A Critical History of Western Philosophy, New York, 1964; reprinted in Vickers ed., Essential Articles for the study of Francis Bacon, 114–39, Connecticut, 1968.

Jung, C.: Causa finalis. Eine Baconstudie, Giessen, 1894.

Kirsch, I.: Demonology and science during the scientific revolution, Journal of the History of the Behavioral sciences, Vol. 16, 359–368, 1980.

Kosman, L. A.: The Aristotelian Backgrounds of Bacon's Novum Organum, Harvard, 1964 (unpublished Ph. D. diss.).

Lalande, A.: Quid de mathematica senserit Baconus Verulamius, Paris, 1889.

– L'interpretation de la nature dans le Valerius Terminus de Bacon, Congres International D'Histoire Comparee, (Ve Section) Histoire des Sciences, Paris, 1900.

Larsen, R. E.: The Aristotelianism of Bacon's Novum Organum, Journal of the History of Ideas, Vol. 23, 435–50, 1962.

Linden, S. J.: Francis Bacon and alchemy: the reformation of vulcan, Journal of the History of Ideas, Vol. 35, 547–560, 1974.

Minkowsky, H.: Einordnung, Wesen und Aufgaben der Heilkunst in dem philosophisch-naturwissenschaftlichen System des F. Bacon, Sudhoffs Archiv für Geschichte der Medizin, Leipzig, 1934.

Park, K., Daston, L. J.: Unnatural conceptions: the study of monsters in sixteenth-and seventeenth-century France and England, Past and Present, Vol. 92, 20–54, 1981.

Primack, M.: Francis Bacon's Philosophy of Nature, and Teleology and Mechanism in the Philosophy of Francis Bacon, Baltimore 1962 (unpublished Ph. D. diss.).

Prior, M. E.: Bacon's man of science, Journal of the History of Ideas, 15, 348–70, 1954; reprinted in Vickers ed., Essential Articles for the study of Francis Bacon, 140–63, Connecticut, 1968.

Rees, G.: Francis Bacon's semi-paracelsian cosmology and the great instauration, Ambix 22, 3, 161–173, 1975.

– Matter theory: a unifying factor in Bacon's natural philosophy? Ambix 24, 2, 110–125, 1977.

Rossi, P.: Il mito di Prometeo e gli ideali della nuova scienza, Rivista di filosofia, 2, 1955.

Snow, R. E.: The problem of certainty: Bacon, Descartes and Pascal, Indiana, 1967 (unpublished Ph. D. diss.).

Walker, D. P.: Francis Bacon and spiritus, In: Science, Medicine and Society in the Renaissance, Festschrift für W. Pagel, hg. von A. Debus, Heinemann, London, Vol. II, 121–130, 1972.

Werner, F.: Über den baconischen und den cartesianischen Zweifel, Heidelberg, 1903.
West, M.: Notes on the Importance of Alchemy of Modern Science in the Writings of Francis Bacon and Robert Boyle, Ambix, Vol. IX, No. 2, 102f., 1961.
Wheeler, H.: The Invention of modern empiricism: Juridical foundations of Francis Bacon's philosophy of science, Law Library Journal, Vol. 76, 78–120, 1983.
Whitaker, V. K.: Bacon and the Renaissance Encyclopedists, Palo Alto (Calif.), 1933.

F. Methodologie

Blunt, H. W.: Bacon's method of science, Proceedings of the Aristotelian Society, 4, 16–31, 1903–4.
Cohen, L. J.: Some historical remarks on the Baconean conception of probability 41, Journal of the History of Ideas 219, 1980.
– The implications of induction, 1970.
– The probable and the provable, 1977.
Cohen, M. R.: Bacon and the Inductive Method, Studies in Philosophy and Science, 99–106, 1949.
Finch, A. E.: On the inductive philosophy, including a parallel between Lord Bacon and A. Comte as philosophers, London, 1872.
Furlani, G.: Die Entstehung und das Wesen der baconischen Methode, Archiv für Geschichte der Philosophie, XXXII, 189ff., XXXIII, 23ff., 1920.
Gilbert, N. W.: Renaissance Concepts of Method, Columbia University Press, New York et al. 1963.
Gniffke, F.: Problemgeschichtliche Studien zur neuen Methode Bacons, Diss., Würzburg, 1968.
Grüninger, K.: Liebig vider Bacon, Basel, 1866.
Hattaway, M.: Bacon and knowledge broken – limits for scientific method, Journal of the History of Ideas, 39 (N2), 183–197, 1978.
Horton, R.: Bacon and ,,knowledge broken": an answer to Michael Hattaway, 43 Journal of the History of Ideas, 487, 1982.
Kotarbinski, T.: The development of the main methodology of Francis Bacon, Studia Philosophica I (1935), 107–117.
Liebig, J.: Über Francis Bacon von Verulam und die Methode der Naturforschung, München, 1863.
Maccio, M.: A proposito dell'atomismo nel ,,Novum Organum" di Bacone, Rivista critica di storia della filosofia, 17, 188–96, 1962.
Mill, J. St.: A system of logic, ratiocinative and inductive, London, 1843.
Popper, K. R.: Logik der Forschung, Tübingen, 1982.
Risse, W.: Die Logik der Neuzeit, Stuttgart, 1964.

Schüling, H.: Die Geschichte der axiomatischen Methode im 16. und beginnenden 17. Jahrhundert, Hildesheim, 1969.
Sigwart, C.: Ein Philosoph und ein Naturforscher über Francis Bacon von Verulam, Preußische Jahrbücher, Bd. 12, Berlin, 1863, 93–129.
Snow, V.: Francis Bacon's Advice to Fulke Greville on Research Techniques, Huntington Library Quarterly, Vol. 23, 369–78, 1960.
Wightman, W. P. D.: Quid sit Methodus?, Journal of the History of Medicine and Allied Sciences, XIX, 360–76, 1964.

G. Gesellschaftsutopie (Neu-Atlantis)

Adams, R.: The Social Responsibilities of Science in Utopia, New Atlantis and after, Journal of the History of Ideas, Vol. 10, 374–98, 1949.
Biermann, J.: Science and Society in the New Atlantis and Other Renaissance Utopia, Publications of Modern Language Association of America (PMLA), Vol. 78, 492–500, 1963.
Blodgett, E.: Campanella and the New Atlantis, Publications of Modern Language Association of America (PMLA), Vol. 46, 763–80, 1931.
Colie, R. L., Cornelius Drebbel and Salomon de Caus: Two Jacobean Models for Salomon's House, Huntington Library Quarterly, Vol. 18, 245–260, 1954.
Dikinson, B.: Bacon's New Atlantis and Campanella's Civitas solis, Publications of Modern Language Association of America (PMLA), 1931.
Minkowski, H.: Die Neu-Atlantis des F. Bacon, Jena, 1936.
– Die geistesgeschichtliche und die literarische Nachfolge der Neu-Atlantis des Bacon, Neophilologus, 120–139, 185–200, 1937.
Pott, H.: Francis Bacon and his Secret Society, Chicago, 1891, London, 1911.
Schlaraffia politica – Geschichte der Dichtungen vom besten Staate, Liberac N. V. Publishers, Amsterdam, 1967.
Swoboda, H. (Hg.): Der Traum vom besten Staat. Texte aus Utopien von Platon bis Morris, dtv, München, 1972.
Valori, F.: Lo stato perfetto: Bacone, Campanella, Fenelon, Rom, 1946.
Weinberger, J.: Science and Rule in Bacon's Utopia: An Introduction to the Reading of the „New Atlantis". American Political Science Review, vol. 70, 865–885, 1976.
Wiener, H.: The „New Atlantis" and Baconian Method. Ph. D. 1971, Ann Arbor, Microfilm, 1979.

H. Ethik und Staatsphilosophie

Bock, H.: Francis Bacon als Staatsdenker und Wissenschaftstheoretiker der Renaissance. Neuphilologische Monatsschrift 9. Jg. Heft 7/8, 1938, 255–268.
– Staat und Gesellschaft bei Francis Bacon. Ein Beitrag zur politischen Ideologie der Tudorzeit, Berlin, 1937.

Clark, D. S. T.: Francis Bacon: The Study of History and the Science of Man, Cambridge, 1970 (unpublished Ph. D. diss.).

Cochrane, R. C.: Francis Bacon and the Architect of Fortune, Studies in the Renaissance, Vol. 5, 176–95, 1958.

Hammer, F.: Perspektiven einer Wissenschaftsethik im Dialog mit Francis Bacon, Zeitschrift für allgemeine Wissenschaftstheorie, Bd. XI, 1980.

Hippel, E. v.: Bacon und das Staatsdenken des Materialismus, Hippel, Schriften zur Rechtslehre und Politik (Bd. 1), H. Bouvier u. Co. Verlag, Bonn, 1948.

Hogan, J. C., Schwartz, M. D.: On Bacon's rules and maximes of the common law, Law Library Journal, Vol. 76, 48–77, 1983.

Kocher, P.: Francis Bacon on the science of jurisprudence, Journal of the History of Ideas, 18, 3–26, 1957; reprinted in Vickers ed., Essential Articles for the study of Francis Bacon, 167–94, Connecticut, 1968.

McCabe, B.: Francis Bacon and the Natural Law Tradition, Natural Law Forum, Vol 9, 111–21, 1964.

Nadel, G. H.: History as psychology in Francis Bacon's theory of history, History and Theory, 5, 275–87, 1966; reprinted in Vickers ed., Essential Articles for the study of Francis Bacon, 236–50, Connecticut, 1968.

Richter, W.: Bacons Staatsdenken, Zeitschrift für öffentliches Recht, Bd. VII, Heft 3, 1928, 367–393.

Sapienza, V.: Il pensiero pedagogico di Bacone quale appare nei suoi Saggi, Campobasso, 1918.

Stone de Montpensier, R. L.: Bacon as lawyer and jurist, Archiv für Rechts- und Sozialphilosophie, 54, 449–83, 1968.

Wallace, K. R.: Francis Bacon on the nature of man, University of Illinois Press, Urbana, Chicago, London, 1967.

Wheeler, H.: Bacon's purpose in writing Henry VII, Studies in Philology, 54, 1–13, 1957.

– Sir Francis Bacon as Historian, N. Carolina, 1955 (unpublished Ph. D. diss.).

White, H. B.: Bacon's Imperialism, The American Political Science Review, Vol. 52, 470–89, 1958.

– Peace among the Willows: The political philosophy of Francis Bacon, Nijhoff, Den Haag, 1968.

Zeitlin, J.: The development of Bacon's Essays – with special reference to the question of Montaigne's influence upon them, Journal of English and Germanic Philology, 27, 496–512, 1928.

I. Rhetorik

Arber, E.: Harmony of Bacon's Essay, English reprints, 1871, 1895.

Davis, W. R.: The Imagery of Bacon's Late Work, Modern Language Quarterly, Vol. 27, 162–73, 1966.

Harrison, J. L.: Bacon's View of Rhetoric, Poetry and the Imagination, Huntington Library Quarterly, XX, 1957.
Jardine, L.: Francis Bacon. Discovery and the art of discourse, University Press, Cambridge, 1974.
Lemmi, C. W.: The classic deities in Bacon: a study in mythological symbolism, Baltimore, 1933.
Rublack, J.: Widerspiegelung und Wirkung – Eine pragmatische Analyse der Essays von Francis Bacon, Winter, Heidelberg, 1979.
Vasoli, C.: La dialettica e la retorica dell Umanesimo, Milano 1968.
Vickers, B. W.: Bacon's use of theatrical imagery, Studies in the Literary Imagination, 4, 189–226, 1971.
– Francis Bacon and Renaissance Prose, Cambridge, 1968.
Wallace, K. R.: Francis Bacon on Communication and Rhetoric, Chapel Hill, N. C., 1943.

K. Historischer Hintergrund

Barnes, H. E.: The historical background of the philosophy of Bacon, Scientific Monthly, 475–95, Mai 1924.
Biringuccio, V.: Pirotechnia, MIT Press, Cambridge, Mass., 1959.
Boas, M.: The Scientific Renaissance 1450–1630, Harper, New York, 1966.
Buck, A. (Hg.): Zu Begriff und Problem der Renaissance, Wissenschaftliche Buchgesellschaft, Darmstadt, 1969.
Debus, A. G.: The Chemical Dream of the Renaissance, W. Heffner & Sons Ltd., Cambridge, 1968.
Dürer, A.: Schriften und Briefe, Reclam, Leipzig, 1978.
Edgerton, S. jr.: The Renaissance Rediscovery of Linear Perspektive, New York, 1975.
Garin, E.: Der italienische Humanismus, Francke, Bern, 1947.
Gille, B.: Ingenieure der Renaissance. Econ, Wien, Düsseldorf, 1968.
Keller, A.: A Renaissance Humanist Looks at ,,New" Inventions. The Article ,,Horologium" in Giovanni Tortelli's De Orthographia, Technology and Culture, Vol. 11, 345–365, 1970.
Kessler, E.: Theoretiker humanistischer Geschichtsschreibung, Fink, München, 1971.
Krohn, W.: Die ,,Neue Wissenschaft" der Renaissance. In: Böhme, G., van den Daele, W., Krohn, W.: Experimentelle Philosophie, Suhrkamp, Frankfurt, 1977.
Luciani, V.: Bacon and Guicciardini, Publications of Modern Language Association of America (PMLA), Vol. 62, 96–113, 1947.
– Bacon and Machiavelli, Italica, Vol. 24, 26–40, 1947.
Mommsen, Th.: Der Begriff des ,,finsteren Zeitalters" bei Petrarca, 1942. In: Buck (Hg.): Zu Begriff und Problem der Renaissance. Wissenschaftliche Buchgesellschaft, Darmstadt, 1969.

Olschki, L.: Geschichte der neusprachlichen wissenschaftlichen Literatur, 3 Bände, Leipzig u. Halle, 1919–1927.
Orsini, G. N. G.: Bacone e Machiavelli, Genua, 1936.
Palissy, B.: Oeuvres. Ed. A. France, Paris, 1880.
Rossi, P.: Philosophy, Technology, and the Arts in the Early Modern Eva, Harper & Row, New York, 1970.
Vasari, G.: Le Vite. Ed. Bettariui – Barocchi, Sansoui Editore, Firenze, 1966.
Weisinger, H.: Ideas of History during the Renaissance, Journal of the History of Ideas, 415f., 1945.
Woodward, W. H.: Studies in Education during the Age of the Renaissance 1400–1600, Cambridge, 1906.
Zilsel, E.: Die Entstehung des Geniebegriffs. Mohr, Tübingen, 1926.

L. Puritanismus und wissenschaftliche Revolution

Allen, J. W.: English Political Thought 1603–1660, London, 1938.
Burstyn, H. L., Hand, R. S.: Puritanism and science reinterpreted, Actes du XIe Congres International d'Histoire des Sciences II, 140–142, 1967.
Clark, G.: Science and Social Welfare in the Age of Newton, 2nd edition 1949, Oxford University Press 1970 (Reprint).
van den Daele, W.: Die soziale Konstruktion der Wissenschaft. In: Böhme, G., van den Daele, W., Krohn, W.: Experimentelle Philosophie, Suhrkamp, Frankfurt, 1977.
Dillenberger, J.: Protestant thought and natural science: a historical interpretation, ISIS, 61, 1961.
Griffiths, P.: A licence to trade: the history of the English chartered companies, 1974.
Hall, R.: Merton revisited or science and society in the seventeenth century, History of Science 2, 1–16, 1963.
Hill, Ch.: The Intellectual Origin of the Royal Society: London or Oxford? Notes and Records of the Royal Society 23, 144–156, 1968.
– Reformation to Industrial Revolution. The Pelican Economic History of Britain, Vol. II, Penguin Books, London, 1969.
– Puritanism and Revolution, Secker and Warburg, London, 1958.
Jacob, J.: Restoration, Reformation and the Origin of the Royal Society, History of Science 13, 155–176, 1975.
Jones, R.: Ancients and moderns, a study of the rise of the scientific movement in seventeenth-century England, Washington University Studies, St. Louis, 1961.
Kellenbenz, H.: Technology in the Age of the Scientific Revolution 1500–1700, Cipolla, C. (Hg.), The Fontane Economic History of Europe, Bd. 2, 1974.
Kingsbury, G. M. (ed.): Records of the Virginia Company of London, Washington D. C., 1915.

Mason, S. F.: The scientific revolution and the protestant reformation, Annals of Science, IX, 65, 68, 1935.

Merton, R.: Science, Technology and Society in Seventeenth-Century England, Osiris 4, 1938, 2. Aufl. mit neuem Vorwort, Harper & Row, New York, 1970.

Morgan, J.: Puritanism and science: a reinterpretation, The Historical Journal 22 (3), 535–560, 1979.

Nef, J. U.: Industry and Commerce in France and England 1540–1640, Ithaca, New York, 1957.

Ornstein, M.: The role of scientific societies in the seventeenth century, 3. Aufl. 1938, Nachdruck Hamdon, Archon Books, London, 1963.

Rabb, T. K.: Puritanism and the rise of experimental science in England, Journal of World History VII, 47, 1962.

Rattansi, P. M.: The social interpretation of science in the seventeenth century, Science and Society, 1–32, 1972.

– Paracelsus and the Puritan Revolution, Ambix 11, 24 ff., 1963.

Shapiro, B.: Latitudinarianism and Science in Seventeenth Century England, Past and Present 40, 16–41, 1968.

Skinner, Qu.: The Foundations of Modern Political Thought, Cambridge University Press, Cambridge, 1978.

Stearns, R. P.: The scientific spirit in England in early modern times (c. 1600), ISIS, XXXIV, 296–297, 1942–3.

Stimson, D.: Puritanism and the new philosophy in 17th century England, Bulletin of the Institute of the History of Medicine, III, 321–324, 1935.

Webster, C. (ed.): Samuel Hartlib and the Advancement of Learning. Cambridge University Press, London, 1970.

– English medical reformers of the Puritan revolution: a background to the „Society of Chymical Physicians", Ambix 14, 16–41, 1967.

Webster, Ch.: The great instauration. Science, medicine and reform 1626–1660, Homes & Meier, New York, 1975.

Yates, F.: Aufklärung im Zeichen des Rosenkreuzes, Klett, Stuttgart, 1975.

Weber, M.: Die protestantische Ethik, hg. von J. Winckelmann, München, 1972.

M. Wirkungsgeschichte

Barnouw, J.: Vico and the continuity of science: the relation of his epistemology to Bacon and Hobbes, ISIS, Vol. 71, 1980.

Birch, Th.: The History of the Royal Society of London for Improving of Natural Knowledge 1756–57, 4 Bände, Nachdruck Hildesheim, Olms, 1968.

Brown, H.: The utilitarian motive in the age of Descartes, Annals of Science, 182, 1936.

Bury, J. B.: The Idea of Progress. An Inquiry into its Origin and Growth, New York, Macmillan 1932. Neudruck: Dover, New York, 1955.

Cochrane, R. C.: Bacon in Early Eighteenth Century English Literature, Philological Quarterly, Vol. 37. 58–79, 1958.
– Francis Bacon and the use of the mechanical arts in eighteenth century England, Annals of Science, 12, 137–56, 1956.
Dieckmann, H.: The Influence of Francis Bacon on Diderot's Interpretation de la Nature, Romanic Review, 24, 4, 303–30, 1943.
Faggi, A.: Bacone e Locke, Atti dell'Accademia delle Scienze di Torino, 1922–23.
Feingold, G.: An early critique of Bacon's ,,Sylva Sylvarum": Edmund Chilmead's treatise on sound, Annals of Science 139, 145, 1983.
Florian, P.: De Bacon a Newton. L'oeuvre de la Societe Royale de Londres, Revue de philosophie I, 150–168, 381–407, 481–486, 1914.
Gouk, P.: Music in the Natural Philosophy of the early Royal Society, 1982 (unpublished Ph. D. diss., University of London).
– Acoustics in the Early Royal Society, 1600–1680, 36 Notes & Records of the Royal Society of London, 158, 1982.
Grimm, E.: Zur Geschichte des Erkenntnisproblems von Bacon zu Hume, Leipzig, 1890.
Hahn, R.: The Anatomy of a Scientific Institution, The Paris Academy of Science, 1666–1803, University of California Press, Berkeley, London, 1971.
Harnack, A. v.: Geschichte der Preußischen Akademie der Wissenschaften. 3 Bände, Akademie der Wissenschaften, Berlin, 1900f.
Lalande, A.: Sur quelques textes de Bacon et de Descartes, Revue de Metaphysique et de Morale, No. 3, 296–311, 1911.
McRae, R.: The problem of the unity of science. Bacon to Kant, Toronto 1961.
Metz, R.: Bacon's Part in the Intellectual Movement of his Time, Seventeenth-Century Studies Presented to Sir Herbert Grierson, Oxford, 1938.
Milhaud, G.: Descartes et Bacon, Rivista di Scienza, Vol. XXI., 185–197, 1917.
Mondolfo, R.: Germi in Bruno, Bacone e Spinoza del concetto marxistico della storia, Civiltà moderna, 1931.
Sortais, G.: La philosophie moderne depuis Bacon jusqu'à Leibniz, Paris, 1922.
Sprat, Th.: History of the Royal Society (1667), Ed. with critical apparatus by J. Cope and H. W. Jones, Washington University Studies, St. Louis, Missouri, 1958.
Wood, N.: The Baconian character of Locke's 'essay', Studies in History and Philosophy of Science, Vol. 6, 1975.
Yates, F.: Giordano Bruno and the Hermetic Tradition, Routledge, 1964.

N. Weitere Literatur

Ben-David, J.: The Scientist's Role in Society: A Comparative Study. Prentice Hall, Englewood Cliffs, N. Y., 1971.

Böhme, G., van den Daele, W., Krohn, W.: Die Verwissenschaftlichung von Technologie. In Böhme et. al.: Die gesellschaftliche Orientierung des wissenschaftlichen Fortschritts, Suhrkamp, Frankfurt, 1978, S. 339 ff.

Descartes, R.: Über den Menschen (1632), hg. von Rothschuh, Lambert Schneider, Heidelberg, 1969.

Drake, St.: Galileo at Work, University of Chicago Press, 1978.

Hall, M. B.: Robert Boyle on Natural Philosophy: An Essay with Selections from his Writings, Indiana University Press, Bloomington, 1965.

Hanson, R. N.: Observation and Explanation, New York/Evanston/San Francisco/London, 1971.

Hegel, G. F. W.: Vorlesungen über die Geschichte der Philosophie, Werke in 20 Bänden, Bände 18–20, Suhrkamp, Frankfurt, 1971.

Kapp, E.: Der Ursprung der Logik bei den Griechen, Vandenhoeck, Göttingen, 1965.

Koselleck, R.: Fortschritt, Geschichtliche Grundbegriffe. Historisches Lexikon zur politisch-sozialen Sprache in Deutschland, Bd. 2, 1975.

Lakatos, I., Musgrave, A.: Kritik und Erkenntnisfortschritt, Vieweg, Braunschweig, 1974.

Lasswitz, K.: Geschichte der Atomistik vom Mittelalter bis Newton, 2 Bände, 1890 (Nachdruck: Hildesheim 1963).

Lenk, H. (Hg.): Ideologie: Ideologiekritik und Wissenssoziologie, Luchterhand, Darmstadt, 1976.

Merton, R. K.: Entwicklung und Wandel von Forschungsinteressen, Suhrkamp, Frankfurt, 1985.

Middleton, W.: The Experimenters. A Study of the Academia del Cimento, John Hopkins, Baltimore and London, 1971.

Perrault, Ch.: Parallele des anciens et des modernes en ce qui regarde les arts et les sciences, München, Fink, 1964.

Polanyi, K.: The Great Transformation, Frankfurt, Suhrkamp, 1978.

Rossi, P.: I filosofi e le macchine (1400–1700), Mailand, 1962.

Sakellariadis, S.: Descartes's use of empirical data to test hypotheses, ISIS, Vol. 73, 68–77, 1982.

Stevin, S.: Œuvres Mathematiques, Ed. Girard, Leyden, 1634.

Vico, G.: Die neue Wissenschaft über die gemeinschaftliche Natur der Völker, ed. Hora, E. Rowohlt, Hamburg, 1966.

– Liber Metaphysicus. Risposte, Hg. von St. Otto und Viechtbauer, Fink, München, 1979.

Wieland, W.: Die aristotelische Physik, Vandenhoeck, Göttingen, 1962.

Zilsel, E.: Die sozialen Ursprünge der neuzeitlichen Wissenschaft, Frankfurt, Suhrkamp, 1976.

3. Zeittafel

1561	22. Januar, Francis Bacon geboren als Sohn des Großsiegelbewahrers Sir Nicholas Bacon und Lady Ann.
1573	Besuch des Trinity College in Cambridge.
1576	Einschreibung an der Rechtsschule „Gray's Inn".
1577–8	Mit dem Botschafter Sir Amias Paulet in Frankreich.
1579	Tod des Vaters und Rückkehr nach England.
1581	(wahrscheinlich) Erster Sitz im Parlament.
1582	Zulassung als Rechtsanwalt (Utter Barrister).
1584	Vertritt Melcombe Regis im Parlament – seitdem Parlamentarier.
1585	Schreibt „Temporis partus maximus" (nicht erhalten).
1587	Exekution von Mary Stuart.
1588	Zerstörung der spanischen Armada.
1589–94	Expertisen zur Lage der Kirche, zur politischen Situation Englands und zum Recht.
1597	Erste Auflage der „Essays" und „Meditationes Sacrae".
1598	(oder früher) „Learned Counsel" der Königin Elisabeth.
1601	Exekution seines ehemaligen Gönners und Freundes, des Earl of Essex.
1601	Tod seines Bruders Anthony.
1603	Tod der Königin Elisabeth.
1603	Krönung von James I.
1603	Schreibt „Valerius Terminus" und „Advancement of Learning"; in den folgenden Jahren kleinere Schriften zur Reform der Philosophie und der Wissenschaften.
1603	Zum Ritter geschlagen.
1606	Heirat mit Alice Barnham.
1607	Zweiter Kronanwalt (Solicitor-General).
1609	Veröffentlicht „De Sapientia Veterum".
1613	Erster Kronanwalt (Attorney-General).
1616	Geheimer Staatsrat (Privy Councillor).
1617	Großsiegelbewahrer (Lord Keeper).
1618	Lordkanzler (Lord High Chancellor).
1618	Ernennung zum Baron Verulam.
1620	Veröffentlichung der „Instauratio Magna" („Novum Organum" und „Parasceve").
1621	Ernennung zum Viscount St. Alban.
1621	Anklage wegen Bestechlichkeit.
1621	Rücktritt als Lordkanzler.
1621	Verurteilung und (kurze) Kerkerhaft im Tower.
1622	Veröffentlicht „Die Geschichte von Henry VII".

1622   Arbeitet an Teilen der „Historia Naturalis".
1623   Veröffentlicht „De Augmentis Scientiarum".
1625   Tod von König James I.
1626   9. April, Tod von Francis Bacon.

4. Personenregister

Alberti, L. B. 79
d'Alembert, J. 174
Anaxagoras 33
Andrews, L. 58
Aristoteles 7, 17, 33, 41, 71, 77, 79f., 83, 91, 104f., 175

Bacon, Alice 43
Bacon, Ann 15
Bacon, Anthony 15, 18, 31
Bacon, N. 15f.
Bacon, R. 17f.
Bayle, P. 174
Bensalem 160f., 170
Biringuccio, V. 71
Bodin, J. 8, 79
Boerhaave, H. 174
Boleyn, A. 21, 25, 28
Boyle, R. 10, 174, 179
Brunelleschi, F. 79
Buckingham 51ff.
Burghley 20, 23f., 25, 27, 31

Caesar 42
Cardano, G. 33
Carnap, R. 152
Cecil 31f.
Celsus 108f.
Charles I. von England 177f.
Charles II. von England 179
Cicero 33, 41
Comenius 174
Cooke, A. 16
Cromwell, O. 178

Dee, J. 18
Demokrit 33, 36, 100, 129
Descartes, R. 10f., 79, 101, 130, 174, 177
Destutt de Tracy, A. L. C. 104
Digges, T. 18
Dürer, A. 71, 79
Duns Scotus, J. 17

Elisabeth I. von England 15, 21f., 25, 28, 51, 54, 131
Ellis, R. L. 11, 12, 84
Empedokles 33
Engels, F. 104
Erasmus von Rotterdam 28
Erichthonius 49
Essex 25, 27f., 29ff.

Farrington, B. 12, 13
Feuerbach, L. 104
Fischer, K. 11
Fernel, J. 33
Freud, S. 102

Galen 33, 86
Galilei, G. 11, 29, 36, 77f., 89, 95, 129, 175, 177
Gassendi, P. 174
Gilbert, H. 16, 29, 175
Goddard, J. 178f.

Haak, T. 178
Hartlib, S. 174, 179
Harvey, W. 10, 175, 177
Heinrich III. von England 18

Heinrich VII. von England 54
Heinrich VIII. von England 16, 20f., 51, 54, 171
Heraklit 33
Hermes Trismegistos 41
Hippokrates 86
Hobbes, T. 103
Hooke, R. 174
Hume, D. 103
Huyghens, C. 174

James I. von England 31, 40, 43, 46, 51, 53f., 177

Kant, I. 11, 25, 97f., 101, 174, 176
Katharina von Aragon 21
Kelley, E. 24
Kepler, J. 175, 177
Kopernikus, N. 28f., 175
Krösus 44

Leibniz, G. W. 10, 174
Leonardo da Vinci 77, 131
Liebig, J. 11
Locke, J. 103, 174
Lopez 28

Machiavelli, N. 44, 77, 157, 172
Maria Stuart 21f.
Marx, K. 104
Mersenne, M. 174, 179
Merton, R. 99
Mill, J. S. 11, 152
Montaigne, M. 28

Newton, I. 10, 130, 153, 174

Ockham, W. 17

Palissy, B. 18f.
Pascal, B. 129
Paulet, A. 18, 20
Perrault, C. 8
Philipp I. von Spanien 21
Philipp II. von Spanien 21

Platon 7, 33, 41, 71, 80, 100, 105, 159, 175
Plinius 17
Plutarch 33
Popper, K. 97, 143
Ptolemäus 17, 102
Pym, J. 178
Pythagoras 33, 105

Raleigh, W. 16
Ramus, Petrus 18, 33
Rawley, W. 16, 17, 57, 158
Recorde, R. 18
Robert, Earl of Leicester 17
Rossi, P. 12f.

Salomon 60, 160f.
Seneca 33
Sigwart, C. 11
Solamona 160
Solon 44, 160
Spedding, J. 12
Stegmüller, W. 152
Stevin, S. 73
Strabo 17

Torricelli, E. 129
Tortelli, G. 8
Typhon 49
Tyrone 30

Valla, L. 8
Vasari, G. 70
Vico, G. B. 10, 174
Viviani, V. 129
Voltaire, F. M. 174

Wallis, J. 178f.
Weber, M. 178
Whewell, W. 152
Wilkins, J. 178f.

Zenon 77
Zeus 159

5. Sachregister

Abstraktion 100
Alchimie 18, 37, 41, 96, 130
Alphabet der Natur 125, 127, 154
Antike 67, 72, 76
Aphorismus 81, 100, 164, 173
Arbeit 76
Arbeitsorganisation 155 f.
Arbeitsteilung 74, 165–168
Astrologie 37
Atomismus 36, 129, 145
Axiom 111, 127, 132, 153, 164

Baconismus 178

Dialektik 66

Element 96
Emanation 116 f., 128
Empirismus 11, 98, 103, 152
Entdeckung 9, 35, 38, 158
Erfinder 66, 167
Erfindung 25, 35, 38, 42, 50, 64, 82, 89, 121, 134, 166–168
Erkenntnisinstrumente 79, 80, 101
Erkenntnisinteresse 19, 85
Erkenntniskritik 107, 110, 112
Erkenntnispsychologie 106
Erkenntnistheorie 61, 75–78, 151, 175
Erkenntnisziele 24, 28, 78, 81 f.
Ethik 159, 166
Experiment 19, 32, 35, 40, 45, 66, 99, 108, 110, 127 f., 153, 173

Falsifikationismus 143
Finalität 123 f.
Form 115–117, 122–127, 130, 133, 140, 144–146
Forschung 12 f., 27, 39, 68, 74, 84, 114, 123 f., 134, 151–156, 181

Fortschritt 9, 12, 45, 70, 72, 109, 127, 146, 169, 174, 182
Fortschrittsoptimismus 82
Fragment 14, 32, 58, 60, 136 f., 156, 159, 173
Freimaurer 164

Geheimhaltung 165–170
Gesellschaft 35, 58, 115, 156–160, 170
Gesetz 11, 58, 66, 97, 115, 122, 124, 131–133, 140, 154

Handlung 76, 80, 82, 86
Humanismus 16, 18, 28, 160
Humanität 21, 160, 169–172
Hypothese 74, 144, 148, 151, 156

Ideologiekritik 72, 93, 104, 171, 175
Idol 93–98, 100–104, 124
Imperialismus 45
Induktion 49, 92, 137 f., 140, 143–146, 150
Interpretation der Natur 32 f., 61, 68, 88, 92, 99, 152 f., 156
Irrtum 70 f., 73, 90, 93, 140

Kausalität 119, 121 f., 128, 133, 140
Kooperation 73

Logik 42, 49, 90 f., 150, 159

Macht 45, 48, 77, 81, 84 f., 90, 126, 166, 171 f.
Magie 37, 41, 117 f.
Maschine 38, 134 f.
Materie 36, 116, 120 f.
Mechanik 38, 41, 49, 63, 66, 109, 116–118
Medizin 38, 49, 96

Metaphysik 117–119, 122 f.
Methode 7, 11, 13, 19, 35, 38, 55, 63, 67, 71, 74, 79 f., 89, 109 f., 131–138, 144–146, 150–152
Methodologie 75, 96, 99, 129, 175
Moral 48, 75

Naturphilosophie 36 f., 75, 96, 115 f., 123 f.
Natur- und Experimentalgeschichte 37, 54–56, 60, 62, 119, 135, 140, 155, 158
Nominalismus 102 f.
Nonkonformisten 15, 20, 22
Nutzen, Nützlichkeit 33, 41, 50, 83–85, 113, 139, 160, 166, 176, 181 f.

Öffentlichkeit 39, 167
Ökonomie 45
Ontologie 61, 126
Ordnung 95 f., 133

Politik 35, 45, 159 f.

Rechtsmaxime 132
Reform 29, 31, 42, 51
Regel 86–88, 131, 133, 135
Religion 15, 20, 23, 53, 74 f., 106, 109, 159, 169, 174

Renaissance 10, 32 f., 38 f., 57, 77 f., 80, 105, 111, 115, 131, 160, 167, 173, 182
Revolution 7 f., 12, 56
Rhetorik 32, 37, 39, 42, 79
Rosenkreuzer 164
Royal Society 179

Scholastik 17, 67, 76, 105, 115, 117
scientia activa 69
scientific community 42
Skeptizismus 103, 107, 109
Stil 32, 35, 41, 49, 60, 63, 84, 173
Subtilität 89–91

Technik 163
Theologie 74, 109
Topik 146, 153
Transformation 117, 123, 128
Transzendentalphilosophie 98

Universität 16
Ursachenlehre 87, 118, 121, 123

Wissenschaftspolitik 9, 12, 23, 27
Wissenssoziologie 38, 93, 106
Wohlfahrt 7, 9, 14, 41, 49, 160

Zeit 70–73, 97
Zweckursache 98

6. Abbildungsverzeichnis

Abbildung 1 (S. 34): Titelseite des Manuskripts „Valerius Terminus" (Harl. M. S. S. 6463. Aus: The Works of Francis Bacon, Ausg. Spedding, Ellis, Heath, London 1859, Vol. III, S. III)

Abbildung 2 (S. 47): Francis Bacon als Lordkanzler (The Works of Francis Bacon, Ausg. Spedding, Ellis, Heath, London 1858, Vol. I, S. 28)

Abbildung 3 (S. 65): Titelbild der „Instauratio Magna", 1620: Die Schicksalssäulen der Wissenschaft (R. W. Gibson: Francis Bacon, a bibliography of his works and of Baconia to the year 1750, Oxford 1950, S. 87)

Abbildung 4 (S. 180): Titelblatt der „History of the Royal Society" von Sprat (1667) (J. O. Fuller: Sir Francis Bacon, London 1981, S. 257)

Große Denker
herausgegeben von Otfried Höffe

Adorno, von Rolf Wiggershaus

Albertus Magnus, von Ingrid Craemer-Ruegenberg

Bacon, von Wolfgang Krohn

Berkeley, von Arend Kulenkampff

Camus, von Annemarie Pieper

Freud, von Alfred Schöpf

Galilei, von Klaus Fischer

Jaspers, von Kurt Salamun

Kant, von Otfried Höffe

Marx, von Walter Euchner

Quine, von Henri Lauener

Weitere Bände in Vorbereitung

Philosophie in der Beck'schen Reihe

Jürg Altwegg / Aurel Schmidt
Französische Denker der Gegenwart
Zwanzig Porträts
1987. 206 Seiten. Paperback. BsR 325

Marx-Engels-Begriffslexikon
Herausgegeben von Konrad Lotter, Reinhard Meiners
und Elmar Treptow
1984. 390 Seiten. Paperback. BsR 273

Lexikon der Erkenntnistheorie und Metaphysik
Herausgegeben von Friedo Ricken
1984. XIII, 256 Seiten. Paperback. BsR 288

Lexikon der Ethik
Herausgegeben von Otfried Höffe in Zusammenarbeit mit
Maximilian Forschner, Alfred Schöpf und Wilhelm Vossenkuhl
3., neubearbeitete Auflage. 1986. 304 Seiten. Paperback. BsR 152

Helmut Seiffert
Einführung in die Wissenschaftstheorie
*Band 1: Sprachanalyse – Deduktion – Induktion in Natur- und
Sozialwissenschaften*
10., überarbeitete und erweiterte Auflage. 1983
278 Seiten. Paperback. BsR 60

*Band 2: Geisteswissenschaftliche Methoden: Phänomenologie,
Hermeneutik und historische Methode, Dialektik*
8., überarbeitete und erweiterte Auflage. 1983
368 Seiten. Paperback. BsR 61

Band 3: Handlungstheorie, Modallogik, Ethik, Systemtheorie
1985. 230 Seiten. Paperback. BsR 270

Verlag C. H. Beck München

Geschichte der Philosophie

Klassiker der Philosophie
Herausgegeben von Otfried Höffe

Band I: Von den Vorsokratikern bis David Hume
2., verbesserte Auflage. 1985
564 Seiten mit 23 Porträtabbildungen. Leinen

Band II: Von Immanuel Kant bis Jean-Paul Sartre
2., verbesserte Auflage. 1985
557 Seiten mit 23 Porträtabbildungen. Leinen

Geschichte der Philosophie
Herausgegeben von Wolfgang Röd

Band I: Die Philosophie der Antike 1
Von Thales bis Demokrit
Von Wolfgang Röd. 2., überarbeitete und erweiterte
Auflage. 1987. 230 Seiten. Broschiert

Band II: Die Philosophie der Antike 2
Sophistik und Sokratik, Plato und Aristoteles
Von Andreas Graeser. 1983. 345 Seiten. Broschiert

Band III: Die Philosophie der Antike 3
Stoa, Epikureismus und Skepsis
Von Malte Hossenfelder. 1986. 252 Seiten. Broschiert

Band VII: Die Philosophie der Neuzeit 1
Von Francis Bacon bis Spinoza
Von Wolfgang Röd. 1978. 270 Seiten. Broschiert

Band VIII: Die Philosophie der Neuzeit 2
Von Newton bis Rousseau
Von Wolfgang Röd. 1984. 498 Seiten. Broschiert

Wolfgang Röd
Dialektische Philosophie der Neuzeit
2., völlig neubearbeitete Auflage. 1986
330 Seiten. Broschiert

Verlag C. H. Beck München